음식이
상식이
다

음식이 상식이다

개정증보판 1쇄 발행 2015년 10월 30일
개정증보판 7쇄 발행 2023년 4월 1일

지은이 윤덕노
펴낸이 신경렬

상무 강용구
기획편집부 최장욱 송규인
마케팅 신동우
디자인 박현경
경영지원 김정숙 김윤하
제작 유수경

펴낸곳 (주)더난콘텐츠그룹
출판등록 2011년 6월 2일 제2011-000158호
주소 04043 서울특별시 마포구 양화로 12길 16, 더난빌딩 7층
전화 (02)325-2525 | **팩스** (02)325-9007
이메일 book@thenanbiz.com | **홈페이지** www.thenanbiz.com
ISBN 978-89-8405-830-9 03900

음식이 상식이다

아는 만큼 맛있는
뜻밖의 음식 문화사

윤덕노 지음

더난출판

마음이 없으면 먹어도
그 맛을 모른다

지금까지 살면서 가장 맛있게 먹었던 음식이 무엇이었는지 기억하시는지? 필자의 경우는 몇 년 전 재래시장 음식점에서 칼국수를 무척이나 맛있게 먹었던 기억이 있다. 무엇이 그렇게 좋았는지 생각조차 나지 않지만 그날은 아내와 둘이서 깔깔거리며 먹었다. 즐거운 마음으로 웃으며 먹다 보니 별것 아닌 칼국수였지만 유별나게 맛있게 느껴졌던 것 같다. 그뿐만 아니라 터무니없이 싼 가격도 마음에 들었고 옆자리의 생전 처음 본 할머니조차도 정겨웠던 추억이 있다.

　가장 맛없게 먹었던 음식에 대한 기억도 있다. 해외에서 아주 비싼 전복을 먹은 적이 있다. 불편한 자리에서 어려운 사람과 함께 편하지 않은 상태에서 식사를 했기 때문인지 섭게 맛볼 수 없는 값비싼 요리였지만 맛있게 먹었다는 기억은 전혀 없다. 그저 시간이 지나 식사 자리를 빨리 끝냈으면 좋겠다는 생각만 들었을 뿐이다.

그러고 보면 음식 맛을 좌우하는 것은 혀끝의 자극이 전부는 아닌 것 같다. 오히려 함께 먹는 사람이 누구인지, 어떤 분위기에서 먹었는지에 따라 맛이 달라진다.

식사도 비슷하다. 생각해보면 대부분의 경우는 배가 고파서 음식을 먹거나, 미각을 만족시키기 위해 맛있는 요리를 찾아서 먹는 것은 아닌 것 같다. 물론 배도 고프고 식사시간도 됐으니 이왕이면 맛있는 음식을 찾아 먹지만 현대인이 식사를 하는 기본적인 이유는 먹는다는 행위 자체가 아니라 만남과 소통을 위해 식사를 하는 경우가 적지 않다.

비단 비즈니스 목적의 식사뿐만 아니라 가족끼리 혹은 친구와 식사를 할 때도 즐겁게 소통을 하려고 먹는 것이지 음식 맛을 즐기는 것 자체에만 목적을 두지는 않는 것 같다.

음식 이야기를 쓰는 이유도 마찬가지다. 맛 자체가 목적이 아니기에 맛에 대한 이야기는 하나도 없다. 어느 집에 가면 어떤 음식이 맛있다는 맛집 정보는 더더욱 없다. 인터넷만 검색하면 기본적인 맛집 정보는 다 나오는 데다 사람 따라 입맛도 다르고 아무리 맛있는 집이라도 그날의 기분에 따라, 함께 먹는 사람에 따라, 심지어 식당 종업원의 태도와 분위기에 따라 음식 맛도 달라지니 의미도 없다는 것이 개인적인 생각이다.

음식을 놓고 맛에 대한 이야기는 하지 않으면서 엉뚱하게 역사와 유래와 문화에 대해 이야기하는 이유는 아는 만큼 보인다는 말처럼 음식 이야기 역시 아는 만큼 삶이 풍부해질 수 있기 때문이다.

음식 이야기는 기본적으로 재미도 있지만 음식에 얽힌 역사와 문화를 알고 먹으면 더 맛있게 먹을 수도 있다. 음식의 유래를 알면 음식 맛이 다르게 느껴지는 것을 종종 경험했다. 맛도 맛이지만 음식 이야기를 알면 책에서는 찾기 힘든 생생한 역사와 문화도 알 수 있다. 음식이야말로 황제에서부터 거지에 이르기까지 누구나 빼놓지 않고 먹는 것이기에 인류의 생활사가 고스란히 녹아 있기 때문이다.

이 책은 예전에 나온 《음식잡학사전》의 개정증보판이다. 약 9년 만에 다시 손보는 것이기에 다소 부족한 부분을 최대한 보완했고 새롭게 몇몇 음식 이야기를 추가했다.

《대학(大學)》에 이런 구절이 있다. "마음이 없으면 봐도 보

이지 않고 들어도 들리지 않으며 먹어도 그 맛을 모른다(心不
在焉 視而不見 聽而不聞 食而不知其味)."

　　역사와 문화가 이것저것 섞여 있는 음식 이야기지만, 독자
분들이 마음을 두고 읽으면서 미처 발견하지 못했던 사실을
보고 듣고 또 맛볼 수 있었으면 좋겠다.

2015년 가을 윤덕노

음식 속에 숨겨진
달콤한 역사

말 잘하는 사람을 만나면 일단 부럽다. 우스갯소리를 잘하는 사람은 재미있다. 음담패설도 때와 장소에 따라서는 좌중의 분위기를 주도한다. 근사한 레스토랑에서 포도주를 한잔 주문하고 포도주나 와인에 대한 상식을 술술 풀어나가는 사람도 있다. 이런 사람을 보면 절로 감탄사가 쏟아져나온다.

식사를 할 때도 마찬가지다. 고급 레스토랑에서 우아한 디너를 즐기건 허름한 음식점에서 설렁탕 한 그릇으로 끼니를 때우건, 음식과 관련된 유래와 고사를 술술 풀어나가면서 그 자리를 주도하는 사람이 있다. 이런 사람과 함께 밥을 먹으면 그의 해박한 상식에 놀라고 언변에 또 한번 감탄하면서 평소 먹던 음식도 그 맛이 달라지는 것 같다.

이런 효과는 어색하고 서먹한 자리에서는 더 큰 효력을 발휘한다. 사실 사회생활을 하다 보면 다양한 사람들과 함께 식사할 기회가 많이 생긴다. 식사도 업무의 연장선이기 때문이다. 그럴 때 식사는 훌륭한 비즈니스 도구가 된다. 사람이 함께 술을 마시거나 목욕을 하거나 밥을 먹으면 쉽게 친해지기 때문이다.

그런데 간혹 편한 사람과 부담 없이 식사를 할 때도 있지만 낯선 사람과 함께 밥을 먹어야 할 때도 있다. 이런 경우 음식 이야기를 꺼내면 분위기가 훨씬 부드러워진다. 때에 따라서는 비즈니스 협상을 이끌어낼 수 있는 부드러운 애피타이저로 작용하기도 하고, 혹은 만남을 훨씬 친밀하게 만드는 디저트 역할을 하기도 한다.

나는 원래 먹는 것을 큰 낙으로 즐기는 사람이었고, 한때는 미식가를 자처하면서 맛있는 식당을 찾아다니기도 했다. 일 때문에 미국과 중국에서 두 번에 걸쳐 해외생활을 하고, 20여 나라로 출장을 다니면서 지금까지 맛보지 못했던 다양하고 새로운 음식을 맛보기도 했다. 진짜 평소에는 구경조차 하기 힘든 귀한 음식도 있었고, 때로는 비위에 맞지 않는 음식도 있었다.

그러다 우연한 기회에 음식의 유래에 대해 흥미를 갖게 되었다. 이후 음식에 대한 유래를 하나씩 알게 되면서 유래를 알고 먹으면 그 음식에 대한 맛도 확연히 달라진다는 것을 느꼈다. 맛도 맛이지만 현지의 역사와 문화까지 함께 배울 수 있는 기회가 되었다. 사람이 살아가는 데 빼놓을 수 없는 의식주에는 인류의 문화와 역사가 고스란히 배어 있기 때문이다.

음식에 대한 유래와 재미있는 에피소드에 대한 자료가 하나씩 쌓이다 보니 책으로 엮어보자는 욕심이 생겼다. 그래서 요즈음 우리나라 사람들이 그다지 어렵지 않게 맛볼 수 있는 음식들을 중심으로 선정해 감히 한 권으로 묶게 되었다.

작업을 진행하다 보니 음식이 다양한 만큼 음식의 유래나 고사들도 여러 가설들이 혼재된 경우가 많다는 걸 새삼 알았다. 여기에 소개된 내용과 다르게 알고 있던 독자도 있을 것이다. 부연하자면 이 책에서는 가급적 자료에 충실하려 노력했다. 능력이 닿는 한에서 원전까지 뒤적거린 결과다. 책 속에 적지 않은 한자, 중국어, 일본어, 그리고 영어의 어원과 원문을 밝힌 이유도 여기에 있다.

끝으로 이 책이 나오기까지 도와주신 모든 분들게 감사드

리고, 특히 물심양면으로 힘이 되어준 S씨에게 고마움을 전
한다.

2007년 봄 윤덕노

1 역사 속의 한 장면

2 원조와 어원

3

음식남녀

4 전쟁과 도박

5 황제의 음식

6 건강과 소망

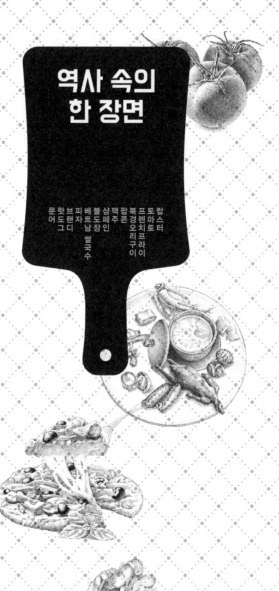

역사 속의 한 장면

문어 한도 그디 브랜자드 쌀국수 피 베불 남장 도쿠인 샴페인 맥주 팝페론 북경 오리 프치 경렌구이 토마스라이 람미 스터 토

무심코 베어 먹는 사과 한쪽. 겉보기에는 단순한 사과지만, 역사와 연결해보면 철학적, 정치적, 과학적, 미학적으로 다양한 뜻이 숨어 있다.

역사적으로 가장 유명한 사과는 바로 뉴턴의 사과. 뉴턴은 나무에서 떨어지는 사과를 보고 만유인력을 생각해냈다. 단순한 사과 하나에 힘과 운동, 그리고 에너지에 대한 개념이 담겨 있다.

《성경》〈창세기〉에 나오는 이브의 사과도 있다. 하나님과 인간의 관계라는 종교적 접근뿐만 아니라 선과 악에 대한 인지론적 성찰과 인간에 대한 실존적 의문까지도 생각해볼 수 있는 종교와 철학의 사과다.

인상파 화가였던 세잔이 그린 사과 정물도 있다. 흔하디흔한 사과를 모티프로 한 그림으로, 절로 군침을 흘릴 정도로 먹음직스럽다거나 사진처럼 실물과 똑같다거나 그렇다고 색감이 절묘하게 뛰어난 것도 아니다. 하지만 세잔의 사과는 미술사적으로 빛의 변화를 포착하는 데 급급했던 인상파에서 본질적인 조형적 형태를 강조하는 큐비즘(입체파)으로 넘어가는 계기를 만들어주었다는 데 의미가 있다.

아들의 머리 위에 사과를 올려놓고 화살로 쏜 윌리엄 텔. 그의 사과에는 왕권에 대립하는 민권이라는 근대 정치사상이 깃들어 있다.

신들의 잔칫상에서 '가장 아름다운 여신에게' 주라고 했던 사과도 있었다. 당시 판정을 맡았던 양치기 소년 패리스는 아프로디테에게 사과를 주었고, 그 대가로 그리스의 왕비인 헬렌을 얻었고 '트로이 전쟁'으로 역사는 이어졌다. "내일 지구가 망하더라도 오늘 한 그루의 사과나무를 심겠다."라고 말한 스피노자의 사과에서는 절망 속에서도 피어나는 희망의 메시지가 담겨 있다.

우리는 배가 고파 허기를 채우거나 맛있어서 혹은 스트레스를 해소하기 위해 음식을 먹는다. 음식을 먹는 이유는 다양하지만 그 속에는 그보다 더 다채로운 이야기와 역사가 숨어 있다. 단순히 맛있게 먹으면 되는 것이 음식이지만, 먹으면서 화제를 만들어낼 수 있어서 좋고 거창한 담론의 소재가 되기에도 음식만 한 것이 없다.

랍스터
lobster

빵보다 못한
가난의 상징

"빵이 아니면 죽음을 달라!"

프랑스혁명 때 배고픈 백성들이 외친 말이다. 당시 프랑스 왕비였던 루이 16세의 아내 마리 앙투아네트는 백성들의 외침에 이렇게 말했다.

"그럼 빵 대신에 케이크를 먹으라고 하세요."

이 한마디에 민중은 분노했고 앙투아네트는 세대를 이어가며 빈축을 사고 있다. 일설에는 루이 15세의 딸 빅투아르

Victoire가 한 말이라고도 한다. 케이크가 아니고 비스킷 혹은 쿠키를 먹으라고 했다는 소리도 있는데, 어찌되었건 비난의 대상은 마리 앙투아네트였다.

이와 비슷한 상황은 미국에서도 연출되었다. 이주민이 몰려오던 초기 개척 시절 미국에도 빵이 모자랐다. 농장 일꾼으로 취직한 가난한 이주민들과 노예들은 항상 배고픔에 시달려야 했다. 그런 그들을 보며 농장주들은 이렇게 말했다.

"빵이 없으니 랍스터(바닷가재)를 먹어라."

지금 들으면 기가 막혀 말이 안 나올 소리다. 하지만 사실이다.

1620년 102명의 청교도를 태우고 영국을 떠난 메이플라워호가 미국에 도착한 곳이 매사추세츠 주의 플리머스 Plymouth다. 1622년 영국에서 미국으로의 이민이 시작된 지 2년이 지난 때였다. 당시 플리머스의 플랜테이션 농장주였던 윌리엄 브랫포드는 농장에서 일하는 정착민을 모아놓고 이런 말을 했다.

"여러분에게 제공할 수 있는 식사는 따뜻한 빵 대신에 물 한 잔과 랍스터밖에 없습니다."

쉽게 말해 빵이 없으니 랍스터를 먹으라는 소리다.

미국이 영국의 식민지 시절이었을 때 매사추세츠에 있는 한 농장에서 하인들이 파업을 했다. 빵 대신에 먹기 싫은 싸구려 음식만 준다는 것이 이유였다. 노사협상을 벌이던 농장주와 하인이 최종 협상을 끝내고 노동계약서에 서명을 하면서 파업은 끝났는데, 계약서의 내용은 이랬다.

'일주일에 세 번 이상 랍스터를 식탁에 올리지 않는다.'

미국에서 랍스터는 '가난의 상징'이었다. 주로 가난한 집 어린이나 하인들이 먹는 음식이었고, 죄수들에게는 질리도록 공급됐던 요리였다.

지금도 랍스터는 미국의 메인 주에서 잡히는 것을 일품으로 여기지만, 미국의 초기 개척 시절 메인 주와 매사추세츠 주에는 랍스터가 지천으로 널려 있었다. 너무 흔해 아메리칸 인디언들은 랍스터를 식용 대신에 밭의 비료로 사용했다. 또 집게발은 잘라서 낚시 바늘로 썼다고 한다. 존 마리아니John Mariani가 쓴 《미국 식품 및 음료 백과사전Encyclopedia of American Food and Drink》에는 천덕꾸러기 식품 랍스터가 자세히 소개돼 있다.

'빵 대신에 먹어야 했던 랍스터'가 우아한 식품으로 자리 잡기 시작한 것은 19세기부터다. 교통이 발달하면서 미국 전역으로 랍스터가 퍼져나가 고급 요리로 인기를 끌기 시작했다. 길거리에서도 쉽게 랍스터를 구경할 수 있었던 메인 주는 1840년 랍스터 산업이 발달하면서 '랍스터의 고장'으로 명성을 얻었다.

유럽에서는 예전부터 랍스터를 고급 요리로 즐겨 먹었다. 1세기 무렵 로마에서 발간된 요리책에는 랍스터 조리법과 그에 어울리는 와인을 소개한 기록이 있다. 15세기 이후에는 이탈리아, 영국 등 유럽 곳곳에서 랍스터 요리법에 관한 문헌이 발견된다.

랍스터가 천덕꾸러기 식품으로 취급받기도 했지만 일부 문화권에서는 랍스터를 '사랑의 묘약'으로 여긴다. 남성의 파워를 강하게 해주고 여성의 성적 매력을 높이는 역할을 한다고 생각했다. 《초기 현대 유럽의 식품Food in Early Modern Europe》이라는 책에서는 랍스터가 연인들의 성적 흥분을 일으키는 '사랑의 미약aphrodisiac'이었다고 전한다. 랍스터에 들어 있는 성분 때문일 수도 있고, 혹은 랍스터를 먹을 때의 우아한 분위기로 인해 사랑의 감정이 싹튼다는 말일 수도 있다.

한의학에서는 랍스터가 전신의 균형과 허약한 신장에 좋을 뿐만 아니라, 차갑고 서늘한 성질을 갖고 있어 열을 내리고 나쁜 기운을 배출하는 성분이 있다고 한다. 식품학적으로도 랍스터는 칼로리와 콜레스테롤이 낮고, 단백질과 미네랄이 풍부한 식품이다. 또 리신, 글루타민 등 필수 아미노산이 풍부하기 때문에 성장기 어린이에게 좋으며, 갑각류 특유의 키토산은 뼈와 근육의 형성을 돕는다. 랍스터의 알은 핵산이 풍부해 노화를 방지하기 때문에 여성의 피부미용에도 좋다.

한자로 랍스터는 '용새우龍蝦'라고 표기한다. 군이 따지자면 새우, 가재 중의 으뜸이라는 뜻이다. 한때 미국에서 '가난의 상징'으로 꼽혔던 랍스터가 지금은 고급 레스토랑에서 즐기는 '부의 상징'으로 바뀌었으니 정말 가재가 용 됐다.

키토산

게나 가재, 새우 껍데기에 많이 들어 있으며, 세포를 활성화해 노화를 억제하고 면역력을 높여준다. 예로부터 게나 새우껍질은 서양에서는 칼에 베인 상처에, 중국에서는 종기나 부스럼 치료에, 일본에서는 화상 및 피부병 치료에 이용되었다.

토마토
tomato

독이 든 늑대의
복숭아

토마토는 채소일까, 아니면 과일일까? 대부분 십중팔구 '채소'라고 대답한다. 상식적으로 그렇게 알고 있고 또 교과서에도 '채소'로 나와 있다. 과일처럼 먹는 경우도 많은데 왜 토마토가 채소일까? 과일과 채소의 차이가 무엇이길래 토마토는 채소로 분류되는 것일까?

일반적으로 과일은 나무에서 열리는 열매, 즉 목본성木本性

열매를 말하고 채소는 풀에서 열리는 열매, 다시 말해 초본성 草本性 열매로 분류한다. 그렇다면 토마토는 채소가 분명한데 역시 일년생 풀에서 열리는, 과일로 취급되는 수박이나 딸기 는 왜 채소로 분류되지 않는 것일까?

과일과 채소를 구분 짓는 또 다른 방법은 식사를 할 때 요 리의 재료로 사용되면 채소, 식사를 끝낸 후 후식으로 먹으면 과일로 나누는 경우도 있다. 이런 구분에도 토마토의 위상은 애매하다. 서양 요리에서는 토마토가 요리 재료로 사용되는 경우가 많지만 우리나라처럼 후식으로 먹는 경우도 많기 때 문이다.

토마토가 채소인지 과일인지를 놓고 수많은 논쟁이 있었 지만 결국 '토마토는 채소'라고 결론이 났다. '채소냐 과일이 냐'를 놓고 벌어진 재판에서 '토마토는 채소다'라고 미국연 방대법원이 최종 판결을 내렸기 때문이다.

미국은 1887년 관세법을 개정하면서 수입 과일과 채소에 대해 관세를 달리 매겼다. 과일에 대해서는 수입 관세를 부과 하지 않았지만 채소에 대해서는 세금을 물도록 했다. 이 무렵 까지만 해도 미국에서 역시 토마토가 과일인지 채소인지를 놓고 꽤나 많은 논쟁이 벌어졌다.

예를 들어 뉴저지 주에서는 토마토를 과일로 분류했고, 아칸소 주에서는 동일한 법률을 적용하면서도 경우에 따라 과일 또는 채소로 분류하는 모순이 생겼다. 그러다 수입 채소에 관세를 매기겠다는 법이 발효되면서 토마토 수입업자들이 '토마토는 채소'라는 데 반발했다.

마침내 뉴욕의 과일 수입업자였던 존 닉스가 뉴욕의 세관원이었던 에드워드 헤든을 상대로 토마토에 10퍼센트의 관세를 매긴 것은 잘못됐다며 소송을 제기했고, 끝내는 연방대법원까지 올라가게 됐다. 이른바 닉스 대 헤든Nix vs Hedden사건이다.

1893년 미국연방대법원은 '토마토는 채소'라고 최종 판결을 내려 지루한 논쟁을 잠재웠다. 이유는 토마토를 과일로 보기에는 충분히 달지가 않고, 채소와 과일의 구분은 식사 때 요리로 사용되느냐 혹은 후식으로 사용되느냐로 나뉘는데, 토마토는 주로 요리로 사용되었기 때문이다.

토마토는 지금 세계 어느 곳에서나 즐겨 먹는 '채소'지만 처음부터 사람들이 즐겨 먹었던 것은 아니다. 토마토의 원산지는 남미 연안 지역의 고원지대다. 이때는 사람들이 먹었던 흔적이 남아 있지 않다.

토마토tomato의 어원은 토마틀tomatl로 원산지인 아스텍 언어로 '늑대의 복숭아wolf's peach' 혹은 '늑대의 과일wolf's fruit' 이라는 뜻이다. 사람들이 식용으로 먹었다기보다 야생에서 늑대들이 먹던 열매였을 가능성이 높다. 그러다 중미 지역으로 전래되었고, 그곳에 살던 마야인들이 토마토를 재배해 먹기 시작했다고 한다.

토마토가 유럽에 전래된 것은 16세기 무렵으로 아메리카를 정복한 스페인 사람들이 토마토를 고국으로 가져다 퍼뜨리면서부터다. 아시아에는 당시 스페인 식민지였던 필리핀에서 재배하던 것이 아시아 전 지역으로 퍼졌다.

토마토를 처음 본 유럽 사람들은 토마토에 독이 들어 있다고 생각해 먹지 않았다. 토마토는 가지과에 속하는 식물로, 가지과 식물 중에는 독이 들어 있는 식물이 많았다. 그래서 초기 유럽인들은 토마토를 식용으로 생각하지 않았고, 꽤 오랜 기간 동안 토마토를 먹지 않았던 것 같다. 기록에는 17세기부터 먹었다고 하는데 식용으로 널리 퍼지지는 않았던 것으로 추정된다.

미국에서는 유럽보다 훨씬 늦게 토마토를 먹기 시작했다. 1812년 루이지애나 주의 뉴올리언스에서 처음 토마토를 요

음식이 상식이다

리해 먹었다는 기록이 나온다. 뉴올리언스는 한때 프랑스의 식민지였던 지역으로 프랑스의 영향이 많이 남아 있는 곳이다. 프랑스혁명 때 토마토가 식용으로 인기를 끌었는데 그 영향을 받은 것으로 짐작된다. 당시 토마토가 인기를 끌었던 이유는 프랑스혁명군의 상징 색인 빨간색과 토마토 색이 같아서였다는데 정확하지는 않다.

독이 든 열매로 오해받은 토마토와 관련한 해프닝은 여러 곳에서 볼 수 있다. 미국독립전쟁 때 영국군이 독립군의 지도자이자 미국 초대 대통령 조지 워싱턴 장군을 독살하기 위해 '독이 든 열매'인 토마토를 워싱턴의 접시에 발랐다는 소문이 있다.

또한 1820년 뉴저지에서도 토마토 때문에 웃지 못할 일이 있었다. 로버트 존슨이라는 대령이 "토마토는 식용이 가능하다."고 주장하면서 토마토 먹는 시범을 보인 것이다. 이 불쌍한 군인이 죽어가는 모습을 보기 위해 약 2000여 명의 사람들이 모였는데, 토마토를 한 박스나 먹은 존슨 대령이 멀쩡히 살아 있어 사람들이 놀랐다는 기사가 있다.

토마토가 식용이 가능하다는 사실을 알게 된 이후에도 토마토는 한동안 기피식품으로 취급받았다. 사람을 성적으로 흥분시키는 최음 성분이 들어 있는 것으로 여겨 청교도들이 금기시했기 때문이다.

토마토가 '독이 든 열매'에서 '최음제'가 된 이유는 통역상의 오류 때문에 벌어진 해프닝이었다고 한다. 여행중이던 한 프랑스인이 처음으로 토마토를 먹게 됐는데 아주 맛있었다. 그래서 요리를 만들었던 이탈리아 주방장에게 어떤 음식이냐고 물었고, 이 주방장이 불어로 '무어인의 사과Pomme de Moors(Apple of the Moors)'라고 대답했다. 그런데 프랑스인이 이를 '사랑의 사과Pomme D'amore(Apple of Love)'로 잘못 알아들었고, 최음제로 여겨 그 다음부터 기피식품이 됐다는 것이다.

채소 OR 과일

과일은 목본류(나무)에서 열리고, 채소는 초본류(풀)에서 열린다. 초본류에서 열리지만 과일처럼 먹을 수 있는 열매를 과채류라고 하는데, 수박, 토마토, 참외 등이 있다. 토마토는 유럽에서 주로 요리할 때 이용하기 때문에 채소로 분류된다.

프렌치프라이
French fries

**미국의
화풀이 대상**   2003년 미국이 이라크를 공격할 때
엉뚱하게 유탄을 맞은 음식이 있다.
바로 감자튀김인 '프렌치프라이French fries'다. 프렌치프라이
는 이라크와 함께 미국의 공격 대상이 됐는데 그 배경에는 재
미있는 사연이 있다.

미국 하원의회는 평소 프랑스 정부를 못마땅하게 생각하
고 있었다. 이유인즉 프랑스가 후세인을 몰아내기 위한 전쟁
에 사사건건 반대하고 이의를 제기했기 때문이다. 결국 의회
는 구내식당에서 '프렌치French' 대신에 자유를 뜻하는 '프리
덤freedom'을 써서 '프리덤 프라이freedom fries'로 메뉴를 바꿔
버렸다. 물론 3년 후 '프렌치프라이'로 복권시키긴 했지만,
패스트푸드의 가장 기본 메뉴인 프렌치프라이가 터무니없게

화풀이의 대상이 되었던 사건이었다.

'프랑스식 감자튀김'인 프렌치프라이가 과연 프랑스 요리법에서 유래된 이름인지에 대해서는 논란의 여지가 있다. 프랑스에서 미국으로 건너온 메뉴임은 틀림없는 것 같은데, 원조는 프랑스가 아닐 가능성이 높은데다 '프렌치'가 프랑스를 나타내는 용어인지도 분명하지 않다. 그 이유에 대해 하나하나 살펴보자.

먼저 '프렌치French'라는 영어 단어는 프랑스를 표현하는 형용사로 사용된다. 하지만 드물게 '가늘게 자르다' 혹은 '갈비에서 뼈를 발라내다'라는 의미로도 쓰인다. 사전적인 의미로 '프랑스 요리방식으로 튀긴 감자'라는 의미보다는 '가늘게 썰어 튀긴 감자'라는 뜻에서 프렌치프라이로 불렸다는 것이다.

또 다른 유래는 문자 그대로 프랑스 조리법으로 튀긴 감자라는 설이다. 프렌치프라이가 실제로 프랑스에서 유행했던 음식으로, 미국의 제3대 대통령이며 독립선언문의 기초를 마련한 토머스 제퍼슨이 손님을 초대한 만찬에서 감자튀김을 내놓았는데 "프랑스 조리법대로 튀겼다(fried in the French manner)."라고 소개하면서 그 이름을 얻게 됐다는 것이다.

하지만 '프렌치 프라이드 포테이토French fried potato'라는 단어가 미국에서 처음 등장한 것은 토머스 제퍼슨이 사망한 1826년보다 훨씬 뒤인 1894년 오 헨리의 단편소설에서이다. 또한 현재 사용하고 있는 '프렌치프라이'라는 줄임말은 1918년부터 사용하기 시작했다.

프렌치프라이의 발상지가 과연 프랑스인지에 대해서는 해석이 분분하다. 먼저 프렌치프라이의 재료인 감자는 남미가 원산지로 약 2000년 전부터 페루와 볼리비아의 고원지대에서 재배하기 시작했다. 유럽인들이 감자를 처음으로 본 것은 1537년 스페인 원정대가 남미를 침략할 무렵이었다. 처음 감자를 본 스페인 사람들은 '작고 울퉁불퉁해 보기 흉한 식물'이라며 거들떠보지도 않았다고 한다. 그런 감자가 유럽으로 전달된 시기는 1550년대로, 처음 스페인으로 전해졌고 그 후 유럽 전체로 재배 지역이 확대되었다.

초기에 감자는 평소 보지 못하던 식물이었던 만큼 꽤나 배척을 받았다. 북아일랜드와 스코틀랜드에서는 농민들이 감자 재배를 거부했는데, 그 이유는 성경에 나와 있지 않은 낯선 식물이었기 때문이라고 한다. 그만큼 감자를 입에 대지도 않다가 나중에 종교적인 타협점을 찾아 먹기 시작했다는 이야기도 있다. 아일랜드 가톨릭 교도들은 성경에 나오지 않는 이상한 식물이기 때문에 성수聖水를 뿌려 정화한 다음 먹었다.

한편 감자가 처음 스페인으로 전해진 만큼 최초의 프렌치프라이는 스페인에서 만들어졌을 것으로 보는 사람도 있다. 그렇지만 세계 최초로 프렌치프라이를 만들어 길거리에서 팔기 시작한 나라는 '벨기에'라는 설이 가장 유력하다. 1681년 노점상들이 감자튀김을 뜻하는 프랑스어인 '프리테frites'를 팔았다는 기록이 있고, 프랑스에서는 1840년대 '폼므 프리테pommes frites'가 유행했다고 한다.

2003년 미국 하원의회의 구내식당에서 '프렌치프라이'를 '프리덤 프라이'로 바꾸었을 때, 주미 프랑스 대사관에서 "프렌치프라이는 벨기에 음식"이라고 성명을 발표, 미국 하원을 비꼬았던 것을 보면 진짜 원조는 프랑스가 아닌 것은 분명하다.

북경오리구이

北京烤鸭

못 먹으면
평생의 여한   중국에 이런 속담이 있다.

"북경에 와서 만리장성을 보지 않으면 남자가 아니고, 북경오리를 먹지 않으면 평생 여한으로 남는다(不到長城非好漢, 不吃烤鴨眞遺憾)."

북경오리구이北京烤鸭가 그만큼 북경을 대표하는 명물이라는 이야기다.

중국 역사에서 대표적인 미식가로 꼽히는 사람 중의 하나가 청나라 제6대 황제인 건륭乾隆 황제다. 건륭 황제는 13일 동안 8일 이상 오리구이를 먹었다는 기록이 있다. 산해진미에 둘러싸인 중국의 황제가 이틀에 한 번 꼴로 북경오리구이를 먹었으니 그 맛이 얼마나 뛰어난지 미루어 짐작할 수 있다.

1972년 미국 국무부장관이었던 헨리 키신저Henry Kissinger

도 핑퐁외교로 미국과 중국이 화해를 할 때, 북경을 방문해서 먹은 요리가 북경오리구이다. 그 이후 북경오리구이는 미국과 유럽 등 서양에서도 유명해졌다.

사실 우리나라에서는 오리고기를 많이 먹지 않지만 중국에서는 닭고기보다 오리고기를 더 알아준다. 오리를 뜻하는 한자 압鴨 자를 풀어보면, 새鳥 중에서도 으뜸甲이라는 의미가 되니 중국인의 '오리 사랑'을 알 수 있다.

북경오리구이를 먹는 방법은 먼저 구운 오리껍질을 밀전병에 얹어놓고 생파, 생오이 썬 것을 양념장에 찍어 싸 먹는다. 그 다음에 고기를 가늘게 썰어 먹고, 오리 뼈를 곤 국물, 오리 내장 볶음 등을 먹는다. 오리 혀와 물갈퀴가 나올 때도 있다.

북경에는 편의방便宜坊과 전취덕全聚德이라는 전통 북경오리구이 전문점 두 곳이 있다. 편의방은 명나라 영락제永樂帝 14년, 서기 1416년 왕 씨 성을 가진 사람이 북경에 세운 오리구이 전문점이다. 전취덕은 청나라 동치제同治帝 3년, 서기 1864년에 양 씨가 세운 북경오리구이 전문점인데 역사는 편의방보다 짧지만 현재는 더 유명하다.

어쨌든 유명한 오리구이 전문점이라 오리를 굽는 방법도

전통적으로 전취덕 방식과 편의방 방식, 두 종류가 있다. 전취덕 방식은 오리를 불 위에 걸어놓고 직접 장작을 때어 굽는 방식이고, 편의방 방식은 오리를 화덕에 넣은 후 불을 때어 간접적으로 굽는 방식이다. 편의방 오리구이는 원래 남경에서 발달해 북경으로 전수된 방법이다.

북경오리구이를 만들 때 쓰는 오리는 보통 오리가 아니라 오리구이용으로 개량한 오리로 사육 방식도 다르다. 모두 여덟 단계의 공정을 거치는데 그 방법이 잔인하기 짝이 없다.

먼저 오리가 부화한 후 50일쯤 지나면 그때부터 운동을 시키지 않고, 강제로 입을 벌려 하루에 세 차례씩 모이 주머니가 가득 차도록 사료를 먹인다. 이렇게 인공적으로 살을 찌우면 기름진 육질이 부드러워져 고기 맛이 좋아진다고 한다. 다음에는 오리를 잡아 목 부분에 작은 구멍을 내고 오리의 항문을 막는다. 그리고 목구멍에 공기주입기를 꽂아 바람을 불어넣는데, 오리의 껍질과 피하지방을 분리하기 위해서다. 이렇게 하면 요리를 해도 오리 껍질에 쭈글쭈글한 주름이 생기지 않는다고 한다.

그런 다음에 내장을 끄집어내 깨끗이 씻어 갈고리에 걸어 그늘에 말린 후 맥아당을 발라 매달아놓고, 장작불로 오랜 시간 구우면 껍질이 다갈색으로 익으면서 북경오리구이의 특별한 맛이 만들어진다. 프랑스의 명품 요리인 거위 간(푸아그라)을 만들 때, 거위에게 강제로 사료를 주입해 인위적으로 지방간을 만들어내는 것과 비슷한 방법이다.

사실 북경오리구이의 원조는 중국이 아니라 유럽에서 먹던 거위구이가 그 기원이라고 한다. 실크로드를 따라 중국과 서양의 문물이 교류될 때 중국으로 흘러 들어왔을 가능성이 높다. 마르코 폴로Marco Polo를 비롯한 서양 상인들이 중국으로 올 때 적지 않은 서양 요리가 중국에 들어왔으며, 북경오리도 그 무렵 도입됐다는 추측이 있다. 하지만 중국에서 오리구이를 먹은 기록은 훨씬 오래 전이다.

서기 400년경 남북조시대 때 쓰인 《식진록食珍錄》이라는 책에 자압炙鴨이라는 단어가 등장한다. 구울 자炙에 오리 압鴨 자를 썼으니까 이때 이미 오리구이가 있었음을 알 수 있다.

기록에 의하면 남송시대 때 자압, 즉 오리구이가 지금의 항저우杭州에서 크게 유행했다고 한다. 그러다가 칭기즈칸의 몽골족이 원나라를 세우면서 항저우를 점령한 후 수백 명의 장인들을 북경으로 압송했는데, 여기에 오리구이 전문기술자들도 포함되면서 오리 굽는 기술이 북경으로 전해졌다. 원나라 때 이미 중국에는 적지 않은 북경오리 음식점이 생겼다고 한다.

원나라가 망한 후 남경에 명나라가 들어섰다. 당시 남경에서는 오리에 진흙을 발라 화덕에 굽는 방식이 일반적이었다. 화덕에 굽는 오리는 원래 거지가 몰래 훔친 오리를 구워 먹은 데서 유래한다. 거지가 훔친 오리를 막 먹으려고 하는데, 갑자기 사람들이 나타나자 오리에 진흙을 발라 불속에 던져버렸다. 얼마 후 사람들이 지나간 뒤 오리를 꺼내 먹었는데 그 맛이 기가 막혔다. 이후 화덕에 구운 요리가 유행했다고 한다.

남경오리구이로 유명한 화덕구이는 명나라가 북경으로 천도하면서 굽는 방식이 북경에 전수됐다. 청나라가 들어서면서 북경오리구이는 다시 한 번 크게 발전하는데, 건륭 황제와 서태후가 특히 북경오리구이를 좋아했기 때문이다.

전취덕

1864년 개업한 중국의 북경오리구이 음식점으로, 현재까지 143년간 불씨를 보존하고 있다. 이 불씨는 1억 마리가 넘는 오리를 나무로 구워낸 화덕에서 채취한 것으로 잠시 영업을 중단하는 동안에도 꺼지지 않도록 화로에 보관할 정도다.

팝콘
popcorn

팡팡 터지는
초원의 황금

영화 〈웰컴 투 동막골〉을 보면 곳간
에 보관해둔 옥수수가 터져, 하늘 가
득히 팝콘popcorn이 눈처럼 내리는 장면이 나온다. 미국 인디
언의 전설에도 비슷한 이야기가 있다. 어느 여름날 유난히 날
씨가 더웠는데 더운 날씨 때문에 들판에 심어놓았던 옥수수
밭에서 일제히 알맹이가 터져 팝콘이 하늘을 덮었다고 한다.
하늘에 하얀 팝콘 송이가 가득한 것을 보고 소와 돼지들이 갑자기 눈보라가 치는 것으로 착각해 얼어 죽었다는 내용이다.

팝콘은 따지고 보면 아메리칸 인디언의 발명품이다. 언제부터 팝콘을 먹었는지는 정확하게 기록에 나와 있지 않지만 그 역사는 아주 오래되었다. 아메리칸 인디언 부족들은 옥수수 속에 정령이 깃들어 있다고 믿었다. 정령이 살고 있는 집인 냄비가 뜨거워지면 정령이 점점 화가 나는데, 더 이상 참을 수 없을 정도가 되면 정령의 분노가 폭발해 껍질을 까고 터져 나온 것이 팝콘이라고 생각했다.

미국 5대호를 처음 탐험했던 프랑스의 탐험가가 그 지역 인디언들이 달궈진 모래를 이용해 옥수수를 튀겨 팝콘을 만들어 먹는 것을 목격했다는 기록이 나온다. 그러나 이 기록은 역사적으로 입증이 되지 않고 있다.

유럽인들이 팝콘을 처음 본 것은 1621년 10월 15일 첫 추수감사절에 이웃 인디언들이 팝콘을 가져왔을 때였다. 인디언 원주민이었던 마사소이드족의 추장인 콰데쿠이나가 튀긴 옥수수를 갖고 왔던 것이다. 인디언들은 영국 이주민을 만날 때마다 평화협상의 표시로 팝콘을 갖고 왔다. 팝콘이 평화의 표시였던 셈이다. 초기 영국인 이주민들은 마사소이드족으로부터 옥수수 재배 방법과 팝콘 만드는 방법을 배웠다고 한다.

　팝콘이 본격적으로 보급되기 시작한 것은 1885년 시카고에 사는 찰스 크레터라는 사람이 처음으로 팝콘 튀기는 기계를 발명하면서부터다. 팝콘 옥수수는 주로 미국 중서부 지방에서 재배했는데, 1890년대부터 팝콘이 유행하기 시작해 옥수수 농사를 짓던 농부들이 큰돈을 벌었다. 그래서 한때 미국에서는 팝콘을 '초원의 황금prairie gold'이라고 불렀다.

　팝콘 옥수수가 최초로 대량 생산된 것은 1914년에 설립된 아메리칸 팝콘 회사American Popcorn Company가 깡통에 담아 팔기 시작하면서부터다. 당시 광고 문구는 "잘 터진다(Guaranteed to Pop)."였다. 이후 팝콘은 20세기 초 극장이 설립되면서 전성기에 접어들었고, 1950년대 TV가 보급되면서 집에서도 즐겨 먹게 되었다.

- -

옥수수

옥수수 알 속에는 보통 14퍼센트의 수분이 들어 있다. 옥수수 알을 205도까지 가열하면 두꺼운 껍질 속에 갇혀 있던 수분이 수증기로 바뀌면서 팝콘이 된다. 팝콘 한 알 속의 부피를 0.1mL라고 할 때 366000배가 늘어나는 셈이다.

음식이 상식이다

맥주
beer

고대부터 즐겼던 알코올성 음료

음주를 금지하는 이슬람 국가에서도 맥주beer는 마신다. 물론 이들이 마시는 맥주는 알코올 성분이 전혀 들어 있지 않은 비알코올성 맥아 음료다.

전 세계에서 즐겨 마시는 술인 맥주를 역사상 가장 먼저 마신 사람들은 고대 수메르Sumer인들이다. 맥주는 기원전 4000년 이전에 인류 문명의 발상지인 티그리스와 유프라테스 강 유역에서 처음 만들어진 것으로 알려져 있다. 기록에 의하면 수메르인들이 설형문자로 쓴 신에게 바치는 노래에 맥주 제조 방법이 적혀 있다고 한다.

고대에도 맥주는 많은 사람들이 즐겨 마시는 알코올성 음료였다. 남녀 또는 신분에 관계없이 맥주를 마셨다. 여러 사람들이 즐겨 마시는 술인 만큼 옛날에도 속여 파는 악덕 상인들이 있었다.

기원전 1750년 무렵에 제정한 인류 최초의 법전, 함무라비Hammurabi법전에 맥주를 속여 판 상인에 대한 처벌 조항이 나온다. 맥주 집 주인이 맥주의 양을 속여 팔았을 경우에는 그 벌로 물속에 빠뜨려 익사시킨다는 내용이다. 물건을 훔치면 손을 자르고 사람을 죽이면 반드시 사형에 처하는 보복 처벌로 유명한 함무라비법전이지만, 맥주를 팔 때 바가지를 씌웠다고 익사를 시키는 조항을 보면 터무니없기 짝이 없다.

고대의 맥주는 지금처럼 맥아에 홉Hop을 첨가해 발효시켜 만든 것이 아니라 빵을 잘게 부숴 발효하는 형태로 만들었다. 물론 빵뿐만이 아니라 다양한 원료를 사용했다고 한다.

맥주는 주로 집이나 수도원에서 만들었는데, 중세 시대에는 종교적 이유로 맥주 양조에 제약을 두었다. 그러다가 13세기 무렵 현재의 체코인 보헤미아의 왕 웬체슬라스Wenceslas가 교황에게 맥주 제조 금지령을 풀어줄 것을 건의했다. 이를 계기로 보헤미아에서 맥주 양조가 널리 퍼졌다고 한다. 독일 맥주와 함께 체코 맥주가 유명한 이유가 바로 이것이다.

독일 맥주가 유명해진 계기는 바이에른 공국의 빌헬름 4

세 덕분이다. 빌헬름 4세는 1516년 '맥주순수령Reinheitsgebot' 을 발표한다. 이전까지만 해도 맥주에 여러 향료를 첨가해 만들었는데, '맥주순수령'에 따라 홉만을 사용하도록 법률로 정함으로써 현재의 맥주가 만들어졌고, 독일의 맥주 산업이 발전하는 계기가 됐다.

맥주가 지금처럼 보편화된 계기는 프랑스의 파스퇴르가 효모를 이용한 맥주 발효법을 개발한 것과 산업혁명으로 대량 생산할 수 있는 기틀이 마련되면서다. 현재와 같은 캔 맥주는 1935년 1월 24일에 처음 나왔다. 버지니아 리치몬드에 있는 크루거 양조회사가 크루거 거품 맥주Krueger Cream Ale를 캔에 담아 팔면서부터였다.

맥주가 사람들로부터 사랑을 받다보니 맥주를 매개로 한 정당까지 생겨났다. 지금은 없어졌지만 폴란드에는 폴란드 맥주 사랑당PPPP이라는 정당이 있었다. 영어로 '맥주를 사랑하는 폴란드인의 정당Polish Beer Lover's Party'이라는 뜻인 폴란드어 Polska Partia Przyjacior Piwa의 머리글자를 따서 약자로 PPPP라고 불렀다.

PPPP는 폴란드에서 공산 정권이 무너진 직후인 1990년도 결성된 정당으로 당수는 르윈스키였다. 공교롭게도 클린

턴 전 미국 대통령과 스캔들을 일으켰던 모니카 르윈스키와 성이 같다. 1991년 선거에서 무려 16석이나 차지하면서 국회에 진출했는데, 의사당 진출 직후 대 맥주파와 소 맥주파로 파벌이 갈렸다가 결국 해산됐다.

잘못하면 술꾼들이 결성한 주당酒黨으로 착각할 수도 있지만 오히려 정반대다. 독한 보드카 대신에 맥주를 마심으로써 알코올을 추방하자는 운동의 일환으로 결성된 정당이었다. 맥주당은 폴란드뿐만 아니라 러시아, 우크라이나, 벨로루시 등에서도 결성된 적이 있다.

이외에도 맥주는 허니문과도 관련이 있다. 기원전 4000년 바빌로니아에서는 결혼 후 한 달 동안 신부의 아버지가 사위에게 벌꿀 술mead 혹은 맥주를 대접하는 것이 관습이었다. 벌꿀 술은 일종의 꿀 맥주로 허니문을 축하하기 위한 음료였다.

- -

맥주 거품
맥주 속에 함유되어 있는 탄산가스가 밖으로 나가는 것을 막고, 맥주가 공기에 접촉해 산화되는 것을 방지하기 위한 것이다. 대부분의 맥주병이 갈색인 이유 역시 직사광선을 받으면 산화되어 특유의 맛과 향을 쉽게 잃어버리기 때문이다.

샴페인
champagne

법적인 보호를 받는 포도주

축제 때 혹은 파티를 열 때 또는 일상에서 축하할 일이 있을 때면 샴페인Champagne을 터뜨린다. 샴페인은 기포가 들어 있는 포도주wine의 한 종류다. 하지만 왜 축제 때 샴페인을 마시는지, 그 유래에 대해서는 정확하게 알려져 있지 않다. 다만 기쁜 일이 있을 때 샴페인을 마신 역사는 꽤 오래됐다. 기록상으로는 서기 496년까지 거슬러 올라간다.

현재 프랑스 상파뉴Champagne 지방의 중심지, 라임Rheim의 대주교였던 성 레미St. Remy가 당시 프랑크 왕국의 국왕이었던 클로비스Clovis를 기독교로 개종시켰다. 이때 국왕에게 세례를 하면서 샴페인을 사용했다고 한다. 그 무렵에는 수도원에서 포도주를 생산했는데, 클로비스 국왕의 세례식 때 대주교가 사용한 포도주는 자신의 수도원에서 만든 것으로 보인다.

이후 898년과 1825년 프랑스의 국왕이 샹파뉴 지방에서 대관식을 할 때도 샴페인이 사용됐다. 이때부터 축하 세레모니를 할 때마다 샴페인이 많이 사용됐는데, 17세기 루이 14세의 대관식 때는 수백 통의 샴페인이 쓰였다고 한다.

프랑스혁명 당시인 1789년 7월 14일 혁명군이 바스티유 감옥을 해방시킨 직후에도 사람들이 샴페인을 마시며 기뻐했다고 한다. 조선소에서 선박 건조를 마치고 진수식을 가질 때에도 샴페인을 사용했는데, 현대에 들어서면서 샴페인은 축하용 와인으로 완전히 자리를 잡았다.

샴페인은 탄산가스가 들어 있어 공기방울이 만들어지는 발포성 포도주sparkling wine다. 그러나 정확하게 말하면 샹파뉴 지방에서 만들어진 발포성 포도주만을 샴페인이라고 해야 한다. 발포성 포도주라고 해서 모두 샴페인이 아니다. 이유는 원산지 표시에 대한 법적인 보호 때문이다. 역사도 오래되었다. 1891년 체결된 마드리드 협정Madrid Agreement에 이미 이런 조항이 있었는데, 1919년 제1차 세계대전이 끝난 후 맺은 베르사유 조약Versailles Treaty에서 이 조항을 개정, 발포성 포도주의 경우 지방 이름을 따서 상표 이름을 짓기로 규

정했다.

　재미있는 사실은 제1차 세계대전을 끝낸 종전 협약에 샴페인에 대한 조항이 들어 있다는 것이다. 이유인즉 승전국인 프랑스가 패전국인 독일의 포도주 산업을 규제하기 위해서였다. 다시 말해 샴페인이라는 '스파클링 와인'은 프랑스의 상파뉴 지방에서 만들어졌기 때문에 붙여진 이름이다.

　상파뉴 지방에서 생산되는 발포성 포도주에만 샴페인이라는 명칭을 사용하도록 했는데도 사람들한테 '샴페인'이라는 단어가 일반화된 것은 미국 때문이다. 미국에서는 샴페인이라는 용어를 사용할 수 있는데 이 경우 상표 이름이 아니라 일반 명사로 사용하는 것이고, 베르사유 조약이 체결될 때 미국 상원에서 이 조항에 대한 비준을 하지 않았기 때문이다.

　상파뉴 지방은 날씨가 추워서 포도를 늦게 수확하다보니 포도 껍질에 있는 이스트가 당분에서 알코올로 전환되는 시간이 상대적으로 짧을 수밖에 없었다. 그래서 이스트가 채 발효되지 못해 그대로 남아 있는 경우가 많았다.

　이에 돔 피에르 페리뇽Dom Pierre Perignon이라는 베네딕트 수도원의 수도승과 식료품 담당자들이 포도를 수확한 후 1차 발효를 시키고, 그 다음에 병에 담아 다음 봄까지 2차 발효를 시키는 방법을 개발했다. 2차 발효 과정에서 이산화탄소 거품이 생겨 기포가 올라오는 스파클링 와인, 즉 샴페인이 만들어진 것이다. 이때 돔 피에르 페리뇽은 샴페인의 압력을 충분히 견딜 수 있는 병과 우리가 지금 사용하는 코르크 마개도 발명했다.

코르크

공식적인 기록으로 처음 코르크를 사용한 사람은 17세기 말 수도사인 돔 페리뇽이다. 이전에는 나무를 깎아서 기름 먹인 헝겊으로 싸서 병을 틀어막았는데 탄력이 없어 제대로 밀봉시키지 못했다. 스페인 등 남유럽에서 산출되는 너도밤나무과의 코르크 참나무로 만든 것을 최고로 친다.

음식이 상식이다

불도장
佛跳墙

냄새만으로
스님을 담
넘게 한 요리

중국 황제들이 즐겨 먹었다는 고급
요리 중에 불도장佛跳墙이라는 것이 있
다. 만한전석滿漢全席에 나온다고 해서
유명한 요리인데, 요즘 한국에서도 고급 중국 레스토랑에 가
면 맛볼 수 있는 음식이다.

불도장은 원래 18종류의 주재료와 12종류의 보조재료 등
모두 30종의 음식 재료를 중국 명주인 사오싱주紹興酒에 넣고

요리하는 음식이다. 들어가는 재료들도 닭고기, 오리고기, 전복, 오리발, 상어지느러미, 해삼, 말린 조개, 부레, 새우, 구기자, 선인장 열매, 버섯, 죽순 등으로 푸젠성福建省 푸저우福州의 일품요리다.

불도장은 문자 그대로 '스님도 담을 뛰어넘어 맛본 요리'로 그 유래가 알려져 있다. 다소 혼동이 있기 때문에 그 내력을 다시 한 번 소개한다.

청나라 말기 푸저우 양교항揚橋巷에 있는 관은국官銀局의 한 관리가 집에서 잔치를 열며, 상급관청인 포정사布政司에 근무하는 주련周蓮이라는 관원을 초청해 음식을 대접했다. 상급관청의 관원인지라 관리의 부인이 직접 주방으로 들어가 요리를 했는데, 닭과 오리 등 20종류의 재료를 넣어 음식을 만들었다.

주련이 그 맛을 본 후 찬탄을 금치 못하고 집으로 돌아가 포정사의 주방장인 정춘발鄭春發에게 관은국 관리의 집에 가서 요리를 배워 오라고 시켰다. 정춘발은 그 부인에게 직접 요리를 배운 후 다시 연구에 연구를 거듭하면서 요리를 발전시켰다. 이때 지은 요리 이름이 '단소팔보壇燒八寶'였다.

이후 정춘발은 관청을 사직하고 1865년 친구들과 동업해서 푸저우에 삼우재三友齋라는 찻집을 열었다. 그 후 광서제光緒帝 때인 1905년 단독으로 경영을 하면서 취춘원聚春園이라는 음식점으로 이름을 바꾸었다. 그리고 관은국 관리네 집에서 배운 요리, 즉 '단소팔보'를 '복수전福壽全'으로 바꾸고 취춘원의 대표 요리로 삼았다.

어느 날 한 무리의 선비가 음식점을 찾아와 복수전을 주문했다. 뚜껑을 열자 맛있는 음식 향기가 방안에 가득 차서 다들 음식 향기에 취해 있는데, 흥이 돋은 한 선비가 즉석에서 그 요리를 놓고 시를 읊었다.

항아리 뚜껑 여니 향기가 사방을 진동하네.

냄새 맡은 스님도 참선을 포기하고 담을 뛰어넘었다네.

壇啓香飄四　佛聞棄禪跳墻來

이 시를 들은 사람들이 감탄했고, 이후 '복수전'을 '스님이 참선을 포기하고 담을 뛰어넘었다'는 불도장으로 바꿔 부르기 시작했다는 것이다.

불도장이라는 음식의 유래는 이처럼 시 구절에서 나온 것이지만, 실제 당나라 때 스님이 음식 때문에 담을 뛰어넘은 고사가 있다고 한다. 이름이 전해지지 않는 한 스님이 푸젠성에서 포교를 할 때였다. 어느 날 담 너머에서 풍기는 맛있는 냄새에 참지 못하고 담을 넘어 고기 음식을 먹고 파계했다는 것이다.

불도장은 1972년 미·중 수교를 체결한 닉슨 미국 대통령이 처음으로 중국을 방문했을 때 먹었던 음식으로도 유명하다. 중국은 역사적인 미·중 수교를 기념하기 위해 특별히 푸저우에서 전문 요리사를 불러 불도장을 만들어 대접했는데 맛을 본 닉슨 대통령이 찬사를 보냈다고 한다.

또한 중국 기록에는 불도장이 청나라 도광제道光帝 때 처음 만들어졌다는 설과 광서제 때 만들어졌다는 설이 혼용돼 나온다. 불도장을 만든 정춘발이 음식점을 연 시점으로 보면 광서제 때가 가깝고, 관은국 관리 부인이 최초의 불도장을 만들었을 때를 고려해보면 도광제 때가 맞을 수도 있다.

베트남 쌀국수
pho

전쟁과 분단, 식민의 아픔을 먹다

베트남 호치민 시에는 세계적으로 널리 알려진 쌀국수, 포Pho 전문 레스토랑이 있다. 이름이 포 빈Pho Bihn이다. '평화의 쌀국수'라는 뜻이다.

현지인뿐만 아니라 외국 관광객도 많이 찾는다. 언론을 통해 많이 알려졌기 때문이다. 얼마나 맛있기에 세계 각지에서 관광객이 찾아올까 싶지만 맛이 특별하다기보다 평화의 쌀국수라는 이름처럼 정치적 이유로 유명세를 탔다. 따지고 보면 베트남이 공산화된 이후 공산정권이 사유재산을 강력하게 억제했을 때도 살아남았을 정도로 정치적인 식당이다.

이곳은 베트남 전쟁이 한창일 때 베트콩 아지트였다. 공산화되기 전에 레스토랑을 자주 찾았던 손님들은 호치민으로 이름이 바뀌기 전 베트남의 수도였던 사이공 정부 관리와 군인, 경찰 간부 그리고 미군이었다. 아래층에서 베트남 정부 관리들이 쌀국수를 맛있게 먹고 있을 때 조직명 F100이라는 이름의 베트콩 핵심 조직원들이 이층 골방에 모여 작전계획을 짰고 북부 베트남에서 들여 온 무기를 숨겼다. 1968년 베트콩이 수도인 사이공에서 대규모 테러를 감행했던 구정 대공세의 작전 계획도 바로 포 빈 레스토랑에서 수립됐다.

'평화의 쌀국수'

관광객으로 붐비는 포 빈 레스토랑 이면에는 베트남 전쟁의 역사가 있다. 베트남 쌀국수는 자체가 전쟁의 흔적이다. 베트남 쌀국수가 세계적으로 퍼진 이유부터 그렇다.

베트남 전쟁이 계기가 됐다. 우리나라에는 2000년대 이후 널리 퍼졌지만 미국과 프랑스, 오스트레일리아에서는 1980~90년대에 베트남 쌀국수 포pho가 유행하기 시작했다.

1975년 베트남 패망 과정에서 고국을 탈출한 난민들이 낯선 나라에서 먹고 살려고 음식장사를 시작한 것이 지금 세계적으로 베트남 쌀국수, 포가 널리 퍼지게 된 배경이다. 쌀국수에는 전쟁에 패해 나라를 잃고 난민으로 떠돌아야 했던 베트남 사람들의 아픔이 배어 있다.

베트남 쌀국수, 포는 베트남 중에서도 남부가 아니라 북부 음식이다. 본고장이 호치민 시가 아니라 수도 하노이 일대다. 그런데 왜 남부 베트남에서 널리 퍼졌고 베트남 전쟁이 끝나면서 남쪽 난민들이 세계로 퍼트린 것일까?

포에는 분단의 상처가 깃들어 있기 때문이다. 우리 평양냉면이나 함흥냉면과 비슷하다. 남북 분단과 한국전쟁으로 평안도와 함경도 이북 피난민들이 남쪽으로 피난 와 음식장사를 시작한 것처럼 북부 하노이 음식이었던 베트남 쌀국수가 남쪽 호치민에 퍼진 것 역시 베트남의 남북 분단이 계기가 됐다.

베트남은 1954년에 남북으로 분단이 된다. 북쪽은 공산정부인 월맹, 남쪽은 민주 정부인 월남이 들어섰다. 베트남에서도 공산정권을 피해 수많은 사람들이 남쪽으로 내려왔다.

남쪽에 정착한 북부 사람들은 북쪽의 쌀국수, 포를 남쪽에 소개했다. 사실 1954년 이전까지 남부 베트남 사람들은 남부의 쌀국수인 후티우, 미, 분과 같은 쌀국수를 먹었을 뿐 북쪽 지방에서 발달한 쌀국수인 포는 그다지 먹지 않았다고 한다.

그러다 월남한 북부 베트남 사람들이 질박한 북쪽 국수에 소고기와 닭고기를 얹고 또 갖가지 향신료를 듬뿍 얹으면서 남부 베트남에도 포가 유행했다. 거리에 북쪽 쌀국수 포를 파는 노점상이 넘쳤고 베트남 사람들이 아침에 일상적으로 먹는 식사가 됐다. 무심코 먹는 베트남 쌀국수, 포에 담긴 분단의 상처다.

베트남 쌀국수, 포에는 이렇게 아픔이 많지만 분명한 것은 전통적인 베트남 음식이라는 사실이다. 하지만 생뚱맞게 프랑스와 중국이 서로 연고권을 주장한다. 자기네 음식 문화의 영향을 받아서 포가 발달했다는 것이다. 그러고 보면 프랑스나 중국 모두 한때 베트남을 식민지로 지배했거나 적지 않은 영향력을 발휘했던 나라들이다.

베트남에는 옛날부터 다양한 국수가 발달했다. 같은 쌀국수라도 면의 굵기와 면을 어떻게 뽑느냐에 따라 반^{bahn}과 분^{bun}이 있고, 밀가루 국수인 미^{mi}도 있다. 또 어떤 국수로 어떻게 조리하느냐에 따라 후티우와 포를 비롯해 다양한 국수로 구분된다.

이중에서 우리가 즐겨 먹는 베트남 쌀국수, 포는 소고기로 육수를 끓이고 국수 위에 잘 저민 소고기 편육과 갖가지 채소를 얹어서 먹는다. 그런데 이렇게 먹는 포가 베트남이 프랑스 식민지였던 시절, 프랑스 음식의 영향을 받아 발달했다는 것이다. 소고기에 채소와 갖가지 향신료를 섞어서 만드는 프랑스 수프, 포 토프pot au feu와 전통적인 베트남 쌀국수가 결합된 형태라는 것이다.

베트남은 1858년 프랑스 나폴레옹 3세의 침략을 받아 이듬해인 1884년 프랑스의 식민지로 전락했다. 베트남에 진출한 프랑스 사람들은 하인이었던 베트남 요리사에게 프랑스식으로 쌀국수를 만들라고 요구했고, 이런 과정에서 소고기를 재료로 각종 채소와 향신료를 더해 만든 프랑스 수프 형태의 쌀국수, 포가 만들어졌다는 것이다. 원래 베트남 사람들은 주로 소고기 대신 돼지고기와 해산물로 조리를 했는데 프랑스의 영향을 받아서 소고기를 넣게 됐다는 것이다.

그래서 일부 어원학자들은 베트남 쌀국수 포pho의 어원이 프랑스 수프인 포 토프에서 비롯된 것이라고 주장한다.

중국에서는 또 다른 주장을 편다. 포는 베트남과 인접한 광동과 광서에서 발달한 소고기 국수, 우육면牛肉麵에서 발달했다는 것이다. 19세기 말부터 20세기 초까지 수많은 중국 화교들이 베트남으로 건너가 당시 수도였던 하노이에 자리를 잡는다. 중국 화교들은 이때 프랑스 사람들이 버리고 먹지 않는 소고기 부위를 모아 육수를 끓인 후 쌀국수를 삶아 어깨에 멜빵을 만들어 메고 다니며 팔았다. 그리고 중국 광동성 사투리로 고기 국수라는 뜻에서 '육판(肉粉)'이라고 외치며 팔 았다. 소고기 쌀국수가 잘 팔리자 베트남 사람들도 따라서 소 고기 국수를 만들어 팔면서 이번에는 베트남어로 '눅판nhuc phan이라고 외치고 팔았다. 소고기 육수로 만드는 베트남 쌀 국수, 포의 기원에 대한 또 다른 주장이다.

베트남 쌀국수 포가 프랑스 음식문화의 영향을 받아 발달 했는지, 아니면 중국 남부 음식문화의 영향이었는지 혹은 순 수 베트남 음식문화의 또 다른 변형인지는 알 수 없다. 적지 않은 세월 식민 지배를 겪다 보니 전통음식인 쌀국수의 정체 성마저 혼란스러워진 셈이다.

코리앤더

'고수'라는 식물의 씨로 만든 향신료다. 그리스어의 '코로'에서 유래되었는데, 코 로는 '벌레'를 의미한다. 열매가 익기 전에 악취가 나기 때문이다. 생선 발효 소스 인 '느억맘(nuoc mam)'과 함께 베트남 쌀국수에 넣어 먹는다.

피자
pizza

스타가 먹으면
나도 먹는다

피자헛Pizza Hut은 1958년 미국 켄사스 주에서 프랭크와 댄 카아니 형제가 어머니로부터 600달러를 빌려 피자 레스토랑을 차리면서 시작됐다. 도미노피자Domino's Pizza는 1960년 톰 모너건 형제가 미국 미시건 주에서 폭스바겐의 '딱정벌레' 한 대로 피자를 배달해주는 '도미닉스'라는 점포를 열면서 비롯됐다. 두 회사의 홈페이지에 나와 있는 회사 설립에 대한 기록이다.

그렇다면 피자를 처음 개발한 사람들은 누구일까? 식품 역사학자들은 페니키아, 그리스, 로마인으로 추정하고 있다. 하지만 특정 지역을 구분하는 것은 무의미하고 밀가루에 물을 섞어 반죽한 후, 달궈진 돌에 얹어 굽는 기술을 개발한 사람들이 피자의 발명자들이라고 본다.

초기의 피자는 단순하게 밀가루 반죽을 구운 빵으로 석기시대부터 존재해왔지만 그나마 빵 위에 토핑을 얹어 먹는 형태는 페르시아였을 것으로 추정한다. 기원전 6세기 무렵 페르시아제국 다리우스Darius 대왕의 병사들이 장거리 행진을 하면서 휴식을 취할 때, 방패를 달궈 그 위에 빵을 굽고 치즈와 대추야자를 토핑으로 얹어 먹었다고 한다.

피자는 원래 이탈리아 음식이지만 실제 세계적으로 피자를 보급시킨 나라는 '미국'이다. 미국에 피자가 퍼진 것은 제2차 세계대전과 관련이 있다.

처음 미국에 피자가 들어온 것은 19세기가 거의 끝날 무렵이다. 이탈리아 이민자들이 시카고에서 정통 피자를 만들어 팔았는데 이탈리아계 사람들이 주고객이었다. 그러다 제2차 세계대전 때 이탈리아에 주둔했던 미군들이 피자에 맛을 들여, 미국으로 돌아와서도 즐겨 먹기 시작했다.

미국에서 폭발적으로 피자 붐이 일어난 것은 1950년대다. 이탈리아계인 가수 프랭크 시나트라Frank Sinatra와 야구선수 조 디마지오Joseph Paul DiMaggio가 피자광이었는데, 이들을 우상으로 여겼던 팬들이 피자를 찾으면서 미국에 피자가 퍼져 나갔다.

피자를 세계적으로 보급시킨 나라는 미국이지만 피자를 발달시킨 나라는 이탈리아다. 이탈리아에서 피자가 발전하게 된 계기는 그리스 덕분이다. 피자와 그리스는 여러 가지 측면에서 관계가 있다.

먼저 피자pizza의 어원에서도 이를 알 수 있다. 중세 그리스어인 '피타pitta'를 피자의 어원으로 보는데, 피타는 '두껍고 평평한 빵'이라는 뜻으로 현대 그리스어에서도 같은 뜻으로 쓰인다.

또 다른 이유는 이탈리아에서 피자가 처음 발달한 도시가 나폴리라는 것. 나폴리는 로마시대 이전 그리스의 식민지였다. 기원후 1세기 무렵 베수비오Vesvius 화산 폭발로 잿더미가 된 폼페이에서 오늘날의 피자와 비슷하게 생긴 빵을 만들어 팔았던 흔적이 발견되었다. 폼페이는 나폴리에서 자동차로 약 한두 시간 정도밖에 걸리지 않는 도시다.

세 번째로 오늘날과 같은 피자를 처음 만든 도시도 나폴리였다. 16세기 무렵 토마토가 페루에서 유럽으로 처음 전래되었을 때만 해도 사람들은 토마토에 독이 들어 있다고 생각해서 먹지 않았다. 그런데 가난한 나폴리 사람들이 밀반죽에 토마토를 얹어 먹으면서 요즘 같은 형태의 피자가 탄생한 것이다. 이때 처음으로 나폴리에 피자를 파는 집이 등장했다.

17세기에 들어서면서 나폴리는 피자로 명성을 얻기 시작했다. 그 명성은 19세기까지 이어져 이탈리아 왕 움베르토 1세의 아내인 마르게리타가 나폴리에서 유명한 피자 요리사 라파엘 에스포시토를 초청해 피자를 만들어줄 것을 요청했다. 이때 에스포시토가 이탈리아 국기를 상징해 만들어 바친 피자가 '마르게리타 피자margherita pizza'다.

테이블 매너
품위를 지키며 서양 요리를 먹을 때 포크와 나이프를 사용하지 않고 손으로 먹어도 아무런 흉이 되지 않는 음식이 피자다. 나이프와 포크를 사용해도 되지만 원래는 손으로 먹는 것이 정석이다. 손으로 먹어도 흉이 안 되는 서양 음식으로는 피자 이외에도 치킨, 프렌치프라이, 핫도그 등이 있다.

브랜디
brandy

위스키의 이복형제

위스키가 생명수^{water of life}인 것처럼 브랜디 역시 생명수다. 영어로는 브랜디brandy지만 프랑스어로는 오드 비eau-de-vie다. 이 말 역시 '생명의 물'이라는 뜻이다. 사실 위스키와 브랜디는 원료가 다를 뿐 곡물·과일을 증류해 만든다는 점에서 '배 다른' 이복형제라 할 수 있다. 쉽게 말해 맥아를 발효시키면 맥주가 되고, 증류시키면 위스키가 된다. 반면 포도를 발효시키면 포도주가 되고, 증류시키면 브랜디가 된다.

브랜디는 프랑스를 대표하는 술이지만, 정작 브랜디를 개발하고 '브랜디'라는 영어 단어까지 만들어낸 데는 네덜란드의 공이 크다.

17세기 프랑스에서 벌어진 가톨릭과 프로테스탄트와의

위그노Huguenot 전쟁 때 코냐크Cognac 지방의 포도밭이 황폐화됐다. 전쟁이 끝난 후 와인을 만들었는데 포도의 질 때문에 좋은 와인이 나오지 않았다. 마침 그 당시 와인 무역을 담당했던 네덜란드 상인들이 와인을 증류할 것을 권해서 브랜디가 탄생했다. 브랜디brandy라는 영어 이름도 그 어원이 네덜란드어로 브란데웨인brandewijn이라는 말이 축약되면서 생긴 말이다. 네덜란드어 브란데웨인은 '끓인 포도주burnt wine'라는 뜻이다.

프랑스의 대표적인 브랜디는 코냑Cognac과 아르마냑Armagnac이다. 프랑스의 코냐크 지방에서 나오는 브랜디가 코냑이고, 아르마냐크 지방에서 생산되는 브랜디가 아르마냑이다. 코냐크와 아르마냐크 모두 프랑스의 와인 생산지인 보르도Bordeaux 지방에 속해 있는데, 코냐크는 보르도 북부, 아르마냐크는 보르도 남부 지방이다.

두 종류의 브랜디가 프랑스를 대표하면서 서로 경쟁 관계인 이유는 18세기 보르도 와인의 독점 생산 및 판매권을 두 지역으로 나누었기 때문이다. 맛도 서로 달라 코냑은 일반적으로 우아한 여성적 풍미를 보이고, 아르마냑은 강렬한 남성적 야성의 맛을 풍기는 술이라고 애주가들은 구분한다.

코냑은 숙성도에 따라 V.O^{Very Old}, V.S.O.P^{Very Superior Old Pale}, X.O^{Extra Old} 혹은 나폴레옹^{Napoleon}으로 표기한다. V.O 는 2년 반 이상, V.S.O.P는 4년 반 이상, X.O 혹은 나폴레옹 은 6년 반 이상 숙성시킨 브랜디라는 뜻이다.

고급 코냑에 '나폴레옹'이라는 이름이 붙은 이유는 1811년 나폴레옹이 아들을 낳았는데, 당시 포도농사가 대풍년이었 다. 브랜디 제조업자들이 황태자의 탄생과 포도 풍년을 기념 해 나폴레옹이라는 명칭을 사용한 것에서 유래됐다고 한다.

또 다른 설도 있다. 나폴레옹은 코냑을 무척 좋아했는데, 러시아 원정을 떠나면서 모두 가져갈 수 없어 코냑이 든 오크 통을 친구에게 맡겨두었다. 6년 반 후 전쟁에서 돌아온 나폴 레옹이 친구에게 맡겨놓은 오크통을 찾아 코냑을 맛보았더니 훌륭하게 숙성되어 있었다. 그래서 6년 반 이상 숙성된 고급 코냑에 '나폴레옹'이라는 이름이 붙게 되었다고 한다.

오크통

와인, 위스키, 브랜디 등은 오크통에서 숙성하는 과정을 거친다. 와인은 오크통 의 영향이 크지 않은 편이지만, 위스키나 브랜드는 무색투명한 술이 오크통에서 황갈색으로 변하고, 원료 고유의 향과 나무향이 어우러져 독특한 향이 만들어진 다. 즉 오크통에서 우러나오는 성분으로 맛과 향, 품질이 결정된다.

핫도그
hotdog

미국인을 설득한 핫도그와 영국 왕

"영국 왕 조지 6세, 핫도그로 식사 하다"

미국 〈뉴욕 타임스〉에 실린 기사 제목이다. 제2차 세계대전이 일어나기 3개월 전인 1939년 6월 11일 영국 왕 조지 6세 부처가 미국을 방문했다. 루스벨트 대통령이 초청하는 형식이었지만 유럽에 전쟁의 먹구름이 짙게 드리워졌던 당시, 영국은 미국의 지원이 절실하게 필요했다. 비공식 방문이었기에 영국 왕 부처는 백악관에서의 공식 만찬 대신 뉴욕의 하이드파크에서 피크닉을 겸해 루스벨트 대통령 부부와 가벼운 오찬을 함께 했다. 이때 먹은 점심 식사가 핫도그였다. 점심 식사로 조지 6세가 핫도그를 먹었다는 사실이 이튿날 〈뉴욕 타임스〉를 포함해 미국과 영국 신문의 주요 기사로 보도된 것이다.

흔히 개가 사람을 물면 뉴스가 아니지만 사람이 개를 물면 뉴스가 된다고 한다. 뉴스의 속성은 특이성에 있다. 당시에는 영국 왕이 핫도그를 먹었다는 사실 자체가 진짜 뜨거운 개 hot dog를 먹은 것만큼이나 충격적이었다. 강대국이었던 영국의 국왕, 더군다나 현재 영국 여왕인 엘리자베스 2세의 부친이었던 조지 6세는 영국인들로부터 존경받는 인물이었다. 핫도그는 이런 영국 국왕이 먹어도 좋을 음식이 아니었다.

빵이나 막대기에 소시지를 끼워서 먹는 핫도그는 지금도 그렇지만 평범한 사람들이 간단하게 먹는 패스트푸드다. 국왕이나 대통령이 만찬에서 먹는 요리는 아니다. 굳이 비유해서 상상하자면 미국 대통령을 초청해놓고 김밥 한 줄 대접한 것과 크게 다를 바 없다.

게다가 이름부터 이상해서 '뜨거운 개'라는 뜻이다. 왜 하필 '핫도그'일까? 물론 진짜 빵 사이에 잘 익은 개고기를 끼워 먹었기 때문에 생긴 이름은 아니다. 핫도그는 주재료로 들어가는 가늘고 기다란 프랑크 소시지 때문에 생긴 이름이다. 프랑크 소시지는 독일 프랑크푸르트에서 발달한 소시지로 별명이 닥스훈트 소시지였다. 다리는 짧고 허리는 비정상적으로

긴 닥스훈트는 얼핏 귀엽게 생겼기 때문에 애완견처럼 보이지만 원래는 오소리를 전문으로 잡는 사냥개다. 독일어로 닥스Dachs는 오소리, 훈트Hund는 개라는 뜻으로, 닥스훈트는 오소리 굴속으로 들어가야 하니까 다리는 짧고 허리는 길게 진화했다. 이렇게 허리가 긴 모습이 마치 소시지처럼 생겼기 때문에 사람들은 닥스훈트를 소시지 독Sausage Dog이라는 별명으로 불렀고 반대로 소시지는 닥스훈트 소시지라고 했다. 그렇다고 음식에다 왜 하필 핫도그라는 이름을 붙였을까?

미국에 이민 온 독일 사람들은 야구장에서 빵에다 소시지를 끼워 팔며 고향에서 부르던 별명처럼 "뜨거운 닥스훈트 소시지가 왔어요"라고 외쳤다. 어느 날 만화가가 이 모습을 신문 삽화로 그렸는데 닥스훈트라는 독일어 스펠링을 몰랐기 때문에 그냥 개라고 표현해서 "뜨거운 개 소시지hot dog sausage"라고 적었다. 빵에다 닥스훈트 소시지를 끼운 음식을 핫도그라고 부르게 된 유래다.

핫도그라는 이름의 유래에는 다양한 설이 있지만 그 가운데 가장 신빙성이 가장 높은 것으로 꼽히는 이야기다.

어쨌거나 1939년 무렵에는 이런 핫도그를 고귀한 신분의 영국 왕이 먹었다는 사실 자체가 사람들에게는 화젯거리가 됐던 모양이다. 그렇다면 미국의 루스벨트 대통령은 왜 고결하고 품위 있는 왕족인 영국 국왕에게 서민들이 간편하게 먹는 음식인 핫도그를 대접했을까?

오찬 음식으로 핫도그를 준비한 것은 루스벨트 대통령 부부의 지시에 따른 것이었다.

"외국 여행을 할 때 가장 기억에 남는 것은 외국에서 보는 색다른 풍경, 외국에서 먹는 색다른 음식이지요. 굳이 영국 왕이 버킹검 궁전에서 매일 먹는 음식을 미국에서 다시 차릴 필요는 없겠지요."

퍼스트레이디 엘레나 루스벨트 여사의 말이다. 게다가 핫도그는 예전이나 지금이나 미국을 대표하는 음식이었으니 국왕 부처의 기억에 새겨지기에 충분했다. 실제로 조지 6세 국왕 부부는 이때 핫도그를 처음 먹었고 먹는 방법을 몰라 루스벨트 여사에게 어떻게 먹는지를 물어봤다고 한다. 하지만 보통의 미국인들이 먹는 것처럼 손으로 먹지는 않고 포크와 나이프를 사용했다.

루스벨트 대통령이 단지 조지 6세에게 색다른 미국 음식을 대접하고 싶어서 오찬 메뉴로 핫도그를 준비했을까? 사실은 고도로 계산된 정치적 행동이었다. 당시 미국인들은 유럽에서 벌어지는 전쟁에 미국이 말려드는 것을 반대했다. 왜 왕이 다스리는 영국을 지키기 위해 미국인이 희생되어야 하느냐는 분위기였다. 루스벨트 대통령이 영국 왕 조지 6세에게 미국 서민들의 음식인 핫도그를 대접한 까닭이 바로 여기에 있었다.

영국의 왕도 핫도그를 먹는 것처럼 영국과 미국은 형제 국가라는 것, 영국은 미국과 함께 민주주의의 가치를 공유하는 나라라는 사실을 보여주기 위한 제스처였다. 루스벨트 대통령은 핫도그라는 음식을 통해 미국 국민들에게 영국에 대한 지원에 나서겠다는 의지를 보여준 셈이다.

문어
文魚

선조의 문어와 명나라 장수의 벌레

한국인 대부분은 문어를 좋아한다. 그중에서도 살짝 데친 문어를 초고추장이나 소금 뿌린 참기름에 찍어 먹는 문어숙회가 별미다. 그것도 삶아서 바로 먹는 것보다 약간 숙성을 시키면 더 쫄깃하고 꼬들꼬들해지며 감칠맛이 좋아진다. 우리는 이렇게 문어의 미묘한 맛까지도 구분한다.

문어를 보통 '양반의 음식'이라고 한다. 맛있고 값이 꽤 나가는 음식이기도 하지만 예로부터 양반문화를 대표하는 안동과 영주의 종갓집에서 발달한 음식이기 때문이다. 지금도 경상도 내륙에서는 문어를 잔칫상과 제사상에 빼놓아서는 안 되는 음식으로 알고 있다. 그래서 지난 1999년 한국을 방문한 영국 엘리자베스 1세 여왕이 하회마을에 들렀을 때, 생일을 맞은 여왕의 잔칫상에도 문어 다리를 정성껏 잘라 장식한 문어오림을 올린 적도 있다.

문어를 좋아했던 양반들은 문어의 모든 것이 사랑스러웠던 모양이다. 관혼상제 때 문어를 빼놓지 않는 이유에 대해서도 의미를 부여했다. 문어는 다리가 여덟 개인 팔족八足 동물이니 친가와 외가를 포함하는 팔족八族과도 발음이 같아 일가친척이 모두 모이는 잔칫날, 반드시 문어를 준비해야 한다는 것이다.

우리도 문어를 좋아하지만 일본에서도 문어를 즐겨 먹는다. 문어초밥에, 문어를 썰어 넣은 문어빵 타코야끼까지 문어로 만든 다양한 음식이 있다. 전 세계 문어 소비의 3분의 2가 일본에서 이뤄진다니까 문어 사랑은 우리보다 일본이 더한 것 같다.

유럽에서도 이탈리아와 그리스를 비롯한 지중해 연안의 남유럽에서는 문어를 즐겨 먹는다. 다만 우리가 살짝 데친 문어를 좋아하는 반면 남유럽에서는 푹 삶은 문어를 더 좋아한다. 반대로 독일을 비롯해 영국 등 중북부 유럽에서는 문어를 바다의 괴물로 여겨 식용을 꺼린다.

중국도 문어를 잘 먹지 않는다. 물론 홍콩, 광동 등 남중국에서는 문어를 먹지만 베이징을 비롯한 화북지방에서는 문어를 그다지 좋아하지 않는다. 중국인들은 가장 먹기 힘든 한국음식으로 산 낙지와 깻잎을 꼽는데 산 낙지는 징그럽고 깻잎은 향이 너무 강하기 때문이라는 것이다. 경우에 따라서는 문어를 꼽는 사람도 꽤 있다.

사람에 따라서, 식습관에 따라서 입맛에 차이가 나는 것은 어쩔 수 없겠지만 문어만큼 지역과 민족에 따라 선호도가 엇갈리는 음식도 드문 것 같다. 우리는 옛날부터 문어가 손님상에 올리는 음식이었는데, 조선시대에도 문어가 귀하기는 마찬가지였다.

임진왜란 때 이여송을 사령관으로 한 명나라 원군이 조선에 도착했다. 조정에서는 원군으로 온 명나라 장수의 환영잔치를 성의껏 준비했는데, 이때 장만했던 요리 중 하나가 문어숙회였다. 정성껏 맛있게 준비한 문어숙회였지만 큼직하게 썰어놓은 문어발을 본 명나라 장수들은 하나같이 난처한 낯빛을 보이며 감히 음식에 젓가락도 대지 못했다.

며칠 후 이여송을 비롯한 명나라 장수들이 도착 인사를 겸해 선조 임금을 알현한 후, 피로연에 참석해 선물로 준비해온 계두桂蠹라는 음식을 잔칫상에 내놓았다. 계두는 계수나무 속에서 자라는 벌레다. 지금의 베트남 일대인 남월의 왕이 중국에 공물을 보낼 때 보석은 잔뜩 보내면서 계두는 겨우 한 그릇 밖에 보내지 않았다고 했을 만큼 귀한 음식이다.

계두는 꿀에다 찍어 먹는데, 맛이 새콤하고 달콤한 벌레로 중국에서는 특별한 별미로 꼽았지만 벌레를 먹는 풍습이 없는 우리나라 사람에게는 난감하기 짝이 없는 음식이다. 선조 임금이 계두를 오랫동안 바라보며 망설였지만 결국에는 젓가락을 대지 못했다는 이야기가《성호사설》에 보인다.

맛있는 문어와 산해진미 벌레, 조선과 명나라 모두 나름대로 상대편을 극진하게 대접하는 마음에서 준비한 음식이었지만 오히려 상대방을 난처하게 만들었으니 이솝우화에 나오는 여우와 두루미의 식사가 조선시대에는 실화로 존재하는 셈이다.

내 입장에서는 호의와 배려라고 생각하지만 상대방에게는 오히려 불쾌감이나 실망감을 준 것인데 그러고 보면 문어를 보는 시각도 지역에 따라 편견이 크게 작용한다.

예컨대 조선 양반들은 문어를 좋아해서 이름도 문어라고 지었다. 몸속에 먹물이 들어있기 때문에 '글을 아는 물고기'라는 뜻에서, 또 사람의 머리를 닮아 똑똑하다는 의미에서 글월 문 文 자를 써서 문어라고 불렀다. 낙지, 주꾸미, 오징어, 꼴뚜기 같은 두족류의 연체동물 역시 모두 몸속에 먹물이 있지만 유독 문어만 글월 '문'자를 쓴 이유는 문어만이 글 읽는 선비에 버금갈 정도로 똑똑하다고 생각했기 때문이다. 중국에서는 문어 대신 장어라고 하는데 글월 '문'자 대신에 글 '장 章' 자를 쓰니까 문어를 보는 시각이 역시 우리와 비슷하다. 특히 '문장 文章'이라는 단어를 두 나라가 한 글자씩 나누어 '문어'와 '장어'라고 표기한 것이 흥미롭다.

반면 서양은 문어의 다리에서 착안해 옥토퍼스 Octopus라고 작명을 했는데 다리가 여덟 개 달렸다는 뜻이다. 그러니 바다에 사는 괴물이라고 생각했고, 먹잇감을 붙들면 다리가 잘릴지언정 쉽게 놓아주지 않는 문어의 습성 때문에 문어발을 탐욕의 화신으로 꼽았다.

같은 문어를 놓고 누구는 머리를 보며 똑똑하다고 좋아하고 누구는 다리를 보며 탐욕스럽다고 미워한다. 조선 양반들에게는 너무나 맛있어서 손님상과 잔칫상에 올리는 문어를 명나라 장수들은 먹기에 거북해하며 젓가락 대는 것조차 망설였다. 문어는 그저 문어일 뿐인데 사람들이 자기가 만든 기준에 따라 제멋대로 해석해서 좋아하고 미워한다.

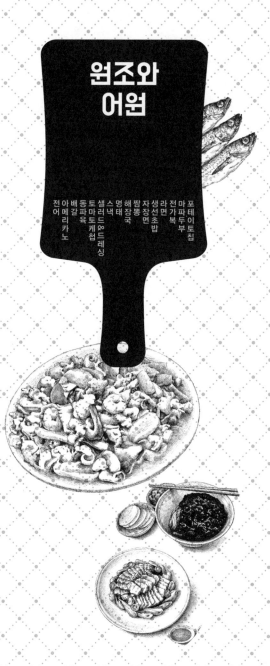

2

원조와
어원

전어리카노　아메갈비　배갈파토마케첩　동파육　토마토케첩　샐러드&드레싱　스낵　명태　해장국　짬뽕　자장면　생선초밥　라면　전가복　마파두부　포테이토칩

많은 사람들이 익히 알고 있는 이야기지만, 다시 한 번 반복해보자.

임진왜란 당시 선조는 왜군에 쫓겨 피난을 가던 중 임진강에 다다랐다. 미리 준비되어 있던 배에 올랐지만 먹을 것이 없었고, 어부가 강에서 잡아 올린 생선으로 수라를 마련했다. 피난길이라 시장했던 선조는 맛있게 수라를 먹은 후 어부에게 생선 이름을 물었다. 그러자 신하 중 한 명이 '묵'이라는 물고기라고 대답했고, 선조는 맛있는 생선치고는 이름이 어울리지 않는다며 '은어'라 부르라고 명했다.

그 후 임진왜란이 끝난 후 선조는 피난길에 먹었던 '은어'가 생각났다. 그래서 다시 그 생선을 찾아 먹어봤지만 예전과 같지 않았고, 선조는 실망해서 도로 '묵'이라 부르라고 했다. 바로 '도루묵'이라는 생선 이름이 유래된 일화다.

도루묵 이야기는 이미 알려져 있고 어떤 과정을 거쳐 '도루묵'이라 불렸는지도 알고 있다. 하지만 우리가 흔히 접하는 음식 중에는 유래나 어원과 달리 엉뚱한 이름으로 불리는 경우도 있다.

자장면과 함께 한국에서 중국 음식을 대표하는 '짬뽕'이 그렇다. 짬뽕이라는 음식 이름이 사실은 "밥 먹었니?"라는 중국어 사투리라는 것은 상상조차 하기 힘들다. 술 마신 다음 날 속을 달래주는 해장국 역시 술에 찌든 장을 풀어준다는

의미로 해장解腸국이라 생각하지만, 국어사전을 보면 틀린
말이다. 숙취를 풀어준다는 뜻에서 숙취 정醒 자를 써서 해정解醒
이라 해야 맞는 말이라는 것이다.

한편 도대체 원조가 어느 나라인지 정확하지 않거나 의외인
경우도 있다. 인스턴트 라면은 1958년 일본 닛신식품에서
처음 개발한 것이 확실하다. 하지만 라면의 기원에 대해서는
여러 가지 해석이 있다. 중국의 국수가 일본으로 들어와
현재의 라면이 만들어졌다는 설도 있고, 일본에서 자체적으로
발달했다는 설도 있다.

가장 미국적인 소스로 꼽히는 토마토케첩 역시 뿌리는
아시아다. 원형은 토마토소스가 아니라 생선 소스, 우리나라로
치면 멸치액젓이나 새우젓이다. 그렇다고 감자튀김을 먹을
때 토마토케첩 대신 멸치젓을 찍어 먹으라고 하면 감자튀김의
맛을 제대로 느낄 수 없다.

이처럼 음식에 대한 원조나 어원을 거슬러 올라가보면 예상치
못했던 신기하고 재미있는 에피소드들을 발견할 수 있다.
누군가와 같이 식사를 하기로 했다면 음식이 준비되는 시간
동안 살짝 양념을 치듯 음식에 대한 상식을 꺼내보라. 한결
유쾌한 식사시간이 이어질 테니.

포테이토칩
potato chip

괴짜의 히스테리로 태어난 스낵

미국인들이 즐겨 먹는 프렌치프라이와 포테이토칩potato chip 중에서 전자는 그 유래에 대해 논란이 있지만 후자인 포테이토칩은 확실한 미국의 토종 발명품이다.

감자튀김fried potato은 1850년대에 미국 사람들이 일상적으로 먹는 음식으로 자리매김을 하고 있었다. 두껍게 썬 감자를 기름에 튀긴 후 포크로 찍어 먹었는데, 포테이토칩의 탄생 유래는 여기서부터 시작된다.

뉴욕 부근에 위치한 사라토가스프링스라는 곳에 '호반의 달Moon's Lake'이라는 작은 레스토랑이 있었다. 레스토랑의 주인은 조지 크럼George Crum이라는 사람이었는데, 모두가 인정하는 '괴짜 영감탱이'였다. 인디언과 흑인의 혼혈이었던 크럼은 다혈질로 화를 잘 냈고 냉소적인 사람이었다.

손님이 음식에 대해 불평을 늘어놓으면 다음에는 도저히 먹을 수 없는 이상한 음식으로 만들어 다시 내놓았다. 그러고는 화를 내거나 문을 박차고 나가는 손님의 반응을 보고 즐기는 '괴짜' 할아버지였다. 또 부인도 5명이나 되었는데, 그 이유 중의 하나가 인건비를 들이지 않고 레스토랑을 운영하기 위해서였다고 한다.

어느 날 레스토랑을 찾은 손님이 주문한 감자튀김이 너무 두껍고 제대로 익지도 않았다며 불평을 쏟아내고는 다시 만들어오라고 했다. 그러자 화가 난 크럼은 특유의 괴짜 버릇이 발동해 주방장에게 포크로 감자를 찍을 수 없도록 최대한 얇게 썰라고 시켰다. 그런 다음 냅킨에 싸서 30분 동안 얼음물에 담가 놓았다가 뜨거운 기름에 넣어 튀겼다. 그래도 분이 풀리지 않았는지 감자 위에 소금을 잔뜩 뿌린 후 손님의 식탁으로 내보냈다.

그런데 먹을 수 없는 음식을 내왔다며 화를 내고 떠나야 할 손님이 오히려 맛있다며 더 달라고 주문을 하는 것이 아닌가. 화가 난 손님의 모습을 기대했던 크럼은 무척 실망한 한편 새로운 아이디어가 떠올랐다. 손님이 너무 맛있게 먹는 것을 보고 아예 '포테이토 크런치potato crunch'라는 메뉴로 새로운 서비스를 시작한 것이다.

이때까지만 해도 이 음식은 크럼의 레스토랑에서만 서비스를 했다. 이후에 주방장이 독립하면서 고객을 끌기 위한 마케팅 수단으로 포테이토칩을 바구니에 담아 식탁에 올려놓고 마음껏 먹게 했으며, 손님이 원하면 포장까지 해서 갖고 가도록 했다. 이때 이름은 포테이토칩도 포테이토 크런치도 아닌 처음 만들어진 지역의 이름을 따서 '사라토가 칩Saratoga chips'으로 불렸다. 1920년대까지만 해도 주로 미국의 동북부 지역에서만 먹는 스낵이었는데, 나중에 전국적으로 퍼지면서 이름이 '포테이토칩'으로 바뀌었다.

덧붙여 처음 포테이토칩을 만든 조지 크럼이나 나중에 독립해 사라토가 칩을 유행시킨 주방장 모두 특허를 받지 않아 세계적인 식품을 개발해놓고도 큰돈은 벌지 못했다고 한다.

감자
남아메리카 토착민들이 오랫동안 재배해온 작물로, 1532년경 스페인의 탐험가 피사로(F. Pizzaro)가 항해 중 식량으로 먹으면서 유럽에 전파됐다. 우리나라에는 조선시대 순조 24년 만주를 통해 처음 들어왔다.

麻婆豆腐

곰보 아줌마가
만든 두부

한국 사람들이 즐겨 먹는 중국 요리 중의 하나가 마파두부麻婆豆腐다. 부드럽고 고소한 두부의 맛과 혀가 얼얼할 정도로 매운 맛이 조화를 이루는 전형적인 쓰촨四川요리다.

마파두부는 한국뿐만 아니라 본고장인 중국에서도 사랑받는 요리이며, 대부분의 음식점에서 볼 수 있는 대중화된 메뉴다. 게다가 미국이나 유럽의 중국 레스토랑에서도 쉽게 찾아볼 수 있는, 동서양을 막론하고 즐겨 먹는 음식이다.

'마파두부'라는 이름은 그럴듯해 보이지만 원래의 뜻을 살펴보면 고급 요리와는 거리가 멀다. 오히려 시장 바닥에서 파는, 값은 싸지만 서민들에게 친근한 뜻을 담고 있다. 마파두부麻婆豆腐를 중국어 뜻 그대로 풀어보면 '곰보 아줌마네 두부'

다. 원래 마파麻婆, 즉 곰보 아줌마가 만들어 파는 두부豆腐였기 때문에 붙여진 이름인데, 그 이름이 나중에 요리 이름으로 굳어진 것이다.

마파두부는 청나라 말기 동치제 때 쓰촨성四川省의 중심지인 청뚜成都에서 처음 선보인 것으로 만들어진 지 약 150여 년이나 된다.

19세기 중반에서 후반 무렵 청뚜에 '만보장원萬寶醬園'이라는 간장 집이 있었다. 성이 온溫 씨인 주인에게는 딸이 한 명 있었는데, 그 아가씨의 이름은 교교巧巧였다. 그녀는 어렸을 적 천연두를 앓아 얼굴이 살짝 얽은 곰보였다.

교교가 결혼할 나이가 되자, 부모는 딸을 이웃마을에 사는 진춘부陳春富라는 사람에게 시집을 보냈다. 사람들은 그때부터 온교교를 '진陳 씨 곰보 아줌마'라는 뜻으로 진마파陳麻婆라고 부르기 시작했다. 지금은 아니지만 예전 중국에서는 여자가 시집을 가면 남편의 성을 따르거나 자신의 성 앞에 남편의 성을 덧붙였다. 온교교가 진 씨에게 시집을 가면 진교교 혹은 진온교교로 바뀌는 것이다.

진춘부는 청뚜에 있는 만복교萬福橋라는 다리 옆에서 기름 장사를 했는데, 가게가 다리 길목에 자리잡고 있어 동료들이 자주 들락거렸다. 그때마다 동료인 기름 장수들한테 식사를 대접했는데 주로 값싼 두부로 음식을 만들었다.

하루는 매일 두부만 먹는 것에 질린 동료 기름 장수들이 식물성 기름을 내놓으며 특색 있는 두부 요리를 만들어달라고 부탁했다. 그래서 진마파는 주방에 있던 고추와 두부, 후추, 양고기와 고추기름을 섞어 맵고 얼얼한 두부 요리를 만들어냈다. 이를 맛본 기름 장수들이 모두 좋아하면서 진춘부의 집에 들를 때마다 그 음식을 만들어달라고 청했다.

그러던 어느 날 진춘부가 기름을 운반하다 사고로 먼저 세상을 뜨고 말았다. 생계가 막막해진 진마파는 진흥성陳興盛이라는 밥집을 차리고, 남편 동료들이 즐겨 먹던 두부 요리를 만들어 팔기 시작했다. 이때가 청나라 동치제 때인 1862년이었다. 참고로 동치제 역시 천연두를 앓다가 죽었으니까 마파두부는 이래저래 곰보와 관련이 있는 셈이다.

값도 싸고 양도 많은 진마파의 두부 요리는 사람들에게 인기가 좋았고, 금세 진 씨 곰보 아줌마가 만드는 두부, 즉 마파두부가 맛있다는 입소문이 퍼졌다. 그렇게 마파두부는 인기를 끌면서 아예 청뚜의 일품 요리로 자리를 잡게 되었다. 지금도 중국 쓰촨성 청뚜에는 진마파두부陳麻婆豆腐라는 음식점이 그대로 있다. 중국 정부에서 인정한 옛 중국 명품 브랜드中華老字號 음식점이다.

덧붙여 우리가 알고 있는 것처럼 중국 요리 중에서도 쓰촨 요리는 혀가 얼얼할 정도로 매운 것이 특징이다. 이유는 쓰촨 지방의 기후가 덥고 습해서 매운 음식을 먹어 땀을 빼야 몸이 가뿐해지기 때문이라고 한다.

중국에서 매운 음식을 먹는 지역은 쓰촨과 후난湖南 두 지역이다. 쓰촨 요리는 매운 맛이면서 혀가 마비되는 것처럼 얼얼한 반면, 후난 요리는 그냥 매운 맛이다. 그래서 중국 사람들은 이런 우스갯소리를 한다.

"중국인들은 매운 음식을 무서워하지만, 후난 사람은 매운 음식을 무서워하지 않고, 쓰촨 사람은 음식이 맵지 않을까 두려워한다(中國人 辣, 湖南人不辣, 四川人 不辣)."

음식이 상식이다

전가복
全家福

**온 가족이
행복한 요리**　　　'행복한 가족'이라는 이름의 중국 요
리가 전가복全家福이다. 요즘 중국 음식
점에서 비교적 쉽게 볼 수 있는 요리지만 잘못 알고 있는 부분
도 있다. 우선 전가복을 주로 해물 요리로 알고 있는데 엄격하
게 말하면 해물 요리는 아니다. 원래의 전가복은 하늘을 나는
것禽, 땅 위에 있는 것獸, 물속에 사는 것魚, 산속에서 자라는 것
茱 중에서 특별히 좋은 것을 골라서 모아 만든 요리다.

또한 전가복은 문자 그대로 '온 가족이 다 행복하다'라는 뜻이다. 하지만 전가복에 얽혀 있는 유래를 들여다보면 반드시 그런 것만도 아니다. 원래의 고사를 알고 보면, 받아들이는 이에 따라 느낌이 다르겠지만 '불행 속의 행복'으로 볼 수도 있다.

참고로 중국에서는 '전가복'이 요리 이름이기도 하지만 가족사진을 보고도 '전가복'이라고 한다. 중국어 사전에도 나와 있는 단어다. "온 가족이 행복하라."라는 뜻에서 만들어진 말이다.

'전가복'이라는 말의 유래에 대해서는 정확하게 옛 문헌에 나와 있는 것도 아니기 때문에 중국에서도 다양한 이야기가 전해진다. 가장 오래된 것이 진시황秦始皇 때의 이야기다.

진시황 35년에 분서갱유焚書坑儒가 일어났다. 학자들의 정치적 비판을 막기 위해 의약, 복서卜筮, 농업에 관한 것만을 제외한 모든 서적을 태우고, 수많은 유생儒生들을 생매장해 죽인 사건이다. 이때 주현朱賢이라는 유생도 땅속에 파묻혔는데 다행히 목숨을 건져 정신을 차린 후 필사적으로 흙을 헤치고 나와 산속으로 도망갔다. 그리고 관원을 피해 낮에는 자고 밤에 일어나 산속의 야생 과일과 채소를 먹으며 목숨을 연명했다.

몇 년이 지나 진시황이 죽고 아들 호해胡亥가 즉위에 오르자 주현은 고향으로 돌아갔다. 그러나 예전 집은 이미 폐허가 되었고 아내와 자식은 뿔뿔이 흩어져 생사조차 알 수 없었다. 비통함에 잠긴 주현은 목숨을 끊으려고 강물에 뛰어들었는데 이를 본 어부에 의해 구조되었다.

주현의 사정을 들은 어부는 작년에 홍수가 났을 때 한 소년을 구해준 일을 이야기해주었다. 어부는 소년의 됨됨이를 보고 사위로 삼았는데, 성이 주 씨이니 아들일지도 모른다며 한번 보기를 권했다. 어부의 집으로 가보니 과연 주현의 아들이었다. 수년 만에 상봉한 부자는 서로 붙들고 통곡했고, 이후 주현은 아들 곁에서 고기잡이를 하며 생활했다.

그러던 어느 날 주현이 시장에서 물고기를 팔고 있는데, 지나다니는 사람들 중에서 낯익은 모습이 보여 쫓아가 봤더니 죽은 줄로만 알았던 아내였다. 마침내 주현의 온 가족이 모이게 된 것이다.

이 소식을 들은 어부는 산해진미를 마련해 이름 있는 요리사를 불러 주 씨 일가족의 감격적인 해후를 축하하는 잔치를 열어주었다. 주현 가족의 사연을 들은 요리사는 특별한 요리를 만들었고, 고심 끝에 '전가복全家福'이라는 이름을 붙였다고 한다.

또 다른 유래는 명나라 제3대 황제인 영락제가 붙인 이름이라는 이야기도 있다.

영락제는 원래 명나라를 건립한 홍무제洪武帝의 넷째 아들로 북경을 다스리는 연왕燕王에 봉해졌다. 그러다 홍무제가 죽자, 손자이며 자신에게는 조카인 건문제建文帝가 2대 황제에 올라 왕 제도를 폐지하려는 데 반발해 반란을 일으켰다. 이후 영락제는 3년의 격전 끝에 초기 명나라의 수도인 남경을 쳐서 조카로부터 황제 자리를 빼앗아 제3대 황제가 되었다. 영락제가 명나라의 수도를 남경에서 현재의 북경으로 옮긴 연유도 여기에 있다.

황제가 된 영락제는 어느 해 정월 대보름날 황후와 황태자를 거느리고 미복을 한 후 궁궐 밖으로 나가 등불놀이를 구경하고 돌아왔는데, 시장기를 느껴 주방에 음식을 장만하라고 시킨다. 황급히 음식을 마련한 주방장에게 요리 이름이 무엇이냐고 물었더니, 주방장이 "황실 온 가족이 함께 즐기시라고 특별히 만든 요리로 아직 이름을 짓지 못했습니다."라고 대답했다. 그러자 영락제가 "그럼 전가복全家福이라 하라."고 해서 만들어진 음식 이름이라고 한다.

또 일부에서는 청나라 때 강희제康熙帝가 남쪽 지방을 순례하면서 먹어보고 지은 이름이라고도 하는데, 어느 것이 정확한 내력인지 확실하지 않다.

산해진미

위응물이 저술한 《장안도시》에 나오는 말로, 산과 바다에서 나오는 온갖 재료로 만든 음식을 뜻한다. 진식(珍食 : 진기한 음식)으로는 바다제비집 요리, 사슴힘줄 요리, 뜸부기 포, 기식(奇食 : 기이한 음식)으로는 낙타 혹과 버섯, 잔식(殘食 : 잔인한 음식)으로는 고릴라 입술, 원숭이 뇌, 곰 발바닥으로 만든 음식 등이 있다.

라면

일본이 먼저냐 중국이 먼저냐

현재 우리가 먹고 있는 인스턴트 라면의 원조는 1958년 일본 닛신식품日淸食品의 창업자 안도 모모후쿠安藤百福가 처음 개발했다.

인스턴트 라면의 탄생 배경은 안도 모모후쿠가 밀가루를 이용한 식품을 개발하던 중, 포장마차에서 어묵에 밀가루를 발라 튀기는 것을 보고 만들었다고 한다. 국수를 기름에 튀기면 국수 속 수분은 증발하고 국수는 익으면서 속에 구멍이 생긴다. 이 상태로 건조시켰다가 뜨거운 물을 부으면 구멍으로 물이 들어가 본래의 상태로 풀어지는 원리를 이용한 것이다.

1958년에 처음 나온 라면은 면 자체에 양념을 한 것이었으며, 요즘처럼 분말 수프가 따로 들어 있는 라면은 1961년에 등장했다. 한국에서는 1963년 삼양식품에서 처음 생산했다.

인스턴트 라면의 최초 개발자는 안도 모모후쿠가 확실하다. 하지만 라면의 기원에 대해서는 말도 많고 여러 가지 해석이 존재한다. 중국의 국수가 일본으로 들어와 현재의 라면이 만들어졌다는 설도 있고, 일본에서 자체적으로 발달했다는 설도 있다. 라면의 기원에 대한 논쟁을 면밀하게 분석해보면 라면 면발의 기원과 어원에 대한 이야기가 대부분이다.

라면은 일본어로 라멘ᴿᵃᵐᵉⁿ이라고 쓰고 한자로는 납면拉麵이라고 표기한다. 결국 납면이 언제 일본으로 전래됐는지가 라면 기원의 핵심이다. 납면은 중국 북방의 국수로 밀가루 반죽을 칼로 썰지 않고 손으로 잡아 늘리면서 면발을 만드는 국수다. 중국에는 지금도 '라면拉麵'이 있지만 요즘 우리가 먹는 인스턴트 라면과는 다르며, 인스턴트 라면은 간편하게 먹는 국수라는 의미에서 '팡비엔멘方便麵'이라고 부른다.

일본에 처음으로 '라면拉麵'을 들여온 사람은 양명학자였던 명나라 사람인 주순수朱舜水다. 그는 명나라를 멸망시킨 만주족 청에 항거하다 실패해 일본으로 망명했는데, 일본의 사무라이며 학자였던 수호황문水戶黃門의 환대를 받는다.

어느 날 수호황문은 친구들을 초대해 주순수가 중국에서 먹던 라면拉麵을 대접했는데, 이때 처음으로 일본에 라면이 소개됐다고 한다. 에도시대 초기의 다이묘大名였던 도쿠가와 미쓰쿠니德川光國가 라면을 먹었다는 기록이 있는 것을 보면 시기적으로 대략 일치한다.

일본 기원설은 메이지시대에 요코하마와 고베의 차이나타운에서 자체적으로 만들어졌다고 하는데, 차이나타운이었던 만큼 중국에서 전래됐다는 설이 더 정확한 것으로 보인다. 결국 일본에서 중국식 라면이 널리 퍼진 것은 1900년대 전후로, 이때는 라면보다 시나소바支那そば 혹은 추카소바中華そば라는 명칭으로 퍼졌다.

일본에서 라면의 인기가 급상승한 것은 제2차 세계대전이 끝나고 난 이후부터다. 점령지에서 귀국한 일본인들 중 대다수가 중국에 있으면서 이미 중국 국수에 익숙해진 사람들이었다. 당시 전쟁에 패하고 먹을 것이 없었던 일본에 미국의 원조 밀가루가 쏟아져 들어왔는데, 중국에서 돌아온 많은 사람들이 중국 음식점을 차리고 라면을 팔기 시작했다. 이때부터 국수에 맛을 들이며 인기가 높아지다가 1958년 안도 모모후쿠가 라면らめん을 개발하게 된 것이다.

일본어 '라멘らめん'의 어원은 중국의 '라멘拉麵'이라고 보는 사람이 대부분이지만 여기에도 여러 이설이 존재한다. 국물

에 녹말가루를 풀어서 먹는 중국 국수인 '루몐鹵麵', 삶은 국수를 건져내 양념 국물을 부어 먹는 '라오몐撈麵', 발효된 밀가루 반죽으로 만든 국수인 '라오몐老麵', 요코하마의 차이나타운에서 국수를 만들어 팔던 류 씨가 만든 국수라고 해서 이름이 붙은 '류몐柳麵', 중국 사람들이 용의 후손들이 먹는 국수라고 해서 붙인 '롱몐龍麵' 등 다양한 이름을 라멘의 어원으로 본다. 어쨌든 라멘과 비슷한 발음의 중국 국수 이름은 모두 끌어다 붙인 것으로 보인다.

- -

라면 박물관

일본 요코하마시 신요코하마에 있으며 1994년 개관했다. 일본 각지의 특색 있는 면과 수프를 맛볼 수 있으며, 라면의 태동기인 1950년대 거리 풍경과 더불어 라면의 문화와 역사를 한눈에 살펴볼 수 있다.

생선초밥
すし

우리나라
식해와 사촌　　　일본의 생선초밥은 우리나라의 식해
　　　　　　　　　　　와 같은 음식에서 발달했다. 정확하
게 마시는 식혜食醯가 아니라 생선에다 소금, 밥, 고춧가루, 무
등을 넣고 버무려서 삭힌 식해食醢가 그 뿌리다. 식해는 생선
으로 담근 젓갈이라는 뜻으로 우리나라에서는 예전 함경도
의 가자미 식해, 강원도의 북어 식해 등이 유명하다.

　물론 일본의 생선초밥이 우리나라의 가자미 식해나 북어
식해에서 비롯됐다는 뜻이 아니고 우리의 식해처럼 생선에
다 곡식을 넣고 삭힌 젓갈에서 발달한 음식이라는 뜻이다.

　식해는 아시아 여러 지역에서 보편적으로 보이는 음식이
다. 쌀농사를 짓는 지역에서 고르게 나타나는데 최초의 기록
은 중국 문헌에 보이지만 동남아 메콩강 유역에서 최초로 요

리했다고 보는 것이 일반적인 통설이다. 동남아 산간지방에서 잡은 생선을 장기간 보관하기 위한 저장식품으로 발달했다는 것이다.

깨끗하게 닦은 생선에다 소금을 뿌린 후 밥과 함께 돌로 눌러 놓으면 일정기간이 지나 발효가 되면서 젖산이 나와 부패되지 않고 장기간 보관이 가능해진다. 그러면 삭은 밥알은 제거하고 생선만 먹는 것이다.

우리나라의 가자미 식해, 북어 식해와 같은 생선 식해를 비롯해 타이의 '쁘라하', 보르네오의 '쟈루구', 타이완의 '도스도' 등이 모두 생선과 밥을 함께 발효시켜 만든 음식들이다. 일본을 대표하는 음식인 스시, 그러니까 생선초밥이 우리나라의 식해와 비슷한 생선젓갈에서 비롯된 것이라고 하니 의외다.

스시ℏ는 한자로 지鮨, 자鮓 또는 수사壽司라고 쓰는데 일본어 발음으로는 모두 스시다. 원래부터 생선젓갈이라는 뜻의 지鮨에서 비롯된 말인 셈이다. 중국 문헌에서는 서기 100년 무렵 허신이 쓴 《설문해자說文解字》라는 사전에 이 글자가 처음 보인다. 물고기로 담근 젓갈이라는 뜻으로 물고기를 소금에 절여 담근 장을 일컫는 말이라고 했다.

100년이 지난 2세기 무렵에 유희가 편찬한 사전인《석명釋名》에 자鮓라는 글자가 등장하는데 쌀 또는 좁쌀에 넣은 물고기에다 소금을 넣고 절여서 발효시킨 후에 먹는 음식이라는 설명이 나와 있다. 지鮨라는 생선젓갈보다는 만드는 법이 보다 구체적일뿐더러 지금 우리가 먹는 식해食醢와 비슷하다. 참고로 해醢라는 글자는 기원전 7세기 이전의 주나라 때 이미 보이는데 고기로 담그는 젓갈이라는 설명이 보인다.

그러니까 가장 먼저 등장한 것이 고기로 담그는 젓갈인 해醢이고, 그다음에 생선을 절여서 담그는 생선젓갈인 지鮨가 나타났다가, 2세기 무렵에 물고기와 곡식을 함께 넣고 절여 발효시키는 생선 곡식 젓갈인 자鮓가 보인다.

일본의 생선초밥이 여기서 비롯됐다고 보면 처음에는 생선을 장기간 보관하기 위해 만들어진 음식이, 지금은 가장 신선한 생선을 회를 떠 즉석에서 밥과 함께 먹는 음식으로 발전을 한 셈이다.

생선젓갈의 역사는 이러하지만 일본에서 지금의 생선초밥, 즉 스시의 원조가 되는 음식이 발달하기 시작한 것은 약 7세기 무렵이다.

일본의 전통음식인 나레스시なれずし가 바로 그것인데, 처음

에는 민물에서 잡은 생선인 붕어를 밥과 함께 발효시켜서 먹은 것이 스시의 시작이다. 이런 음식을 발전시킨 것은 오사카의 쌀 상인들이라고 한다. 그러니까 나레스시는 지금의 생선초밥과는 전혀 다른, 우리나라의 식해와 비슷한 음식이지만 우리와 다른 점도 있다. 처음에는 밥과 생선이 충분히 발효가 되면 삭아서 먹기가 어려운 밥은 제거하고 생선만 먹었다. 그러다 16세기 무렵부터는 발효기간을 단축시키게 되면서 생선과 함께 밥도 먹는 생선초밥이 등장하게 됐는데 이것이 오늘날의 스시로 발전하는 계기가 된다. 그러다 식초를 사용하면서 굳이 밥이 자연적으로 발효되기를 기다릴 것 없이 쌀밥에다 식초를 섞고 생선을 얹어서 하룻밤만 재워 놓으면 먹을 수 있게 되었다고 한다.

그러다 현재와 같은 생선초밥이 만들어진 것은 1824년이다. 하나야 요헤이라는 사람이 오늘날의 도쿄인 에도에서 음식점을 열고, 생선을 얇게 썰어 신선한 상태로 식초를 친 밥에 얹어 팔기 시작했는데 크게 인기를 끌었다. 그러니까 발효시킨 물고기를 먹는 스시가 밥에다 싱싱한 생선회를 얹어 먹는 오늘날의 생선초밥인 스시로 완전히 바뀌게 된 것이다.

1852년에 발간된 기록에 의하면 사방 100미터정도의 지역에 생선초밥을 파는 음식점만 12개가 있었다고 하니까 당시 일본 사람들한테 생선초밥이 어느 정도 인기였는지 어렵지 않게 짐작할 수 있다.

한편 스시すし의 어원에 대해 에도시대 중기에 발행된《일본석명日本釋名》에서는 시큼한 맛이 나는酸し 음식이라는 뜻에서 비롯된 것이라고 한다. 한자로 수사壽司라고 쓰는 스시는 에도 말기에 만들어진 문자로 장수壽를, 주관한다司는 의미에서 장수를 소원하고 축하하는 뜻으로 만들어졌다는 설도 있다. 생선초밥의 가짓수만큼이나 많은 어원이 있는 셈이다.

고추냉이

생선회, 초밥, 생선구이 등 주로 생선요리에 곁들여 먹는 고추냉이(와사비)는 유채과에 속하는 식물로 주로 뿌리를 이용해 만든다. 매운맛과 향은 이소티오시아네이트(isothiocyanate)라는 화합물 때문이다. 코끝을 찡하게 자극하는 이 화합물은 미각을 일시적으로 마비시켜 생선의 비린내를 느끼지 못하게 해주며 살균 효과도 있다.

자장면
炸醬麵

한국에서 더 유명한 중국 국수

중국보다 한국에서 더 흔하게 먹을 수 있는 중국 국수가 자장면炸醬麵이다. 그러다보니 자장면의 국적을 놓고 논쟁도 벌어진다. 중국 음식이 아니라 한국 음식이라는 주장이다. 비록 원조는 중국이지만 한국으로 들어와 철저하게 한국화됐기 때문에 한국 음식으로 봐야 한다는 논리다. 그래서 '자장면'을 놓고 말도 많고 오해도 많다.

주로 "자장면은 산둥 지방에서 먹었던 국수다.", "중국에는 실제 한국과 같은 자장면은 없다." 등 여러 말을 한다. 맞는 말이면서 동시에 틀린 말이기도 하다. 분명한 것은 자장면은 중국에서 유래된 음식이고, 한국에 들여온 것은 산둥 사람들이었다는 점이다.

자장면이 한국에 소개된 시기는 1883년 지금의 인천광역시 중구 지역에 있던 포구, 제물포가 개항되면서부터다. 당시 청나라 문물이 조선으로 대거 유입될 무렵 함께 들어온 것으로 보고 있다. 제물포 항구와 가까운 산둥성山東省 출신 중국인 노무자들이 몰려오면서 중국 된장인 춘장을 야채, 고기와 함께 볶아 국수와 비벼 먹었던 음식이 자장면이다.

공식적으로 한국에서 처음 자장면을 만들어 판 집은 1905년 제물포에 문을 열었던 공화춘共和春으로 기록돼 있다. 중국 노무자들이 먹던 자장면을 한국인의 입맛에 맞게 조리해 팔면서 인기를 끌었다. 지금은 한국 사람이면 누구나 즐겨 먹는 한국의 '인기 음식'으로 자리잡게 된 계기가 된 음식점이다. 그래서 인천광역시 중구 선린동에 위치한 공화춘은 현재 문화재 246호로 등록돼 있다.

중국인들보다 한국인들이 더 즐겨 먹는 국수가 자장면이

지만, 자장면 자체가 중국 음식이라는 사실에는 이론의 여지가 있을 수 없다. 또 분명한 사실은 한국에서 먹는 것과 똑같은 자장면은 중국에서 찾아볼 수 없다는 것이다.

자장면炸醬麵을 문자 그대로 풀어보면 '중국식 된장醬을 기름에 볶아炸 국수에 얹어 먹는 음식'이다. 한국과 같은 자장면은 없지만 오리지널 자장면은 중국에 널려 있다. 자장면은 원래 중국 북방의 서민 음식으로 산둥성, 산시성陝西省, 동북 3성 등에서도 먹지만 북경 자장면이 유명하다. 지금도 북경 시내에서는 '옛날식 북경 자장면老北京 炸醬麵'이라는 간판을 단 국수집을 심심치 않게 발견할 수 있다.

중국 자장면의 경우 한국의 된장과 비슷한 콩으로 만든 된장을 볶는 듯 마는 듯 볶아 날된장에 가깝게 조금 넣는다. 여기에 숙주나물, 채친 오이, 무, 배추 등 갖은 채소를 볶지 않고 생으로 넣어 비벼 먹는데, 국수도 거의 미지근할 정도로만 덥힌다. 그렇기 때문에 한국 사람들은 짜서 먹기가 힘들 뿐만 아니라 한국의 자장면과 비교하면 맛에서 엄청난 차이가 난다.

같은 자장면이라도 중국에서는 지방에 따라 재료가 다르다. 북경에서는 황장黃醬이라는 노란 콩으로 만든 된장을 넣고, 산둥 지방에서는 달콤한 첨면장甛面醬, 동북 지방에서는 대장大醬이라는 된장을 볶아 넣는다.

한국에 들어온 자장면은 산둥 지방에서 온 것이기 때문에 비교적 달콤한 첨면장이 기본이다. 여기에 한국 사람의 입맛에 맞도록 캐러멜을 첨가해 춘장을 만들어 넣기 때문에 중국 자장면에 비해 훨씬 달고 색깔도 검은색에 가깝다. 그래서 "중국에는 자장면이 없다." 혹은 "자장면은 산둥 음식이다." 라는 말은 정확하다고 할 수 없다.

중국에서 자장면을 먹은 역사는 꽤 뿌리가 깊다. 중국 사람들은 약 4000년 전부터 국수를 먹었다. 전통적으로 중국 국수는 탕면湯麵이 중심이다. 탕湯이라는 한자의 옛날 의미는 '끓인 물'이라는 뜻이다.

커다란 가마솥에 물을 넣고 여기에 국수 가락과 고기를 넣어 끓여 먹었는데 예전에는 주로 왕족이나 귀족들이 먹는 음식이었다. 재료도 많이 들어가고 국수를 만드는 데 시간도 많이 걸렸기 때문이다. 반면 자장면과 같은 비벼 먹는 건면乾麵은 북방 유목민족과 농민, 노동자들이 많이 먹는 국수였다. 만들기가 비교적 간단한데다, 유목민들은 적들이 쳐들어오기 전에 재빨리 먹고 자리를 이동해야 했기 때문이다.

자장면이 북경의 전통 국수로 자리잡게 된 초기 역사는 원나라 때로 거슬러 올라간다. 원나라는 중원을 점령한 후 북경을 수도로 정했다. 이전까지만 해도 북경은 변방 도시에 불과했지만 산시와 산둥 지역을 연결하는, 당시로서는 국제 무역을 중계하는 관문이었다.

　북경을 수도로 정한 원나라의 몽골족은 초원에서의 습관대로 탕면보다는 건면을 즐겨 먹었다. 원의 궁정에는 한족이 드물어 탕면이 식탁에 오르지 못했을 뿐만 아니라 입맛에도 맞지 않은 이유도 있다. 궁정에서 즐겨 먹은 건면 중 하나가 쇠고기와 양고기를 볶아 된장 등과 함께 비벼 먹는 자장면이었다. 그러나 원의 역사가 짧아 널리 퍼지지는 못했고, 명나라를 거쳐 또 한번 북방의 만주족이 청나라를 세우면서 다시 건면인 자장면을 즐겨 먹게 된다.

　한편 자장면은 명나라가 쇠약해지는 계기가 된 이자성李自成의 농민반란 때도 농민군이 주로 먹던 음식이었다. 북경으로 진격한 농민군은 전투 중에 빨리 밥을 먹기 위해 국물이 없는 음식을 먹었는데, 평소에 먹던 대로 국수에 된장을 넣고 비벼 먹으면서 전투를 했다.

　자장면이 결정적으로 북경을 대표하는 국수 요리로 자리

잡게 된 계기는 청나라 말기 서태후 때다. 청나라 제11대 황제인 광서제 26년, 서기 1900년에 의화단義和團이 난을 일으키자, 이를 핑계로 영국, 미국, 독일, 프랑스, 일본, 러시아, 이탈리아, 오스트리아 등 8개국이 연합해 중국을 침공하고 북경을 점령한다.

그때 광서제와 서태후는 북경을 버리고 시안西安으로 도망을 가는데, 피난길에 맛있는 냄새를 풍기는 자장면 집을 발견했다. 길고 고된 피난길에 지치고 배가 고팠던 서태후와 광서제는 자장면 한 그릇을 맛있게 먹고도 성이 차지 않아 한 그릇을 더 먹었다. 그 맛에 얼마나 감동했는지 서태후와 광서제는 전쟁이 끝난 후 자금성으로 돌아올 때 피난길에 만났던 자장면 집 주방장을 데려올 정도였다. 이후 북경에서 자장면이 크게 유행했다고 한다. '북경 자장면'을 중국 6대 국수 중의 하나로 꼽게 된 연유다.

중국의 6대 국수

흔히 자장면(炸醬麵)을 보고 중국 산둥성에서 건너왔지만 중국에는 없고 한국에만 있는 우리 고유의 국수라고 알고 있는 경우가 있다. 하지만 자장면은 중국의 6대 국수에 꼽히는 음식이다. 흔히 중국에서는 북경(北京)의 자장면(炸醬麵), 쓰촨(四川) 딴딴면(擔擔麵), 산시(山西) 도삭면(刀削麵), 광둥(廣東) 이부면(伊府麵), 무한(武漢) 열간면(熱干麵), 란저우(蘭州) 쇠고기라면(牛肉拉麵)을 6대 국수로 친다.

물론 다른 국수를 꼽는 사람도 있고, 무한 열간면과 란저우 쇠고기라면은 역사가 오래지 않아 전통 국수로 보기에는 무리가 있다. 나중에 6대 국수를 먹게 될 때 유래를 알면 먹는 재미가 더할 것 같아 소개한다. 이중 몇몇 국수는 이미 한국에도 많이 소개되어 있다.

쓰촨 딴딴면(四川 擔擔麵)

중국의 대중음식점에서 흔히 볼 수 있는 국수 중의 하나가 매운 국물에 땅콩 맛이 곁들여진 딴딴면이다. 요즘은 우리나라에서 빠른 속도로 퍼지고 있는 중국 레스토랑에서 심심치 않게 발견할 수 있다.

딴딴면은 문자 그대로 시장에서 지게를 지고 다니며 팔던 서민 국수다. 딴딴면(擔擔麵)은 중국어 발음으로 우리식으로 발음하면 '담담면'이다. 여기에서 '담'자는 멜 담(擔) 자로, 짐을 멜대에 매달아 지고 간다는 뜻으로 중국 대륙에서 쓰는 간체자로는 딴(担)으로 쓴다.

1840년대에 쓰촨성(四川省)에 천빠오빠오(陳寶寶)라는 행상이 살고 있었다. 혹자는 이름이 천빠오빠오(陳包包)였다고 하는데, 그는 시장에서 국수를 팔아 연명을 했던 사람이다. 중국 영화에서 볼 수 있는 하층 노동자처럼 어깨에 멜대를 메고 한쪽에는 국수와 고기, 야채, 생강, 간장, 파 따위의 재료를 넣은 통을 매달고, 다른 한쪽에는 화로와 찜통을 메고 다니면서 국수를 팔았다(예전에 우리나라에서 '메밀묵이나 찹쌀떡'을 외치고 다녔던 사람을 떠올리면 된다). 이처럼 멜대에 매고 다니며 국수를 팔았기 때문에 유래된 이름이 '딴딴면'이다. 지금도 북경 왕푸징(王府井)에서는 밤마다 포장마차에서 '딴딴면'을 외치며 장사를 하고 있다.

- -

산시 도삭면(山西 刀削麵)

옛날 진나라의 무대였던 산시성(山西省)의 대표적인 국수로 도삭면(刀削麵)이 있다. 중국말로 '따오샤오몐'이라고 부르는데, 베개만 한 밀가루 반죽을 왼손과 어깨에 끼고 오른손에 든 칼로 감자 껍질을 벗기는 것처럼 쳐내면 밀반죽이 끓는 물 속으로 떨어져 바로 국수가 된다. 우리가 자주 먹는 칼국수와 비슷한데 면발의 맛은 약간 다르다.

실제 도삭면을 만드는 모습을 보면 서커스 공연을 보는 것 같다. 산시성 성도인 타이위안(太原)에서는 도삭면 만들기 경연대회도 열린다. 가장 빠른 사람이 1분에 118번을 쳐냈다고 하니 초당 두 번씩 칼질을 한 셈인데 그 손놀림이 현란할 정도다.

도삭면은 원나라 때부터 만들어졌다. 몽골족이 중국을 점령해서 세운 나라가 원나라인데, 원은 한족들이 반란을 일으킬까 두려워 집집마다 갖고 있는 금속이란 금속을 모두 거둬들였다. 심지어 음식을 만들 때 쓰는 부엌칼도 회수했는데, 대신 10가구당 한 개의 식칼을 공동으로 사용하게 했다. 다만 이것도 음식을 다 만든 후에는 거둬들여 몽골족이 보관했다고 한다.

어느 날 한 할머니가 국수를 만들어 먹으려고 밀가루 반죽을 했는데 반죽을 썰 칼을 다른 집에서 쓰고 있었다. 그래서 할아버지에게 다른 집에 가서 식칼을 구해오라고 시켰는데, 이미 식칼을 몽골 관청에 반납했다고 했다.

할아버지는 낙심을 하고 돌아오는데 길바닥에서 얇은 쇳조각을 발견해 주머니에 넣고 집으로 왔다. 식칼을 구해오면 밀반죽을 썰어 국수를 먹을 요량이었던 식구들은 빈손으로 돌아온 할아버지를 보고 실망했다.

미안해진 할아버지는 주머니에서 쇳조각을 꺼내 할머니에게 주었는데, 할머니는 "이걸로 어떻게 밀반죽을 썰 수 있겠냐."며 한숨을 쉴 뿐이었다. 그러자 할아버지가 "썰지 못하면 베어내면 될 것 아니냐!"며 화를 냈는데, 이 말을 들은 할머니는 아이디어가 번쩍 떠올랐다. 밀가루 반죽을 왼손에 끼고 끓는 물 앞에서 감자 껍질 벗기듯 밀가루를 쳐냈더니 바로 훌륭한 국수가 된 것이다.

도삭면은 원래 산시성의 특산 국수인데, 중국 전역에서 유명해진 것은 명나라를 건국한 주원장(朱元璋) 덕분이다. 탁발승으로 구걸을 하며 살다가 명나라를 건국한 명 태조 주원장의 고향은 산시성 봉양(鳳陽)이다. 그래서 어렸을 때부터 도삭면을 자주 먹었고, 황제가 된 후에도 옛 맛을 찾아 도삭면을 먹어 중국에 널리 퍼졌다고 한다.

광둥 이부면(廣東 伊府麵)

광둥성(廣東省)을 대표하는 국수가 이부면이다. 광둥성뿐만 아니라 장쑤성(江蘇省) 양저우(揚州)에서도 자기 고장의 특산물처럼 이야기하는데, 사실 이부면은 요즘 중국 어디에서나 흔히 볼 수 있는 국수다. 한국에서는 쉽게 찾기 힘든 국수로, 밀가루를 반죽할 때 물 대신 계란의 노른자로 반죽을 하는 것이 특징이며 볶거나 국물에 삶아 먹는다.

이부면이라는 국수가 등장한 데는 유래가 있다. 청나라 건륭제(乾隆帝) 때 유명한 시인이자 서예가인 이병수(伊秉綬)라는 사람이 있었다. 이병수는 양저우에서 벼슬을 살았는데, 집안에 시인과 묵객이 끊이지 않아 주방에서 미처 음식을 마련해 대접하지 못할 정도였다. 그래서 부엌에서 일하는 아줌마에게 말하기를 밀가루에 계란을 풀고 물을 약간 섞어 면발을 만든 후 말렸다가, 손님이 오면 물에 넣어 끓여 내오라고 했다. 한데 그 맛이 기가 막혔고 색깔도 황금색으로 빛나 먹음직스러웠다고 한다.

이병수는 양저우에서의 벼슬살이를 마치고 고향인 광둥성으로 귀향했는데, 여기에서도 자신이 창안한 국수를 찾아오는 손님들에게 대접했다. 사람들은 이 국수가 하도 맛있어 이병수 집안에서 만든 국수라 하여 이부면(伊府麵)이라고 불렀다.

무한 열간면(武漢 熱干麵)

열간면은 중국 후베이성(湖北省) 무한(武漢)의 명물 국수다. 먼저 면발을 삶은 후 다시 기름에 비벼 말려 두었다가 끓는 물에 넣어 간장, 파, 후추, 실고추, 무 등 각종 조미료를 더해 먹는다.

열간면이 만들어진 계기는 실수에서 비롯됐다. 무한에 리바오(李包)라는 노점상이 있었는데, 관우 사당 앞에서 국수를 만들어 팔았다. 어느 무더운 여름날 리바오는 다 팔지 못한 국수가 변질될까 봐 국수를 다시 삶아 그늘에 말렸다. 그런데 실수로 국수에 기름통을 엎질러 할 수 없이 기름 범벅이 된 채로 말릴 수밖에 없었다.

다음 날 이 국수를 그대로 시장에 갖고 나가 끓는 물을 붓고 팔았는데 향기와 맛이 뛰어나 사람들이 무슨 국수냐고 물었다. 그래서 얼떨결에 대답한 말이 삶았다가 말린 국수라는 뜻으로 '열간면(熱干麵)'이라고 했다. 그 후 무한에서 유행하기 시작한 이 국수는 무한의 명물이 됐다. 1930년대에 만들어진 국수라고 하니 전통 국수라 할 수는 없다.

란저우 쇠고기라면(蘭州 牛肉拉麵)

여기서 말하는 라면은 우리가 흔히 먹는 인스턴트 국수 '라면'이 아니다. 오히려 '수타(手打) 자장면'이라 할 수 있는 국수를 말한다. 전통적인 방법으로서 자장면을 만들 때 국수 반죽을 도마에 치면서 계속 반씩 접어 늘려나가는 방식으로 만드는 국수다. 국수 가락을 늘린다고 해서 꺾을 '라(拉)'자를 써서 라면이다.

중국에는 오래 전부터 라면이 있었고 지방마다 다양한 라면이 있다. 그런데 그중 유명한 것이 감쑤성(甘肅省)의 성도인 란저우(蘭州)에서 비롯된 란저우 쇠고기라면이다.

란저우 쇠고기라면은 1915년 가난한 회족(回族) 청년인 마보자(馬保子)라는 사람이 만들었다. 생활이 곤궁해 길거리에서 국수를 만들어 팔았는데 전통적인 라면에 쇠고기를 썰어 넣어 쇠고기라면을 만들었다. 이 라면이 인기를 얻자 점포를 냈고, 현재는 중국 전역에 란저우 쇠고기라면 체인점이 퍼져 있다. 그래서 란저우 쇠고기라면 역시 중국의 전통 국수라기보다는 최근 들어 성공한 라면의 브랜드라고 보는 게 정확할 것이다.

짬뽕

**"밥 먹었니?"
에서 유래한
국수**

"웃기는 짬뽕이야."

예전에 TV 코미디 프로그램에서 유행시킨 말이다. '짬뽕'이라는 국수는 알고 보면 진짜 여러 가지로 사람을 웃긴다.

대한민국 국민 대부분을 순간적인 고민에 빠지게 하는 음식이 짬뽕이다. 중국집에서 "자장면을 먹을까 혹은 짬뽕을 먹을까?"를 놓고 갈등해보지 않았던 사람은 거의 없다. 국수 하나 때문에 겪어야 하는 심적 갈등이 만만치 않다.

국어사전을 찾아보면 '짬뽕'은 ① 중국 국수의 한 가지, ② 서로 다른 것을 뒤섞는 일, ③ 종류가 다른 술을 섞어 마시는 일로 정의되어 있다. 국수 이름 하나를 놓고 이렇게 여러 의미가 생긴 것도 재미있다. 원래 짬뽕이 이것저것 마구 섞어

놓은 국수이기도 하지만 유래 역시 중국과 한국, 일본이 복잡하게 얽혀 있다.

'짬뽕'이 진짜 '웃기는 짬뽕'인 것은 이름 때문이다. 국어사전에 나와 있듯이 짬뽕은 중국 국수 이름이지만 원래의 뜻은 "밥 먹었니?"라는 뜻이다. 중국어로 "밥을 먹다." 또는 "밥 먹었니?"라는 뜻의 '츠판吃飯'이 변하고 변해서 짬뽕이 되었다.

짬뽕의 유래에 대해서는 여러 가지 설이 있다. 하지만 중국 국수가 일본으로 건너가 일본에서 짬뽕이 되었고, 일본 짬뽕이 한국으로 건너오면서 한국식 짬뽕이 됐다는 것이 일반적인 통설이다.

짬뽕은 1899년 일본의 나가사키에서 처음 만들어졌다. 나가사키는 일본 최초의 개항지인 만큼 해외 문물이 들어오는 창구 역할을 했던 곳이다. 당시 나가사키에는 중국에서 온 유학생들과 항구 노동자로 일하던 쿠리苦力 등 중국 화교들이 많이 살고 있었다. 유학생이건 항구 노동자들이건 주머니 사정이 넉넉하지 못한 것이 현실이다.

이 무렵 나가사키에 천핑순陳平順, 일본 이름 진헤이준이라는 화교가 '시카이로四海樓'라는 중국 음식점을 경영하고 있었다. 천핑순은 푸젠성 출신으로 만들어 팔던 음식도 당연히 푸젠 음식이 주를 이루었다.

천핑순이 만든 짬뽕의 원형은 원래 중국 푸젠성 사람들이 즐겨 먹던 탕육사면湯肉絲麵이었다고 한다. 고기 국물에 쇠고기, 돼지고기, 닭고기를 실처럼 가늘게 찢어 넣고, 국수를 말아 먹는 음식이다. 천핑순은 이를 응용해 돼지 뼈와 닭 뼈를 푹 고아내 국물을 만들고, 나가사키에서 쉽게 구할 수 있고 값이 싼 문어와 작은 새우, 자투리 고기와 양배추 등을 넣어 국수를 끓였다.

당시 이 국수는 돈 없는 중국 화교들에게 큰 인기를 끌었고, 싸고 맛있고 푸짐하다는 소문이 퍼져 일본 손님들도 많이 찾아와 명소로 자리를 잡았다. 참고로 중국 음식점 '시카이로'는 아직도 현지에서 '나가사키 짬뽕'의 원조로 천핑순의 자손이 영업을 계속하고 있다.

짬뽕을 처음 개발한 천핑순은 안면이 있는 화교 손님들이 오면 첫인사가 "너 밥 먹었나?"였다. 당시 가난했던 유학생들과 노동자들은 끼니를 때우는 것이 최대 관심사였기 때문이다. 화교니까 당연히 중국말로 물었을 것이고, 표준어로는 "츠판吃飯?"하고 물어야 했지만 시골 출신인 만큼 고향 사투리인 푸젠성 말로 "샤뽕?"이라고 물었다.

새로 개발한 푸짐한 국수를 들고 '샤뽕', '샤뽕' 하고 말하며 다니는 것을 보고 이 뜻을 알지 못한 일본 사람들은 새롭고 낯선 중국식 우동의 이름이라 생각했다. 그렇게 샤뽕을 일본말로 '찬폰ちゃんぽん'이라고 부르면서 국수 이름으로 굳어진 것이다. 그리고 일본어 '찬폰'이 한국으로 건너오면서 '짬뽕'으로 바뀌었다.

중국 국수가 변형돼 일본에서 짬뽕이라는 새로운 국수가 만들어졌고, 일제 강점기 때 한국과 일본, 중국의 화교들이 서로 교류하는 과정에서 한국으로 전해진 것으로 보인다.

일본 짬뽕은 국물이 하얗고 뽀얗다. 한국처럼 매운 짬뽕이 아니다. 고추기름이 듬뿍 들어간 맵고 빨간 짬뽕은 한국식이고 한국이 원조다. 한국식 짬뽕의 뿌리는 역시 인천의 차이나타운으로 당시 제물포의 중국인들이 리어카에 화로를 싣고 다니면서 야채를 볶아 국물에 넣고 즉석에서 만들어 판 데서 유래한다.

한국과 일본에서 인기 있는 중국 국수가 짬뽕이지만 정작 중국에서는 짬뽕을 찾아보기 힘들다. 국어사전에는 일본식 표기인 짬뽕을 '초마면炒碼麵'으로 순화 표기하는데, 일본 나가사키 짬뽕의 원조인 탕육사면과는 다른 종류의 국수로 보고 있는 것이 아닌가 싶다. 중국 국수인 초마면, 즉 '차오마멘'은 국수에 각종 해산물이나 채소를 섞어 볶은 것에 뼈를 우린 국물을 부어 만든다고 사전에 나와 있다. 하지만 한국 짬뽕과는 다소 이질감이 느껴진다. 한국식 자장면은 그 원형이라고 할 수 있는 중국식 자장면이 중국에 그대로 있지만 짬뽕은 원형을 찾기가 쉽지 않다.

울면 & 기스면

중국집에서 자장면과 짬뽕 다음으로 자주 시켜 먹는 국수 종류는 울면과 기스면이다. 울면은 면발이 가는 면을 묽은 녹말가루 국물에 말아내는 국수다. 중국에는 울면이라는 명칭의 국수는 없다. 원래 이름은 원루면(溫麵)이다. 따라서 중국에서 울면을 먹고 싶다고 해서 중국어나 한자로 열심히 적어도 중국 사람들은 알아듣지 못한다.

기스면은 닭고기를 가늘게 찢어 면발과 함께 말아 넣은 국수로 '채 썬 닭고기를 넣은 국수'라는 뜻이다. 한자로 '계사면(鷄絲麵)'이다. 기스면 역시 대부분의 중국에서는 통하지 않는데, 계사면이라는 국수는 어렵지 않게 찾아볼 수 있다. 다만 발음이 '기스멘'이 아니라 '지스멘'이다.

'기스면'은 산둥성 사투리다. 닭 계(鷄) 자를 표준 중국어로는 '지'로 발음하고 산둥성 사투리로는 '기'로 발음한다. '지스멘'이 '기스멘'으로 바뀐 이유는 한국의 중국 음식점 주인들이 대부분 산둥성 출신 화교였기 때문이다.

해장국

술 깨는 데는 '개털'이 최고

간밤에 마신 술로 쓰린 속을 달래기 위해 먹는 음식이 해장국이다. 술에 찌든 장腸을 풀어解준다는 의미로 해장解腸국이라고 생각하기 쉽지만 국어사전을 보면 이는 틀린 말이다. 숙취를 풀어준다는 뜻에서 숙취 정醒 자를 써서 해정解醒이라고 해야 맞는 말로, 해장국은 원래 해정국이 와전돼 발전한 말이다. 옛날에는 술 깰 성醒에 술 주酒 자를 써서 술 깨는 국, 즉 성주탕醒酒湯이라고 했다.

지나치게 술을 마셔 다음 날 속이 쓰리고 머리가 아픈 것은 우리나라 사람들뿐만 아니라 서양인들도 마찬가지다. 영어에서도 술 취한 속을 푸는 말로 여러 가지가 있는데, 그 중에 'Hair of the dog(개털)'이라는 말이 있다. 정확하게는

'Hair of the dog that bit me(나를 문 개의 털)'의 준말이다. 개에게 물리면 그 개를 찾아 꼬리에서 털을 잘라내 태운 후, 물린 부위에 발라야 광견병이 낫는다는 속설에서 유래됐다고 한다. 이 말은 개에 물리면 개털로 치료하듯이 술에 취하면 술로 푼다는 것이다. 숙취hangover를 해소할 때도 간밤에 술을 마신 곳을 찾아서 한 잔을 더 마셔야 한다는 의미인 만큼 해장국이라기보다 '해장술'의 의미다.

우리나라는 술 문화뿐 아니라 해장국이 발달한 나라다. 대표적인 해장국으로는 콩나물국이 있고 선짓국, 북엇국, 우거짓국, 올갱이국, 재첩국, 뼈다귀 해장국 등 다양하다. 해장국은 반드시 속이 확 풀릴 정도로 뜨거운 국만 있는 것이 아니다. 강원도 동해안에서는 문자 그대로 시원한 오징어물회 국수를 해장 음식의 으뜸으로 친다고 한다.

예전 세종대왕 때 나온 중국어 학습서인 《노걸대老乞大》에서는 중국의 해장 음식을 소개하면서 "얇게 썬 고기를 국수와 함께 넣고 산초 가루와 파를 넣은 성주탕을 먹는다."라고 했으니 요즘 해장국처럼 팔팔 끓는 음식은 아니었을 것으로 추정된다.

중국에서는 아침에 술을 깨고 속을 풀기 위해 차를 마시거나 생선국을 마시는 등 여러 해장 방법이 있었다. 《수호지》를 보면 송강宋江이 아침에 급하게 달리는 사람을 보고 "어젯밤 술을 과하게 마셨나보다."라고 말하는 대목이 있다. 술 깨는 방법의 으뜸이 아침 '조깅'이었던 것이다. 그 다음에 해장을 위해 먹었다는 생선국이 나온다. 송강이 숙취에 시달리자 대종과 이달이 싱싱한 생선을 사와 해장국으로 생선국魚湯을 끓여 먹었다고 한다.

원나라 때 황실 귀족의 음식 메뉴를 적은 《음선정요飮膳正要》에는 술 깨는 차茶에 대한 목록이 나오는데, 그중 하나로 귤껍질로 만든 '귤피성주차橘皮醒酒茶'가 있다. 우리가 흔히 먹는 귤껍질차가 원나라 황실의 해장으로 쓰였던 것이다. 이밖에도 다양한 종류가 있지만 두부와 식초도 해장에 좋다고 했다.

일본에서는 술을 마신 후 주로 죽을 먹는다고 하는데, 쌀죽에 매실 절임인 우메보시梅干를 곁들여 먹으면서 속을 푼다. 태국에서는 쇠고기 육수로 만든 국물에 숙주 등을 넣어 먹거나 쌀국수를 먹는다고 한다. 서양, 특히 영국에서 '개털'을 먹는다는 것은 허무맹랑한 미신이고, 보드카에 토마토 주스를 넣어 만든 칵테일인 '블러디 메리Bloody Mary'를 먹는다고 하니까 역시 '해장술'인 셈이다.

서양에서는 해장을 위해 양배추를 많이 먹는데, 러시아에서는 양배추와 오이로 만든 즙에 소금을 넣은 음료를 마신다. 북유럽에서는 청어를 특효 해장 음식으로 꼽는데, 네덜란드는 양파와 청어 회를 곁들여 먹어 속을 푼다고 한다. 멕시코는 소나 양의 위인 '양肚'으로 해장을 하는데, 고칼로리 식품이기 때문에 술에 찌든 속을 달래는 데 좋다고 한다. 멕시코의 해장 방법은 우리나라의 양지머리 해장국을 먹는 것과 비슷하다.

한편 고대 로마에서는 술로 인해 숙취가 있는 경우 카나리아를 튀겨 먹었다고 하니 다소 엽기적이다. 그리고 고대 그리스에서는 양의 폐를 먹었으며, 중세 유럽에서는 장어를 먹었다고 하니 나라와 시대에 따라 해장 방법도 정말 다양했다.

콩나물국
콩이 발아되어 콩나물로 생장하면서 섬유소와 비타민이 상당량 증가한다. 콩나물에 함유된 아미노산인 아스파라긴(asparagine)은 알코올 섭취시 생성되는 독성물질인 아세트알데히드를 분해함으로써 과음에 따른 해독 작용을 도와준다.

명태
明太

가장 한국적인 생선

가장 한국적인 생선이 명태다. 옛날부터 우리 민족이 즐겨 먹은 생선인 만큼 이름도 우리나라만큼 다양한 나라가 없다. 명태를 비롯해서 생태·동태·북어·건태·황태·코다리·백태·흑태·망태·조태·강태·왜태 등으로 다양하다.

명태로 만드는 음식 종류도 다양한데 몸통은 물론 내장으로 창란젓, 알로는 명란젓, 아가미로는 아가미젓을 만든다.

북어 껍질로는 어글탕을 끓이며 눈알로는 명태눈초무침을 만든다고 하는데, 고조선 이래로 명태를 이용한 음식이 36종류에 이른다고 한다. 껍질부터 아가미, 내장, 심지어 눈알까지 요리가 된다.

중국에서는 샤쉬에狹鱈라고 해서 '몸집이 작은 대구'라고 부르지만 억지로 대구, 즉 따커우위大口魚와 구분해서 부르는 느낌이 짙다. 사전에 보면 밍타이위明太魚라고 표기했지만, 실제 이 말을 쓸 때는 '한국에서는 이렇게 부른다'는 말을 사족처럼 덧붙인다. 영어에서도 명태를 따로 호칭하는 말은 없고 '알래스카에서 잡히는 대구Alaska pollack'로 표현한다.

명태라는 생선에 밝을 명明, 클 태太 자를 쓰게 된 연유는 19세기 초 헌종憲宗 때 벼슬을 지낸 이유원李裕元이 쓴《임하필기林下筆記》에 그 유래가 나온다.

관리 하나가 함경도 명천군明川郡에 군수로 부임을 했는데 태太 씨 성을 가진 어부가 생선을 잡아 올렸다. 군수가 생선을 맛본 다음 맛있어 이름을 물었는데, 이 어부가 모른다고 하자 명천군의 명明 자와 어부의 성인 태太 자를 따서 '명태'라고 이름 지었다고 적고 있다.

《임하필기》는 19세기 때 쓰인 책으로 정작 명태明太라는 이름은 17세기 무렵인 조선의 제17대 왕 효종孝宗 때 쓰인《승정원일기》에 처음 나왔다. "강원도에서 올리는 진상 어류 중 대구 어란 속에 명태 어란이 섞여 있다."라고 적혀 있어 불량 진상품이 올라왔다는 기록이 있다.

또 다른 유래도 있다. 우리나라에서 가장 험한 지역이라는 함경남도 삼수三水와 갑산甲山에 사는 농민들 중에는 영양 부족으로 눈이 침침해진 사람들이 많았다. 이때 해변으로 가서 명태 간을 먹고 돌아오면 눈이 밝아진다고 해서 명태로 불렀다는 속설도 있다. 또한 함경도에서 명태 간으로 등잔불을 밝혔기 때문에 '밝게 해주는 물고기'라는 뜻에서 명태라고 했다는 말도 있다.

이전에는 명태가 다른 이름으로 불렸던 것 같다. 15세기, 조선 제9대 왕인 성종成宗 때의 학자 서거정徐居正이 쓴《신증동국여지승람新增東國輿地勝覽》에는 명태를 '무태어無太魚'로 부른다고 했다. 19세기 조선 제23대 왕인 순조純祖 때의 학자 서유구徐有榘가 쓴《임원십육지林園十六志》에는 명태를 '태어太魚'로 기록하고 있다. 또 1798년 정조正祖 22년에 이만영李晩永이 쓴 어휘집《재물보才物譜》에는 북해에서 잡히는 물고기라고 해서 '북어北魚'라고 했다.

명태를 먹을 때는 아가미부터 껍질, 눈알까지 아낌없이 먹지만 명태를 말로 표현할 때는 인색하기 짝이 없다. 속담에 "명태 만진 손 씻은 물로 사흘을 국 끓인다."라는 말은 인색한 사람을 탓할 때 쓰는 말이다. 명태 입장에서는 칭찬인지 욕인지 헷갈리는 말이고, "북어 껍질 오그라들 듯한다."라는 말은 재산이 점점 적어진다는 뜻이다.

또한 "북어 한 마리 부조한 놈이 제사상 엎는다.", "명태 한 마리 놓고 딴전 본다.", "명태와 계집은 팰수록 좋다." 등 명태가 들어간 속담은 그리 좋은 뜻은 아니다. 속된 말로 말이 많거나 거짓말을 할 때 쓰는 "노가리 깐다."라는 말도 명태가 한꺼번에 많은 새끼를 낳는 것에 빗대어 생긴 말이다. 노가리는 명태의 치어를 일컫는 말이다.

고등어

고등어는 성인병을 예방하는 등 푸른 생선으로 저렴한 편이라 서민들의 식탁에 자주 오른다. 우리나라에서는 옛날부터 인기가 좋아 "가을 배(梨)와 고등어는 맛이 좋아 며느리에게 주지 않는다."라는 속담이 있을 정도로 즐겨 먹는 생선이다.

국립수산과학원에서 발간한 《수변정담》을 보면 '고등어'라는 이름의 어원은 '등이 둥글게 부풀어 오른 고기'라는 뜻에서 왔다고 한다. 순조 때 정약전이 쓴 《자산어보(玆山魚譜)》에는 복부에 반점이 있는 경우 배학어, 없으면 벽문어로 불렸고, 《동국여지승람(東國輿地勝覽)》에는 칼 모양을 닮았다 해서 고도어(古刀魚)라 불렀다고 했다. 일본에서는 고등어를 사바(さば)라고 하는데 등 푸른 생선이라고 해서 '마사바'로 부르며, 중국어로는 타이위(鮐魚) 또는 칭화위(靑花魚)라고 한다.

고등어 한 마리를 놓고 우리말, 일본어, 중국어로 이름을 적은 이유는 언어별로 완전히 쓰이는 용도가 달라졌기 때문이다. 일본어로 고등어를 나타내는 사바를 반복해 합쳐 놓으면 '사바사바(さばさば)'가 된다. 떳떳하지 못하게 뒷구멍으로 일을 처리하거나 아부를 하는 행위를 속된 말로 '사바사바'라고 하는데, 바로 고등어에서 비롯된 말이다.

조선시대 때 고등어는 일본에서 귀한 생선이었다. 한 일본인이 고등어 두 마리를 갖고 관청에 일을 부탁하러 가는데 어떤 사람이 그것이 무엇이냐고 물었다. 이 사람이 그냥 '사바'를 갖고 관청에 간다고 대답했는데, 그 말이 잘못 전해져 뒷구멍으로 일을 처리하는 '사바사바'로 와전됐다고 한다.

반면에 중국어로 고등어는 장수를 상징하는 말이다. 고등어를 한자로 표기하면 태어(鮐魚)가 되는데, 고등어 등을 뜻하는 태배(鮐背)가 바로 나이가 많은 노인을 뜻하는 말이다. 70세를 고희(古稀)라고 부르는 것처럼 90세를 태배(鮐背)라고 불렀는데 《시경(詩經)》에 다음과 같은 말이 나온다.

고등어 등은 나이가 많다는 뜻이다.

노인의 몸에 생기는 반점이 마치 고등어 등에 있는 반점과 같다.

鮐背, 壽也. 老人身上生斑如 魚背

성인병 예방에 좋다는 성분이 많이 들어 있는 등 푸른 생선이지만 고등어는 낚아 올리는 즉시 죽고 빨리 부패한다. 심지어 "고등어는 살아서도 부패한다."라는 말이 있을 정도다.

스낵
snack

**어원은
'잽싸게 한 입
덥석 깨물다'**

우리가 간식으로 먹는 스낵의 이름은 공교롭게도 대부분 먹을 때 나는 소리를 본떠 만든 의성어나 먹는 모습에서 유래된 의태어에서 나온 경우가 많다. 부담 없이 간편하게 먹을 수 있는 식품을 말하는 스낵snack이라는 단어만 해도 그렇다.

스낵의 어원은 1300년 무렵 사용한 단어로 네덜란드어의 스나켄snacken에서 나온 말이다. '깨물다bite' 혹은 '잽싸게 잡다snap'라는 의미를 갖고 있는 스나켄은 문자 그대로 풀이하면 '잽싸게 한 입 덥석 깨물다'라는 의미다. 이 말이 영어에서 가볍게 먹을 수 있는 식품으로 변형돼 오늘날까지 사용되고 있다.

스낵의 한 종류로 비스킷biscuit이 있다. 밀가루를 주원료로 버터, 달걀, 우유 등을 섞어 구워 만든 과자인 비스킷의 어원은 라틴어다. '두 번 굽는다'라는 뜻이다. 라틴어로 'bis'는 두 번twice이라는 뜻이고, 'cuit'는 원래 'coctus'에서 파생된 단어로 '요리하다cooked'라는 의미다.

영국에서는 비스킷이지만 미국으로 넘어오면 '크래커cracker'가 된다. 크래커나 비스킷 모두 밀가루에 버터, 달걀 등을 반죽해 구운 과자지만 어원은 서로 다르다. 비스킷이 라틴어에서 유래한 반면 크래커는 고대 영어에서 온 의성어다.

크래커의 어원은 고대 영어 '크래치안cracian'이다. '날카로운 소리를 내다'라는 뜻으로 과자를 먹을 때 부서지는 소리가 마치 날카로운 소리가 나는 것 같다고 해서 나온 이름이다. 크래커에는 폭죽이라는 뜻도 있고 가난뱅이 백인이라는 의미도 있는데, '바삭바삭한 과자'라는 의미의 크래커는 1739년부터 사용됐다.

비스킷·크래커 같은 간식의 영어 명칭은 중세 이후 혹은 18세기부터 사용됐지만, 간식 자체가 발명된 것은 역사가 오래됐다. 비스킷·크래커를 가장 먼저 먹은 사람들은 고대 중동 사람들로 사막의 기후 조건에 맞춰 개발된 음식이라고 전해진다.

또한 건조하고 오래 보관할 수 있기 때문에 비스킷·크래커는 군대 비상식량으로 오래전부터 사용됐다. 고대 로마 군대의 비상식량이 비스킷이었으며, 이후 영국의 넬슨 제독이 지휘하던 영국 해군과 남북전쟁 때의 미국 병사들도 비스킷을 비상 전투식량으로 휴대했다.

한편 비스킷·크래커 가운데에 구멍이 송송 뚫려 있는 이유는 밀가루 반죽을 평평하게 만들어 모양을 유지하기 위한 것이며, 또 먹을 때 바삭바삭한 맛을 더하기 위한 것이라고 한다.

비스킷·크래커 같은 과자 형태의 스낵을 총칭해 부르는 말이 쿠키cookie다. 쿠키라는 단어 역시 네덜란드어에서 유래됐다. 원래의 네덜란드어는 '쿠오레koekje'로 '작은 케이크little cake'라는 뜻이다.

같은 쿠키라도 프랑스로 넘어가면 '사브레sables'가 된다. 사브레 역시 '샌드 케이크sand cake'가 어원으로 프랑스 노르망디 지방에서 만들어진 과자인데, 먹을 때 모래알을 씹는 것과 같은 감촉이 느껴진다고 해서 붙은 이름이다.

참고로 중국 식당에서 먹을 수 있는, 과자 안에 운세가 들어 있는 포춘 쿠키fortune cookie는 원래 중국에서 볼 수 있는 과자가 아니었다. 1918년 중국에서 미국으로 이민을 간 데이비드 정이라는 화교가 '홍콩국수HonkKong Noodle'라는 회사를 만들면서 판촉용으로 과자 속에 운세를 적어 넣은 것에서 비롯됐다.

서양에서 부르는 쿠키cookie를 우리나라에서는 '과자'라고 부른다. 과자는 한자로 과자果子로 쓰기도 하고 과자菓子로 쓰기도 하는데, 과자果子는 사실 과일이라는 뜻이고 과자菓子가 서양의 쿠키 종류에 해당된다. 엄격하게 말하면 발음은 같지만 글자가 틀린 두 단어 모두 조선시대 때 사용된 단어로 원래는 과일을 뜻하는 의미였다고 한다.

중국에서도 과자는 과일이라는 뜻으로 '쿠키'라는 의미의 과자는 정확하게 '소과자酥果子'라고 한다. 중국에서 쿠키라는 뜻의 '과자'라는 말의 유래는 원래 밀가루를 기름에 튀긴 '꽈배기'를 뜻하는 말이었다. 과자의 원래 한자는 '기름에 튀긴 과일油炸果'에서 나온 말로 이 단어는 '기름에 튀긴 귀신油炸鬼'에서 유래됐다고 한다.

남송시대에 악비岳飛라는 영웅이 살고 있었는데 진회秦檜라는 간신의 모함을 사서 죽임을 당했다. 백성들은 충신인 악비의 죽음을 원통해하면서 간신인 진회를 더욱 미워했는데, 어느 상점 주인이 밀가루로 진회 부부의 인형을 반죽해 기름에 튀겨 팔았다. 복수심에 불타던 백성들은 '기름에 튀긴 진회油炸檜'라는 이름의 과자를 열심히 사 먹었다고 한다. 여기서 진회秦檜의 '회檜'에서 중국어 발음인 '후이'가 귀신 '귀鬼', 즉 중국어로는 '구이'와 발음이 비슷해 와전이 됐다. 나중에 귀신 귀鬼 자가 과일 과果, 중국어 '궈'로 바뀌면서 유작과油炸果로 변형됐는데, '과자'라는 단어는 여기서 유래됐다는 설이 있다.

티타임

예전에 영국인들은 하루에 아침과 저녁 두 끼만 먹었는데, 1840년 베드포드 백작 부인이 오후 5시경 차와 함께 가벼운 스낵을 먹기 시작하면서 티타임이 유행했다. 최초의 티타임으로는 중국의 신화 속 황제인 신농씨(神農氏)가 여행 중 길가에서 쉬면서 차를 마시며 음식을 먹은 것을 꼽는 사람도 있다.

샐러드 & 드레싱
salad & dressing

최고의 음식을
즐기기 위한
최상의 궁합

속된 말로 애인 앞에서 폼 잡고 싶어 고급 레스토랑을 갔는데 주문 시작부터 당황하는 경우가 있다. 애피타이저appetizer로 샐러드를 주문했는데 웨이터나 웨이트리스가 앞에 딱 버티고 서서 "드레싱dressing은 어떤 걸로 하시겠습니까?" 하고 묻는다. 이름을 알고 있는 드레싱이 없어 우물쭈물하는데 눈치를 챈 웨이터나 웨이트리스가 드레싱 종류를 추천해주면 "그래, 바로 그거요."라고 대답한다.

폼 잡으러 왔다가 오히려 무식만 드러낸 것 같아 당혹스러운 상황인데 사실 이런 사람들이 의외로 많다. 아니면 알고 있는 샐러드드레싱 종류가 한정돼 있어 매번 같은 드레싱만 시키기도 한다. 한국 사람들이 주로 알고 있는 드레싱은 '사우전드 아일랜드 드레싱Thousand island dressing', '프렌치드레싱French dressing', '이탈리안 드레싱Italian dressing', '살사 드레싱salsa dressing'이다.

샐러드드레싱에도 재미있는 유래와 일화가 얽혀 있다.

한국인들에게 익숙한 사우전드 아일랜드 드레싱은 마요네즈에 칠리소스나 토마토케첩을 섞고, 녹색 올리브와 피클 등을 넣어 만든 샐러드드레싱으로 20세기 초반에 만들어졌다. 하지만 이름에서 짐작할 수 있듯이 이 샐러드드레싱은 관광지 이름에서 유래된 명칭이다. 사우전드 아일랜드The thousand islands는 미국과 캐나다의 국경지대를 흐르는 세인트로렌스 강에 있는 1800여 개의 섬을 칭하는 곳으로 유명 스타나 부호들이 별장을 소유하고 있는 지역이다.

사우전드 아일랜드에서 관광 낚시 가이드로 일하던 조지 라론드 2세는 당시 유명 여배우였던 메이 어윈May Irwin과 그

남편을 상대로 낚시 가이드를 하게 됐다. 낚시를 끝낸 후 라론드의 아내 소피아 라론드는 손님들에게 자신이 운영하는 호텔에서 저녁 식사를 대접하면서 유명 여배우 부부를 위해 평소와는 다른 샐러드를 만들었다. 이것이 사우전드 아일랜드 드레싱의 원조다.

메이 어윈은 처음 먹어본 맛있는 드레싱에 '사우전드 아일랜드'라는 이름을 붙였고, 뉴욕으로 돌아가 아스토리아호텔 소유주에게 요리법을 알려주었다. 그 후 아스토리아호텔의 메뉴로 등장하면서 유명해졌다.

프렌치드레싱은 겨자, 레몬즙, 올리브 오일, 식초, 피클 등으로 만드는데 오일과 식초가 분리된 것이 특징이다. 프렌치드레싱이라는 이름 때문에 프랑스에서 만들어졌거나 프랑스 사람들이 주로 먹는 샐러드드레싱으로 짐작할 수 있지만 짐작과는 다소 다른 부분이 있다.

일단 프랑스에서는 프렌치드레싱이라고 부르지 않는다. 오히려 '비네그레트 소스Vinaigrette sauce'라고 부른다. 프렌치드레싱은 1880년대부터 영국과 영국의 식민지에서 유행하면서 붙여진 이름이고, 20세기 들어 샐러드가 다이어트용으로 각광을 받으면서 세계적으로 알려지게 되었다.

프렌치드레싱의 유래에 대해서는 또 다른 일화도 있다. 미국 인디애나 주의 헤이즐턴이라는 도시에 루시우스 프렌치라는 사람이 살고 있었는데, 그의 아내 이름을 따서 명명했다는 설이다. 루시우스 프렌치는 야채를 무척이나 싫어해 거의 입에 대지 않아 괴혈병에 걸렸다. 그의 아내는 그에게 야채를 억지로 먹이기 위해 드레싱을 개발했고, 그녀의 성을 따서 프렌치드레싱이 됐다. 하지만 이 출처는 불분명하다.

이탈리안 드레싱도 미국에서 주로 쓰는 용어로 정작 본토인 이탈리아에서는 찾아보기 힘든 드레싱이다. 이탈리안 드레싱은 오일, 식초, 레몬주스, 양파 등으로 만드는데, 미국에서 만들어진 말일 뿐 이탈리아에서는 재료를 사전에 섞어 드레싱으로 만들지 않고 야채를 먹을 때 첨가해 먹는다.

멕시코 음식을 먹을 때는 살사 소스나 드레싱이 제격이다. 살사 소스의 원조는 잉카제국이다. 잉카에서 아스텍, 마야제국으로 흘러 들어왔고 나중에 남미를 정복한 스페인을 통해 널리 소개되었다. 아스텍의 귀족들은 칠면조나 랍스터, 사슴 고기 등을 먹을 때 토마토, 매운 고추, 호박씨를 섞어 만든 소스를 얹어 먹었다. 여기서 발전한 소스가 살사 소스다.

그렇지만 엄격하게 따지고 보면 '살사 소스salsa sauce'는

'서울역전 앞'처럼 어색한 동의어 반복이다. 살사salsa는 스페인어로 소스sauce라는 뜻이다. 그렇기 때문에 살사 소스를 모두 영어로 표기하면 '소스 소스sauce sauce'가 된다. 참고로 소스sauce는 라틴어인 '살사salsa'에서 나왔는데 원래는 '짜다, 소금salt'이라는 뜻이다. 결국 '살사 소스'는 '소스 소스' 혹은 '소금 소금'이라는 의미가 된다.

샐러드salad도 드레싱만큼이나 사람을 당황스럽게 만드는 경우가 있다. 이름도 잘 모르겠거니와 애피타이저로 주문했는데 메인 요리만큼의 양이 나올 때도 있다. 사실 미국에서는 주로 전채로 먹지만 유럽에서는 샐러드가 메인 요리가 되는 경우가 있다. 대표적인 예가 시저 샐러드Caesar salad다. 시저 샐러드는 거창하게 로마 황제인 율리어스 시저의 이름이 앞에 붙었지만 이탈리아 음식이 아니다. 미국 음식이라고 하는 편이 정확하다.

시저 샐러드의 유래에 대해서는 다양한 설이 있다. 먼저 멕시코에 있는 시저호텔을 방문한 미국 캘리포니아 산호세San Jose 지역의 기자단을 위해 점심 식사용으로 만들었다는 설이다. 또 하나는 1903년 시카고에서 레스토랑을 경영하던 지오코모 쥬니아라는 이탈리아 요리사가 만들었다는 설이 있다. 새로운 샐러드를 개발해 로마 황제 율리어스 시저의 이름을 따서 메뉴를 정했다고 한다.

또 다른 유래는 1924년 멕시코 티후아나에 있는 레스토랑에서 시저 카르디니라는 요리사가 만들었다는 설도 있다. 주말에 갑자기 많은 손님이 들이닥쳐서 주방에 있던 양상추, 마늘, 빵 조각, 치즈 등을 넣어 급하게 만든 것이 인기를 끌었다는 것이다.

역시 샐러드의 한 종류인 코울슬로coleslaw는 네덜란드가 기원이며, 더 거슬러 올라가면 로마시대에도 이런 샐러드를 먹었다고 전해진다. 코울슬로는 양배추 샐러드라고 하는데, '코울슬로'라는 이름 자체가 양배추 샐러드라는 뜻이다. 어원은 18세기 네덜란드어 '쿨슬라koolsla'에서 나왔으며, 미국에 정착한 네덜란드 이민자들로부터 만들어져 일반화된 것으로 보고 있다. '쿨슬라koolsla'는 양배추를 뜻하는 쿨kool과 샐러드라는 뜻의 네덜란드어 슬라sla가 합쳐져 만들어진 말이다. 영어의 양배추cabbage나 네덜란드의 양배추kool는 모두 라틴어 카울리스caulis에 그 뿌리를 두고 있는데, 원래는 '속이 빈 줄기hollow stem'라는 뜻이다.

샐러드를 주문하면서 속기 쉬운 것 중 하나가 주방장 추천 샐러드chef's salad다. 양상추를 그릇 밑에 깔고 그 위에 닭고기와 쇠고기, 햄 등을 올려놓은 이 샐러드는 주로 프렌치드레싱이나 사우전드 아일랜드 드레싱과 함께 먹는다. 이름만 들으면 주방장이 추천하는 그날의 특선 샐러드로 착각하기 쉽지만, 엄격하게 말하면 전통적인 샐러드의 한 종류일 뿐이다. 유래는 1940년 뉴욕의 리츠칼튼호텔 주방장이 처음 만들어서 내놓은 데서 시작됐다. 진짜 주방장이 그날의 특선 재료로 만든 샐러드를 주방장 추천 샐러드라고 할 수도 있지만, 보통의 경우는 정형화된 'chef's salad'가 나오는 경우가 많다.

토마토케첩
tomato ketchup

**중국
사투리에서
유래한 액젓**

햄버거와 감자튀김 등을 먹을 때 '약
방의 감초'처럼 빠져서는 안 되는 소
스가 토마토케첩tomato ketchup이다. 청
바지와 맥도널드 햄버거가 미국 문화를 대표하는 것처럼 햄
버거와 짝을 이루는 토마토케첩 역시 미국의 음식 문화를 상
징한다.

토마토케첩은 가장 미국적인 소스로 꼽힌다. 하지만 그 뿌
리는 아시아, 특히 중국 푸젠성과 광둥성 및 동남아 지역이
다. 원형은 토마토소스가 아니라 생선 소스다. 좀더 설명하
면 베트남 요리를 먹을 때 나오는 '느억맘nuoc mam'이라는 생
선 간장이 토마토케첩의 원조. 우리나라로 치면 '멸치액
젓'이나 삶은 돼지고기를 먹을 때 찍어 먹는 '새우젓'이 그 뿌

리라고 할 수 있다.

'케첩'이라는 말의 어원 역시 영어가 아니라 중국어, 그중에서도 현재 타이완의 원주민과 중국 푸젠성에서 쓰는 사투리, 즉 아모이amoy어다. '코에 찹koe chiap' 혹은 '케치압ke tsiap'에서 유래된 것으로 보는 것이 가장 일반적인 학설이다. 이 말은 푸젠어로는 조개를 소금에 절여 만든 액젓이라는 뜻으로, 우리나라의 '조개젓'도 그 범주에서 크게 벗어나지 않는다. 토마토케첩과 조개젓이 사람으로 치면 사촌 형제쯤 되는 셈이다.

일부에서는 케첩의 어원이 '맛'을 의미하는 말레이시아어 '케찹kechap'에서 나왔다고 한다. 하지만 이 말 역시 어원은 중국 푸젠 사투리로 보고 있다.

케첩의 원조는 생선 소스다. 조개와 같은 갑각류일 수 있고, 연어 혹은 다양한 생선이 소스를 만드는 재료로 사용됐을 수 있다. 어원으로 볼 때 학자들은 현재 타이완과 중국 푸젠성, 광둥성 등지에서 먹고 있는 '규즙鮭汁'이 케첩의 원조와 가장 가깝다고 보고 있다.

복어나 연어를 나타내는 규鮭로 만든 소스인 '규즙鮭汁'을 현대 타이완 사투리로 발음하면 규 는 코에koe, 즙汁은 치압

chiap으로 발음된다. 한자로는 복어나 연어를 나타내지만, 복어나 연어 소스라기보다는 일반적인 생선 소스를 이 지역에서는 케첩이라고 부른다.

생선 소스였던 케첩이 미국에서 토마토케첩으로 바뀌게 되기까지는 길고 긴 여정이 필요했다. 중국 남부 지방과 동남아 지역의 생선 소스였던 케첩은 먼저 유럽으로 건너가 양송이 케첩으로 변신하고, 그 후 미국으로 가서 토마토소스로 바뀌게 된다.

케첩을 처음 유럽으로 가져간 사람은 1600년대 네덜란드와 영국의 선원들이었다. 이들은 중국과 동남아 지역 항해 도중 먹어본 케치압ketsiap이라는, 소금에 절인 생선으로 만든 소스를 유럽에 소개했다. 영국의 부유층들은 아시아에서 들여온 이 소스에 첨가물로 호두와 버섯을 넣기 시작했고, 이를 원산지의 이름을 따서 캐첩catsup이라고 불렀다.

유럽에서 처음 케첩이라는 단어가 등장한 시기는 1690년으로 영국에서 catchup이라는 단어가 인쇄물에 처음 나타났고, 1911년에는 ketchup이라는 단어가 나온다. 그러다 1727년 엘리자베스 스미스가 쓴 《완벽한 주부The Complete Housewife》라는 책에 처음으로 케첩을 이용한 요리법이 소개된다.

하지만 영국에서 발달한 케첩은 토마토가 아닌 버섯과 굴, 호두를 넣은 양송이 케첩이었다. 토마토케첩은 미국으로 건너간 영국인들이 영국식 케첩에 버섯 대신 토마토를 넣어 만들기 시작하면서 크게 퍼져나갔다.

1900년까지 미국에는 100개의 군소 토마토케첩 브랜드가 있었다. 하지만 토마토케첩이 세계적으로 퍼질 정도의 식품으로 발전한 것은 1872년 미국의 식품회사인 H.J. 하인즈 H.J. Heinz Company에서 토마토케첩을 만들어 팔기 시작하면서부터였다.

마요네즈

여러 가설 중 가장 신빙성이 있는 것은 마요르카(Mallorca) 섬의 마욘(Mayon)에서 유래되었다는 설이다. 마요네즈의 '~aise'는 지명 뒤에 붙여서 '~풍의'라는 의미를 나타내는 프랑스어로, 마요네즈는 '마욘풍' 소스라는 뜻이다.

동파육
東坡肉

백성들이
소동파에게
바친 돼지고기

바라건대 고려에 태어나서

금강산을 한번 보고 싶구나.

願生高麗國 一見金剛山

중국 당송팔대가^{唐宋八大家} 중 한 명인 소동파^{蘇東坡}가 금강산이 아름답다는 소문을 듣고 읊은 시다. 송나라 최고의 시인으로 〈적벽부^{赤壁賦}〉를 지어 유명한 소동파는 시인이면서 당대 유명한 정치가였고, 또 중국 역사상 손꼽히는 미식가였다.

"매일 여지荔枝(중국어로 리쯔)를 먹을 수 있다면 귀양살이도 마다하지 않겠다(日啖荔枝三百顆 不辭長作嶺南人)."라는 시를 남겼던 소동파는 돼지고기도 매우 좋아해 〈돼지고기를 먹다 食豬肉詩〉라는 시도 썼다.

> 황주의 질 좋은 돼지고기는 값도 아주 싸지만
>
> 부자들은 먹으려 하지 않고 가난한 사람은 삶는 법을 모르네.
>
> 물을 적게 넣고 약한 불로 삶으면 다 익은 후 스스로 제맛이 나네.
>
> 매일 일어나 한 그릇씩 먹으면
>
> 배가 불러 만사가 귀찮아진다네.
>
> 黃州好猪肉 價賤如糞土 富者不肯吃 貧者不解煮
>
> 慢著火 少著水 火候足時他自美
>
> 每日起來打一碗 飽得自家君莫管

정통 중화요리집에 가면 동파육東坡肉이라는 메뉴를 볼 수 있다. 동파육이라는 이름 대신에 홍소육紅燒肉 혹은 우리말로 풀어 삼겹살 찜으로 작명한 메뉴가 있는데 모두 같은 종류의 음식이다.

동파육은 중국 절강성浙江省 항저우의 전통 요리다. 돼지고기 삼겹살 덩어리를 사오싱 지방의 명주인 사오싱주를 넣고 삶은 후 대파, 간장, 설탕 등을 넣고 약한 불로 오래오래 조려 만든다. 고기가 붉은 빛이 돌면서 잘 익었지만 흩어지지 않고, 먹을 때 입에 감칠맛이 돌면서 돼지고기 특유의 느끼한 맛이 없다.

이름에서 쉽게 짐작할 수 있는 것처럼 '동파육'은 소동파의 공덕을 기리기 위해 작명된 메뉴다. 본명이 소식蘇軾인 소동파는 송나라 신종神宗 때 장쑤성江蘇省 쉬저우徐州 지사로 부임했는데 그해 여름에 대홍수가 났다. 소동파는 군졸과 백성을 이끌고 70일 동안 밤낮을 가리지 않고 제방을 쌓아 쉬저우가 물에 잠기는 것을 막았다.

홍수가 지나간 후 백성들이 기뻐하며 돼지를 잡아 쉬저우를 구한 소동파에게 갖다 바쳤다. 소동파는 이를 받아 집안에 전통적으로 내려오는 방식대로 요리를 해서 백성들과 함께 나눠 먹었다. 백성들은 소동파가 요리한 돼지고기를 보고 '갖다 바친 고기를 다시 되돌려줬다'고 해서 '회증육回贈肉'이라고 불렀다. 소동파는 그 후 황저우 부사로 좌천됐는데 그곳에서 황무지를 개간하며 스스로를 동파거사東坡居士라고 불렀다. 그를 동파로 부르게 된 유래다.

송나라 철종哲宗 때 소동파는 다시 벼슬을 얻어 이번에는 절강성 성도인 항저우 지사로 부임했는데, 이곳에서도 물난리가 나 태호太湖가 범람할 위기에 처한다. 그는 다시 백성들을 동원해 태호의 물줄기인 서호西湖에 제방을 쌓고 준설을 함으로써 홍수를 막았다.

그러자 소동파가 돼지고기를 좋아한다는 말을 들은 백성들이 쉬저우에서와 마찬가지로 고마움의 표시로 돼지고기와 술을 갖고 와 소동파에게 바쳤다. 소동파는 집안 사람들을 시켜 돼지고기를 삶아 공사에 참여했던 백성들과 함께 나눠 먹으며, 스스로 요리 이름을 '동파육'이라고 지었다. 동파육이 처음에는 장쑤성 쉬저우에서 시작됐지만 현재는 절강성 항저우의 명물 요리로 알려지게 된 연유다.

삼겹살

돼지의 갈비에 붙어 있는 살로 한국에서 가장 인기 있는 부위다. 비계와 살이 세 겹으로 되어 있는 것처럼 보인다. 한국에서는 주로 구이나 보쌈으로, 서양에서는 베이컨, 중국에서는 동파육 재료로 이용된다.

배갈
白幹兒

**세계 8대
발명품 중
하나**

중국 술을 보통 '배갈'이라고 한다. 한자로 쓰면 '백간아白幹兒'인데, 이를 중국어로 발음하면 '배갈'이 된다. '백주白酒'라는 말도 같은 뜻으로, 일반적으로 증류주를 일컫는 말이다. 한마디로 한국의 소주도 중국으로 건너가면 '백주'와 '배갈'이 되는 셈이다.

한국에 알려진 중국 술 중에서 대표적인 술이 '마오타이주茅台酒'다. 마오타이茅台는 중국 구이저우성貴州省에 있는 어촌으로 사방에 띠풀茅草이 널려 있어 마오타이촌茅台村이라고 불렀다. 질 좋은 고량高粱이 생산되고 물이 좋아 이곳에서 빚은 술은 옛날부터 명주로 인정받았다.

그러나 세계적으로 명성을 얻은 계기는 1915년에 열린 파나마 만국박람회에서 비롯되었다. 스카치위스키, 코냑과 함께 세계 3대 명주로 평가를 받으며 중국 밖에서도 알려졌으며, 마오쩌둥이 즐겨 마신 술로 유명하다. 미국과 중국이 국교를 맺을 때 중국을 방문한 닉슨 전 미국 대통령이 마신 술도 마오타이주다.

한국에 널리 알려진 또 다른 중국 술인 오량액五糧液은 쓰촨성 의빈宜賓 시가 원산지로 명나라 때부터 알려진, 역사가 오랜 술이다. 중국 발음으로는 '우량예'인 오량액은 멥쌀, 찹쌀, 메밀, 수수, 옥수수 등 다섯 가지 곡식을 원료로 만들었기 때문에 오량액이라는 이름이 붙었다.

중국에는 모두 4500종류의 술이 있다. 그중에서 명주라고 이름 붙은 술은 마오타이주와 오량액 말고도 분주汾酒, 죽엽청주竹葉靑酒, 양하대곡洋河大曲, 노주특곡蘆酒特曲, 고정공주古井貢酒, 동주董酒 등이 있는데, 전통 8대 명주로 꼽힌다. 최근 한국에 알려진 수정방水井坊과 같은 술은 자체적으로 역사가 오래된 술이라고는 하지만 최근에 개발된 브랜드다.

한편 중국 사람들은 중국 술이야말로 세계 8대 발명품 중의 하나라고 자랑한다. 중국에서 술의 발명과 관련된 전설로는 두 가지 이야기가 있다.

송나라 때 사람인 주익중朱翼中이 쓴 《북산주경北山酒經》이라는 책에는 상고시대 뽕나무 잎에 밥을 싸서 발효를 시키는 형태로 술을 제조했다고 나와 있다. 우왕禹王의 신하인 의적儀狄이라는 사람이 이 방법으로 술을 만들어 우왕에게 바쳤다. 우왕은 황하의 홍수를 다스린 임금이다.

이어 《국책國策》이란 책에 우왕은 의적이 만들어 바친 술을 마셔보고, 맛이 너무 좋아 술을 마시면 일을 그르쳐 나라가 망할 것을 우려해 술 제조를 금지시켰다고 나온다. 의적은 술을 만들어 바치면 공로로 상을 받을 것이라고 기대했는데 오히려 술 제조를 금지당하고 만 것이다. 그래서 그의 발명은 궁중에서 비밀리에 전해져 내려왔다고 한다.

또 다른 전설로는 두강杜康이 중국 술의 발명자로 등장한다. 《설문해자說文解字》라는 책에는 옛날에 두강이라는 사람이 있어 고량으로 술을 빚었다고 전한다.

전설에 의하면 두강은 주나라 사람으로 양을 치는 목동이었다. 어느 날 양을 치러 가면서 고량으로 죽을 지어 대나무 통에 담아 들고 갔다. 그런데 나무에 걸어두고는 깜박 잊고 그냥 돌아오고 말았다. 보름 후 잊어버린 대나무 통이 생각나 가져다 열었더니 고량죽이 발효돼 액체로 변해 있었다. 버리기가 아까워 그 액체를 마셨는데 맛이 기막혔다. 이 일로 두 강은 술의 발명자로 알려졌고, 목동 노릇을 그만두고 술집을 열어 크게 성공했다고 한다.

그렇지만 '백주' 혹은 '배갈'이라는 중국말은 증류주를 뜻하는 것이다. 명나라 때 사람인 이시진李時珍의《본초강목本草綱目》에도 증류주를 만드는 기술은 원나라 때 아랍에서 들어왔다는 기록이 있다. 따라서 전설상의 중국 술은 아마 오늘날의 '배갈'과 같은 증류주는 아니었을 것으로 짐작된다.

증류주

곡류나 과실 등을 원료로 양조해 증류한 강한 알코올이 함유되어 있는 술이다. 증류(Distillation)의 'Distill'은 액이 한 방울씩 뚝뚝 떨어진다는 의미다. 위스키를 비롯한 브랜디, 진, 보드카, 럼, 소주, 데킬라 등이 모두 증류주다.

아메리카노

americano

보스톤 차 사건을 계기로 마시게 된 커피

요즘 커피는 아메리카노가 대세다. 그런데 생각하기에 따라서는 아메리카노가 참 웃기는 커피다. 원칙론적인 입장에서 보면 촌스런 커피라고도 할 수 있다.

진한 에스프레소 커피에 뜨거운 물을 부은 것이 바로 아메리카노다. 에스프레소가 너무나 써서 마시기 힘드니까 물을 부어 희석시켜 마셨던 커피다. 비유하자면 커피라고는 생전 마셔보지 못했던 옛날 우리 할아버지 할머니가 새로운 음료가 쓰기만 하고 맛은 없으니까 설탕 쏟아붓고 크림 퍼부어 걸쭉한 다방 커피를 만들어 마셨던 것과 비슷하다.

아메리카노라는 이름의 내력만 봐도 촌티가 물씬 풍긴다. 많이 알려진 것처럼 아메리카노라는 이름은 제2차 세계대전 때 이탈리아에 주둔한 미군 병사들이 현지인들이 주로 마시는 진한 에스프레소가 부담스러워 뜨거운 물을 부어 연하게 희석시켜 마신 것에서 비롯됐다. 찬란했던 문화왕국 로마제국의 후손들 눈으로 봤을 때 커피 맛 하나 제대로 즐길 줄 모르는 것으로 보였으니, 멀리 아메리카 촌구석에서 온 것들이 마시는 커피라는 뜻에서 아메리카노라는 이름이 생겼다.

어쨌든 연한 커피인 아메리카노가 요즘은 세계적으로 유행을 하는데 사실 커피를 연하게 마시려면 여러 방법이 있다. 먼저 요즘 말하는 드립 커피를 마시는 것도 방법이다. 커피 원두를 갈아 뜨거운 물을 통과시키면서 커피를 추출하면 연한 커피를 마실 수 있다. 분쇄한 원두 입자가 굵을수록 커피는 연해진다. 가장 간단한 방법은 물론 아메리카노다. 에스프레소에 물을 부어 희석시키면 끝이다. 에스프레소는 미세한 커피 분말에 수증기를 강한 압력으로 통과시켜 커피 원액을 추출한다. 때문에 드립 커피와 에스프레소에 물을 탄 아메리카노는 맛이 다르다. 간단하게 표현하자면 깔끔한 맛과 깊은 맛의 차이 정도로 구분할 수 있을 것이다.

그런데 미국인들은 왜 이탈리아 사람들, 유럽인들과 달리 진한 에스프레소가 아닌 물을 타서 연하게 만든 아메리카노를 마셨던 것일까?

이탈리아에 진군했던 미군들이 속된 말로 모두 촌놈들이어서 진한 에스프레소를 마실 줄 몰랐기 때문에 물을 타서 마신 것만은 아니었을 것이다. 아메리카노로 대표되는 미국 커피가 유럽 커피에 비해 연하고 부드러워진 것에는 나름의 이유가 있다. 엉뚱하지만 기원이 미국의 보스턴 차 사건으로까지 거슬러 올라간다.

보스턴 차 사건은 모두가 알고 있는 것처럼 미국 독립전쟁을 촉발시킨 사건이다. 1773년 12월 16일, 영국의 식민지였던 미국 주민들이 보스턴 항구에 정박 중이던 영국 동인도 회사의 선박을 습격해 배에 싣고 있던 차 상자를 모두 바다에 던져버렸다. 보스턴 차 사건은 영국 정부가 동인도 회사에 차 무역의 독점권을 부여하면서 식민지 상인들의 차 무역을 금지시켰기 때문에 일어났다. 동인도 회사를 거치지 않고 식민지 상인이 직접 수입하는 차에 대해서 고율의 수입관세를 부과했던 것이 발단이 됐다.

식민지의 지도계층이지만 고사 위기에 놓이게 된 식민지 차 수입 상인들이 크게 반발했고, 높은 관세로 인해 차 가격이 턱없이 비싸지자 최종 소비자들인 주민들의 불만도 높아졌다. 갈등의 극단에서 폭발한 것이 보스턴 차 사건이지만 이후에도 영국에서 수입해오는 홍차에 대한 불매운동이 지속됐다.

당시 영국 수입차에 대한 미국 사회의 분위기는 험악했다. 일부 영국산 홍차를 구입해 마시는 사람들은 영국에 기대어 현지의 질서를 어지럽히는 비애국자라며 협박을 당했을 정도로 대대적인 불매운동이 벌어졌다. 영국과 대립했던 미국에서는 홍차 한 잔 마시다가 거의 매국노 취급을 당했던 것이다.

하지만 매일 홍차를 마시던 사람들이 어느 날 갑자기 차를 끊기란 쉽지 않다. 홍차는 가격도 폭등한 데다 자칫 매도당하는 사회적 분위기 때문에 마실 수가 없었기에 다른 대체품이 필요했는데 바로 그것이 커피였다.

영국산 홍차에 대한 반감이 높아진 미국에서 그 틈새를 파고 들어온 것이 네덜란드와, 사사건건 영국과 대립하고 있던 프랑스의 커피였다. 특히 전통적인 무역 국가였던 네덜란드는 당시 식민지였던 인도네시아에서 대량으로 재배했던 커피의 판로가 필요했다.

지금도 세계 제1위의 커피 생산국은 인도네시아다. 네덜란드 식민지 시절의 역사가 이어졌기 때문인데 자바 섬에서 대량으로 재배한 커피가 처음 네덜란드로 수출된 것이 1711년이다. 때문에 약 50년이 지나 미국에서 보스턴 차 사건이 일어났을 무렵, 네덜란드는 유럽 최대의 커피 수출국으로 부상했다. 프랑스 역시 카리브 해 연안의 식민지에서 재배한 커피를 판매할 활로가 필요했을 때다.

이 무렵 미국에서 영국산 홍차에 대한 불매운동이 일어났으니 네덜란드와 프랑스가 커피를 판매할 수 있는 절호의 기회를 맞았다. 덕분에 값싼 커피가 미국 시장으로 대량으로 흘러 들어왔다. 오늘날 미국이 커피 소비왕국이 된 멀고 먼 원인遠因 중 하나다.

미국인들이 영국처럼 홍차를 마시지 않고 주로 커피를 마시게 된 배경은 그렇다 치더라도 미국인들은 도대체 왜 아메리카노를 마시게 된 것일까?

역시 발단은 홍차 때문이다. 미국에서 커피가 널리 보급된 계기는 홍차에 대한 불매운동으로, 다시 말해 커피는 홍차의 대체품으로 소비되기 시작했다. 그러니 커피를 마실 때도 최대한 홍차와 비슷하게 마시려고 했다. 커피를 묽게 타면 색깔도 진한 홍차와 비슷해질 뿐더러 커피를 진하게 추출한 에스프레소와는 달리 차 맛에 조금 더 가깝게 마실 수 있다. 유럽과 달리 미국인들이 아메리카노처럼 연한 커피를 마시게 된 머나 먼 배경 중 하나다.

아메리카노는 아메리카 시골 구석에서 온 미군 병사의 촌스런 입맛에서 비롯된 커피가 아니라 영국과 미국, 네덜란드와 프랑스가 각자의 이익을 놓고 다툰 경제전쟁의 산물이라고 할 수 있다. 아메리카노 한 잔에 담긴 뜻밖의 경제사다.

전어
錢魚

부르는 것이
값이라
돈 생선

전어는 가을을 대표하는 생선이다. 살이 통통 오른 전어에 소금을 뿌려 구우면 기름이 자르르 흐르는 것이 생선 굽는 냄새가 진동을 한다. 전어 굽는 냄새가 너무 좋아 "가을 전어 굽는 냄새에 집 나간 며느리 돌아온다."는 속담이 생겼고, 이때 먹는 전어 맛이 기가 막혀 "가을 전어는 며느리 친정간 사이에 문 걸어 잠그고 먹는다."는 속담까지 생겼다. 전어가 얼마나 맛있는지 "가을 전어 머리에는 깨가 서 말"이니 "봄 도다리, 가을 전어"라고도 했다.

우리나라 사람들이 전어를 얼마나 좋아했는지는 이름에서도 알 수 있다. 전어는 한자로 돈 전錢자를 써서 전어錢魚다. 비싼 값을 주고라도 사 먹는 생선이기 때문에 그만한 돈 값어치를 해서 돈 생선, 전어라는 것이다. 조선 정조 무렵의 실학자 서유구가 우리나라에서 잡히는 생선의 종류와 특징을 기록한 《난호어목지蘭湖漁牧志》에 전어라는 이름의 유래를 적어 놓았다.

"전어는 고기에 가시가 많지만 육질이 부드러워 씹어 먹기가 좋으며 기름이 많고 맛이 좋다. 상인들이 소금에 절여서 서울로 가져와 파는데 신분의 높고 낮음을 떠나서 모두 좋아하므로 사는 사람이 값을 생각하지 않고 사기 때문에 전어錢魚라고 한다."

경제학적으로 풀이하면 가을 전어는 인기가 워낙 높아 사 먹는 사람이 많았기 때문에 공급이 수요를 미처 따라가지 못했으니 부르는 것이 값이었던 모양이다. 도대체 전어가 무엇이기에 그리고 얼마나 비쌌기에 값을 생각하지 않고 전어를 구입했다는 것일까?

옛날에는 전어 값이 비싸기는 비쌌다. 경우에 따라서는 전어 값이 귀한 옷감이었던 비단 값과 맞먹을 정도로 치솟았다. 조선시대 문헌 곳곳에 전어 값이 얼마나 비쌌는지에 대한 기록이 보인다.

선조 때 의병장으로 활동한 학자 조헌이 《동환봉사東還封

事》라는 문집에 "경주에서는 가을 전어를 명주 한 필을 주고 바꾸고 평양에서는 겨울 숭어를 정포 한 필로 바꾼다."고 적었다. 경주에서는 가을 전어 값이 비단 한 필의 가격과 맞먹고 평양에서는 겨울 숭어 가격이 잘 짠 무명 한 필 값에 이른다는 것이니 비싸도 보통 비싼 것이 아니다.

사실《동환봉사》의 기록은 전어나 숭어가 맛있어서 그렇게 비싸다는 뜻으로 적은 것은 아니다. 당시 조정의 물자 수급구조가 잘못됐다는 것을 지적하기 위해 한 말이다.

옛날에는 경상도에서 전어가 많이 잡혔던 모양이다. 때문에 경주에서 전어를 진상했는데 선조 무렵에는 전어가 거의 잡히지 않았음에도 진상품목에 들어 있기 때문에 비단 한 필 가격을 지불하면서라도 시장에서 전어를 사다가 한양으로 진상을 하는 터무니없는 현실에 대한 비판이었다.

전어가 주로 잡히는 곳은 서해안이다. 지금도 가을철이면 열리는 전어축제 중에서는 충남 서천의 홍천항, 전남 광양의 망덕포구, 전남 보성의 율포항 등이 잘 알려져 있다. 이곳은 《조선왕조실록》〈지리지〉등에서 모두 특산물로 전어를 꼽았던 지역이다. 그런데 공물로 전어를 바쳤던 곳은 엉뚱하게 경상남도 경주였으니 현지에서의 전어 값이 비단 한 필 값까지

치솟았던 모양이다.

이런 잘못된 진상제도와 수급구조의 왜곡은 예외로 치더라도 실제 가을이면 전어를 찾는 사람이 많았기 때문에 값이 큰 폭으로 오르긴 올랐던 것 같다. 임진왜란 때 오희문이 쓴 일기인 《쇄미록瑣尾錄》에도 "듣자니 시장에서 큰 전어 한 마리의 값이 쌀 석 되 값"에 이른다고 적었다.

가을 전어의 값이 비싼 것이 이렇게 각종 기록과 일기에 수록될 정도였으니 돈錢 생선魚이라는 이름이 지어질 만도 했다.

가을 전어는 값의 높낮이를 따지지 않고 살 정도였다고 하지만 그렇다고 전어가 항상 맛있는 것은 아니다. 보통 전어는 다른 어종에 비해 단백질 함량이 높아 22.4%나 되고, 지방의 함량은 2% 내외다. 하지만 계절에 따라 함량이 달라진다. 한여름인 7~8월에는 기름기가 적고, 또 겨울이 들어서는 11월이 되면 잔가시가 억세져 먹기가 힘들어지기에 가을 전어인 9~10월의 전어를 최고로 친다.

사실 전어만큼 계절에 따라 대접이 달라지는 생선도 드물다. 가을이면 며느리 친정 보내놓고 몰래 먹는 생선이 전어이고, 돈을 아까지 않고 사 먹는 생선이지만 가을을 제외하면 완전 찬밥 신세가 된다. 양력으로 8월에 잡히는 전어는 돼지나 개도 먹지 않는다고 했다. 전어가 많이 잡히는 남도의 섬 지방에서는 강아지도 전어를 입에 물고 다니며 잡은 전어를 미처 다 처리하지 못해 밭에 거름으로 뿌렸다고 한다. 예전 미국 대륙을 개척하던 초기에 바닷가재가 너무 많아서 밭에 퇴비로 사용했다는 것과 같은 이야기다.

음식남녀

참외 오이 추어탕 가리비 복어 홍어삼합 상어 새우 여지 송로버섯 굴

정력에 좋은 음식이라면 사족을 못 쓰는 사람들이 있다.
그들은 겨울철에 동면하는 개구리를 찾아내 잡아먹는가 하면,
오소리나 사슴피까지 온갖 야생동물들을 분별없이 먹어댄다.
효과가 어느 정도인지는 알 수 없지만 이유는 단순하다.
몸에 활력을 준다는 것, 특히 정력에 좋다는 근거 없는 소문
때문이다.

옛말에 음식남녀飮食男女라는 말이 있다. "음식과 남녀에 인간의
큰 욕망이 있다(飮食男女 人之大欲存焉)."라는 말로《예기禮記》에
나오는 문구다. 식욕과 남녀, 바꿔 말해 색욕은 인간의
원초적인 욕구라는 뜻이다. 하지만 정력에 좋다는 이유만으로
종류를 가리지 않고 먹는 사람들은 인간의 욕구에 충실한
사람이라기보다 이성적으로 뒤떨어진 사람이 아닐까 싶다.
사실 우리나라는 물론이고 동서양을 막론하고 사람들은
음식과 정력을 연관지어 생각해왔다. 모닝커피 대신 모닝
섹스morning sex를 즐겼다는 유럽 희대의 플레이보이인
카사노바. 그는 정력의 원천을 굴에서 찾았고 매일 굴을
먹었다.

수많은 후궁을 거느렸던 한무제 역시 정력을 위해 새우를
즐겨 먹었다. 특히 중국 사람들은 요리 이름에 미인들의
이름을 붙여놓은 경우가 많은데, 양귀비나 서시,《삼국지》에
나오는 미인인 초선의 이름이 자주 등장한다. 요리 재료의

하얀 속살이나 깔끔하고 먹음직스럽게 차려놓은 음식을
보고 여인의 뽀얗고 매끈한 피부와 풍만한 몸매를 연상해
붙인 듯하다. 간혹 직접 그 음식을 맛볼 때면 그들의 기발한
상상력에 감탄하게 된다.

분명한 것은 '음식남녀'가 인간의 본성이요, 가장 큰 욕망인
것은 틀림없다. 다만 굳이 정력에 좋다고 몬도가네(mondo cane
: 기이한 행위. 특히 혐오성 식품을 먹는 등 비정상적인 식생활을 가리키는 단어)
음식을 찾을 필요는 없다. 주변에서 흔히 먹는 요리 중에도
음식남녀를 방불케 할 만큼 몸에 좋은 음식이 널려 있으니까.

굴
oyster

카사노바가
즐겨 먹은
최고의 정력제

스페인의 돈 후안^{Don Juan}과 함께 유럽을 대표하는 바람둥이가 이탈리아의 카사노바^{Giacomo Casanova}다. 여성 편력으로 역사에 이름을 담긴 두 사람 중 돈 후안은 실체가 확인되지 않은 전설 속의 인물인 반면 카사노바는 실존 인물이다.

1725년 4월 2일 베니스에서 태어나 1798년 6월 4일 사망한 베니스의 귀족으로 모험가, 작가, 외교관, 재무관, 스파이 등 여러 직업을 가졌다. 처음에는 성직자, 군인, 음악가가 되려고 했던 똑똑하고 촉망 받는 청년이었지만, 후에 온갖 추문을 남기며 후세에 희대의 플레이보이로 이름을 남겼다.

카사노바는 자신의 자서전《회상록^{Histoire de ma vie}》에서 평생 동안 122명의 여자와 잠자리를 같이했다고 고백한다. 11살 때 가정교사의 여동생과 처음으로 이성교제를 하면서 성적인 즐거움을 맛보았으며, 첫 경험은 16세 때였다. 그런데 첫 섹스에서 두 명의 여자와 동시에 관계를 맺었으니 처음부터 이미 평범하지 않은 여성편력의 징조를 보였던 셈이다.

유부녀였던 귀부인을 비롯해 다양한 여성과 섹스를 즐겼던 카사노바는 자신의 딸에게 구혼을 한 적도 있다. 주디스 서머Judith Summer가 쓴 《카사노바의 여자Casanova's Women》라는 책을 보면, 카사노바가 소피아 윌리엄이라는 자기 딸에게 구혼을 하는데 이때 그녀는 불과 열 살밖에 되지 않은 어린 소녀였다. 카사노바는 평생 친자식을 남기지 않았다고 하니까 딸이기는 하나 친딸은 아닐 가능성이 높다.

또한 카사노바는 일생 동안 4명의 남자와 성 관계를 가진 동성애 편력도 갖고 있다. 섹스라면 남녀노소를 가리지 않았던 셈인데, 73년을 살았고 첫 섹스가 16세 때였으니까 죽기 직전까지 섹스를 했다면 57년 동안 한 해 평균 두 명 이상씩 잠자리 여자를 바꾸었던 '색골'이었다.

굴에 대해 이야기하면서 천하의 바람둥이 카사노바부터 인용한 이유는 굴과 카사노바, 그리고 섹스가 밀접한 관계가 있기 때문이다.

카사노바는 굴이야말로 정력의 원천이라고 믿었던 듯하다. 아침에 일어나자마자 거의 매일 50개씩의 생굴을 먹었다고 한다.

굴을 먹는 방식도 독특해 일종의 의식과 같았다. 아침에 일어나면 하인이 미리 뜨거운 물을 받아둔 욕조에 벌거벗은 여자가 몸을 담그고, 다음에 카사노바가 들어갔다. 이때 하인이 접시에 50개의 생굴을 담아오면 여자가 지켜보는 가운데 굴을 먹고, 그 다음에 따뜻한 욕조에서 '해장 섹스'를 즐겼다.

카사노바뿐만 아니라 옛날부터 유럽에서는 굴을 정력제로 여겼다. 로마 황제들도 정력을 높이기 위해 굴을 즐겨 먹었다. 영국에서 채취되는 굴이 특히 좋았던지 황제들은 수많은 노예들을 영국해협으로 보내 굴을 따서 로마로 가져오도록 했다. '밤의 즐거움'을 배가시키기 위해 굴을 '사랑의 묘약'으로 사용한 것이다.

그런데 영국해협에서 바다를 건넌 후 육로로 로마까지 오려면 그 거리가 만만치 않다. 굴은 특히 상하기 쉬운 해산물이다. 아무리 조심스럽게 운반한다고 해도, 또 당시 최고의 보존 기술을 동원했다고 하더라도 상할 수밖에 없다.

흔히 말하기를 일 년 중 'R' 자가 들어가지 않는 달에는 굴을 먹지 않는다고 한다. 여기에 해당되는 달은 5월May, 6월June, 7월July 그리고 8월August이다. 계절적으로 봄과 여름에 해당되며 유럽, 특히 로마에서는 5월이면 거의 여름에 가까운 날씨를 보인다. 결국 냉동기술과 운반기술이 발달하지 않았던 당시, 부패한 굴을 먹지 않도록 하기 위한 지혜였던 셈이다. 사실 지금은 일 년 내내 굴을 먹을 수 있고, 냉장기술도 발달해서 굳이 'R' 자가 들어가지 않는 달을 피할 이유가 없다는 것이 식품학자들의 의견이다.

그렇다면 굴이 '최고의 정력제'로 여겨져온 이유는 무엇일까? 유럽에서 굴을 섹스와 연관시킨 이유는 그리스 로마 신화에서 그 뿌리가 비롯됐다는 것이 일반적인 정설이다.

그리스 신화에서 아프로디테는 사랑과 미의 여신이다. 로마 신화로 넘어오면 이름이 비너스로 바뀌지만, 어쨌든 아프로디테(비너스)는 유럽에서 사랑의 상징이다. 혹시 산드로 보티첼리Sandro Botticelli의 〈비너스의 탄생〉이라는 그림을 본 적이 있는가. 비너스가 커다란 조개껍질 위에서 옷을 모두 벗은 채 긴 머리로 중요 부분을 가리고 서 있는 모습을 기억할 것이다.

제우스의 아버지 크로노스가 자신의 아버지 우라노스를 거세한 후 남근을 바다에 던지자 주변에 바다 거품이 일었다. 아프로디테는 이 바다 거품에서 태어나 굴 껍질을 타고 바다에 모습을 드러냈다. 사랑의 신 에로스(큐피드)가 바로 아프로디테의 아들이다.

'최음제' 혹은 '미약媚藥'이라는 뜻의 영어 'Aphrodisiac'은 아프로디테에서 유래했다. 그래서 유럽에서는 전통적으로 굴에 정력을 키워주고 성적 흥분을 유도하는 성분이 있다고 믿었다.

실제 굴은 영양학적으로 균형을 이룬 식품으로 단백질뿐만 아니라 비타민 A, B_1, B_2, B_3, C, D가 풍부하며, 철분, 마그네슘, 칼슘 등도 들어 있다. 영양학자들은 하루 5개의 생굴을 먹으면 비타민과 무기질 하루 권장량을 모두 섭취할 수 있다고 권한다.

어리굴젓

'밥도둑'이라 칭해지는 밑반찬 중 하나로, 특히 간월도에서 생산된 것은 왕에게 올리는 진상품으로 사용될 정도였다. 충청도 향토 음식으로 고춧가루로 양념해 '얼얼하다'는 표현이 어원이라는 설이 있다.

송로버섯
truffle

로시니를 울린
명품 요리

옛말에 남자는 태어나서 세 번 운다고 했다. 태어났을 때와 부모님이 돌아가셨을 때, 그리고 나라가 망했을 때다. 경우는 틀리지만 19세기 중반에 활동했던 이탈리아의 작곡가 로시니^{Rossini}도 비슷한 말을 한 적이 있다. 〈세빌리아의 이발사〉, 〈윌리엄 텔 서곡〉 등 주옥같은 오페라를 작곡했던 거장도 자신은 일생 동안 딱 세 번 운 적이 있다고 고백했다.

"한 번은 최초로 만든 오페라가 공연에 실패했을 때였고, 또 한 번은 어린 파가니니의 바이올린 연주를 처음 들었을 때, 그리고 나머지 한 번은 파리의 센강에서 보트를 타다 송로버섯을 곁들인 칠면조 요리를 강물에 빠뜨렸을 때다."

로시니는 송로松露버섯 요리를 무척 좋아했다. 그래서 송로버섯을 '버섯의 모차르트Mozart of Mushrooms'라고 불렀는데, 로시니의 고국인 이탈리아 사람들은 '부엌의 다이아몬드Diamond of the Kitchen'라고 부른다. 로시니는 미식가로도 꽤 유명했는데, 송로버섯이나 칠면조, 푸아그라 등의 요리 이름에 로시니의 이름이 붙은 경우를 종종 발견할 수 있다.

한국이나 일본에서는 송이버섯을 최고로 치지만 유럽, 특히 프랑스와 이탈리아에서는 송로버섯이 으뜸이다. 유럽의 3대 진미珍味를 이야기할 때 푸아그라(거위 간), 캐비아(철갑상어 알)와 함께 거론되는 음식이 트뤼플(송로버섯)truffle이다.

인공 재배가 안 되어 희귀하기 때문에 값도 만만치 않아 품질이 좋은 검은 송로버섯은 파운드 당 약 350~500달러에 팔리고 있다. 최근에는 1.2킬로그램짜리 희귀 송로버섯이 홍콩에서 1억 5000만 원에 팔렸다고 해서 화제가 된 적도 있다.

우리나라에서는 송로버섯이 전혀 생산되지 않아 모두 수입하고 있다. 워낙 고가이기 때문에 쉽게 먹을 수 없지만, 호텔이나 고급 프랑스 레스토랑에서는 소스에 넣어 서비스되거나 송로버섯 특선 요리를 맛볼 수 있다.

향기가 좋은 송로버섯은 주로 거위 간이나 송아지 고기 등과 함께 섞어 요리한다. 하지만 흰 송로버섯은 날것으로 먹어야 향기를 즐길 수 있기 때문에 생으로 먹거나 샐러드를 만들어 제공한다. 반면 검은 송로버섯은 물에 끓여도 향기가 그대로 남아 있어 다른 요리 재료와 함께 섞어 조리한다.

일품 요리 재료인 송로버섯은 맨눈으로 보면 돌멩이인지 흙덩이인지 구별하기 힘들 정도며, 떡갈나무 숲의 땅속에서 자란다. 땅속에 숨어 있기 때문에 채취가 어려운 만큼 당연히 값이 비싸다. 유럽에서는 프랑스와 이탈리아에서 주로 생산되는데, 프랑스 페리고루산의 흑송로와 이탈리아 피에몬트산의 백송로가 최상급이다.

송로버섯을 채취할 때는 육안으로 보이지 않아 주로 훈련된 돼지, 그것도 반드시 암퇘지를 이용하거나 개가 동원된다. 반드시 암퇘지여야만 하는 이유는 송로버섯 속에 들어 있는 페로몬Pheromone 성분 때문이다. 성적 흥분을 유발하는 페로몬은 수퇘지한테는 작용하지 않는다고 한다. 최근에는 개를 많이 이용하는데, 돼지는 송로버섯을 발견하면 먹어치우지만 개는 냄새로 발견만 할뿐 즐겨 먹지는 않기 때문이다.

이처럼 암퇘지를 유혹하는 페로몬 성분이 들어 있는 송로버섯은 옛날부터 강장제로 여겨져왔다. 돼지에게 작용하는 페로몬이 인간의 리비도libido에도 영향을 미치는지는 정확하지 않다. 하지만 촛불이 은은히 비치는 식탁, 송로버섯 소스가 곁들인 고급 요리, 깊은 맛을 지닌 한 잔의 와인은 낭만적인 분위기를 만들어내기에 충분하다.

여자를 유혹할 때 송로버섯을 직접적으로 이용했다는 문헌은 없지만, 남자들이 힘을 내는 데 송로버섯의 효과를 빌렸다는 기록은 있다. 서기 827년부터 844년까지 재위했던 교황 그레고리 4세는 사라센제국과 십자군 원정대의 힘을 돋우기 위해 송로버섯 요리를 제공했다고 한다.

송로버섯의 독특한 향을 맡으면서 시적 영감을 떠올리려 한 시인도 있었다. 영국을 대표하는 낭만파 시인인 바이런Byron은 영감을 자극하기 위해 책상 위에 송로버섯을 올려놓고 시를 썼다고 한다.

사막의 베두인Bedouin족은 옛날부터 송로버섯을 '봄의 진미'라고 극찬했으며, 이라크가 쿠웨이트를 침공했을 때 일부 지각없는 쿠웨이트 인사들은 조국이 침략당하는 것보다 송로버섯 자생 지역이 파괴되는 것을 더 걱정했다고 한다.

이탈리아의 알바Alba라는 작은 도시에서는 해마다 송로버섯 축제가 열린다. 이곳에서는 매년 그해에 딴 최상급의 송로버섯을 유명 인사에게 헌증한다. 1949년 처음으로 할리우드의 여배우 리타 헤이워드Rita Hayworth에게 바쳐졌으며, 지금까지 그 영광을 맛본 인물로는 영국 수상 처칠과 마릴린 먼로, 그리고 그녀의 남편이었으며 야구선수였던 조 디마지오와 교황 바오로 2세가 있다.

페로몬

동물의 조직에서 생산되어 외부로 분비되는 생체 물질로 최근에는 연인들 사이에 사랑의 묘약으로 인식되고 있다. 16세기 영국 엘리자베스 여왕 시절에는 연인들이 껍질을 벗긴 사과를 겨드랑이에 끼워두었다가 연인에게 건네는 '사랑의 사과'가 유행하기도 했다.

여지
荔枝

**양귀비를
미소 짓게
만든 과일**

고급 중국 레스토랑에서 식사를 하면
후식으로 나오는 열대 과일이 있다.
요즘은 빕스나 씨즐러 같은 패밀리
레스토랑에서도 볼 수 있다. 이 과일은 중국이 원산지로 우리
말로 '여지荔枝', 중국에서는 '리쯔'라고 부른다.

탁구공보다 약간 작은 크기로 빨간색 혹은 갈색의 껍질을
벗기면 하얀 과육이 나오며 과즙이 아주 달콤하다. 과육을 먹

고 나면 속에는 땅콩 크기의 검은색 씨앗이 박혀 있다. 동남아에서 볼 수 있는 '망고스틴'과 맛과 모양이 비슷하지만 종류는 엄연히 다른 과일이다.

'과일의 여왕'이라 불리는 여지는 양귀비楊貴妃가 즐겨 먹었다. 당 현종玄宗의 애첩이었던 양귀비는 본명이 양옥환楊玉環이다. 열여섯 살 때인 서기 734년 현종의 열여덟 번째 아들, 수왕壽王 이모李瑁에게 시집을 와 왕비가 됐다. 그런데 서기 737년 당 현종이 총애했던 무혜비武惠妃가 죽자, 현종은 수천 명의 후궁을 거느렸음에도 혜비를 대신할 여자를 찾지 못해 상심이 컸다고 한다. 그러자 내시였던 고력사高力士가 양옥환을 추천했고, 그녀의 미모에 반해 아들의 부인을 빼앗아 자신의 후궁으로 삼은 후 745년 귀비貴妃로 책봉했다.

며느리였던 여자를 후궁으로 삼은 현종은 양귀비의 환심을 사기 위해 별별 짓을 다했다. 그중의 하나가 '여지'다. 양귀비는 이 과일을 무척 좋아했는데, 어느 때고 여지가 먹고 싶다고 하면 신하들은 어떻게 해서든 상하지 않은 신선한 여지를 갖다 바쳐야 했다.

양귀비가 살던 당나라의 수도 장안長安은 현재 중국 쓰촨성 시안이다. 그리고 여지의 산지는 광둥성이다. 그 거리가 10

만 8000리로 요즘도 기차로 26시간이나 걸리는 먼 거리다. 그렇게 먼 거리였는데 양귀비가 여지를 찾으면 당시 가장 빠른 교통수단이었던 말을 타고 몇날 며칠을 달려 여지를 장안까지 갖고 왔다. 그런데도 전혀 상하지 않고 그 맛이 조금도 변하지 않았다고 한다.

이를 놓고 당나라의 시인 두목杜牧이 읊은 시가 〈화청궁을 지나며過華淸宮〉다. 여산궁으로도 불리는 화청궁은 현종이 양귀비를 위해 지은 별궁으로 지금도 시안에 가면 그 유적지가 남아 있다.

> 장안에서 바라본 화청궁은 한 폭의 자수화
> 산마루 천 겹 문이 차례로 열리고
> 한 필 말이 붉은 먼지 일으키니 양귀비 미소 짓네.
> 그 누가 알았으랴 여지가 실려온 줄을.
> 長安回望繡成堆
> 山頂千門次第開
> 一騎紅塵妃子笑
> 無人知是 枝來

먼지를 일으키며 급하게 말을 달리는 병사를 보며 나라에 무슨 큰일이 일어난 게 아닐까 걱정했겠지만, 실은 현종이 양귀비가 즐거워하는 모습을 보기 위함이었다는 것을 백성들은 꿈에도 생각지 못했을 것이다.

양귀비가 즐겨 먹었던 여지는 맛도 맛이거니와 피부 미용에도 탁월한 효과가 있다. 양귀비는 풍만한 몸매의 소유자로 요즘으로 치면 뚱뚱하다고 할 정도였지만, 피부만은 보드랍고 티 하나 없이 깨끗한 '피부 미인'이었다. 그 비결 중의 하나가 여지를 매일 먹었기 때문이다.

송나라 때 쓰인 《개보본초開寶本草》라는 책에 여지는 사람의 피부에 도움을 준다고 적혀 있다. 여지에는 당분과 단백질, 레몬산, 펙틴, 비타민 C 등이 들어 있는데, 특히 여지에 들어 있는 비타민 C가 피부를 건강하게 만들고 혈색을 돌게 한다고 했다. 그러나 여지는 열이 많아 하루에 너무 많이 먹으면 오히려 해롭다. 여지를 지나치게 많이 먹으면 열기가 위로 올라오게 되며 심지어 저혈당을 일으키는 경우도 있다고 한다.

여지를 즐겨 먹은 것은 양귀비뿐만이 아니었다. 소동파도 여지 마니아였다. 소동파는 송나라 철종 때 죄를 지어 광둥성으로 귀양을 떠난다. 혜주惠州를 지나면서 열대 과일인 여지를 처음 먹어보았는데 그 맛이 얼마나 좋은지 〈4월 11일 처음 여지를 맛보다〉라는 시까지 지었다. 뿐만 아니라 여지와 관련해 지은 시가 여러 수 있는데, 그중에서도 "매일 여지 300알을 먹을 수 있다면 영남 사람이 되는 것도 사양하지 않겠다(日啖荔枝三百顆 不辭長作嶺南人)."라는 시가 유명하다.

중국 레스토랑에서 혹은 패밀리 레스토랑에서 여지를 먹을 때면 "매일 여지를 먹을 수만 있다면 영원히 귀양살이를 해도 좋다."라고 읊은 소동파를 떠올리면 더욱 맛있을 것이다.

여지의 가치

중국에는 여지에 관해 쓴 전문 고서적만 13종이 있을 정도로 여지를 귀하게 여겼다. 여지에 관한 최초의 전문서적은 송나라 때 채낭(蔡襄)이 지은 《여지보》로, 재배기술, 가공 및 저장방법 등이 열거되어 있다.

새우
shrimp

여자 없이 살 수 없었던 한무제의 음식

"3일 동안 밥을 먹지 않고는 살아도 하루라도 여자가 없으면 살 수 없다 (能三日不食 不能一日無婦人)."

어느 호색한이 한 이야기처럼 들리지만 사실은 중국의 황제인 한무제漢武帝가 한 말이다. 한무제는 정력이 왕성한 황제로 유명한데 후궁만 1만 8000명에 달했다. 《구당서舊唐書》〈식화지食貨志〉에 "한무제는 후궁만 수만 명에 달하는데, 오랑캐를 한번 토벌하면 궁궐 내부에 여자가 넘쳐났다."라고 기록돼 있다. 전쟁에서 승리한 후 포로로 잡은 여자들 중에서 좀 반반하다 싶으면 모조리 궁궐로 불러들여 자신의 후궁으로 삼았음을 알 수 있다.

이런 한무제가 수많은 여자를 만족시켜주기 위해 즐겨 먹은 음식 중의 하나가 새우였다. 특히 '인삼을 곁들여 요리한 새우蝦子大烏蔘'를 즐겨 먹었다. 한나라 때 반고班固가 쓴《한무제내전漢武帝內傳》에는 "서왕모西王母가 인간세계를 내려다보다가 한무제를 본 후 갖가지 신약神藥을 소개해주었는데, 그중 새우에 들어 있는 각종 기름醬油도 있었다."라고 전한다.

서왕모는 중국의 전설을 모은《산해경山海經》에 나오는 신神 혹은 선녀로 서쪽의 곤륜산崑崙山에 살고 있으며 죽지 않는 불사不死의 약을 갖고 있다고 한다.

영국의 탐험가 제임스 쿡James Cook과 함께 항해한 선원의 일기를 보면 새우에 얽힌 또 다른 이야기도 있다. 제임스 쿡은 세 번째로 항해 탐험을 하던 중 1777년 남태평양의 통가 섬에 도착했다. 당시 이 섬을 다스리던 왕이 라페타마카 2세Lapetamaka II였는데, 나이는 약 80세 정도로 머리를 빡빡 민 강인한 체력의 소유자였다. 이곳의 왕은 매일 원주민 처녀들과 잠자리를 하는 것이 의무 중 하나였는데, 라페타마카 2세는 단 한 번도 같은 여자와 두 번 이상 잠자리를 함께한 적이 없었다고 한다. 그러면서 자신이 왕으로서의 의무를 다할 수 있는 비결이 매일 먹는 새우 요리 덕분이라고 했다.

엄격한 유교 사회였던 우리나라에서는 새우와 얽힌 섹스

이야기가 거의 발견되지 않지만, 서민 사회의 속담에서 일부 유추할 수 있다. 우리나라의 기록에서 새우와 관련해 찾을 수 있는 내용은 대략 새우 장수와 관련된 정도다.

김치를 맛있게 담그려면 새우젓이 필수고, 또 새우젓은 변변한 반찬 없이도 한 끼를 때우는 데 훌륭한 반찬거리가 됐다. 하지만 산골에서는 해산물이 귀해 "새우젓 장수가 들르면 처녀가 중신아비 오는 것보다 반가워했다."라는 속담이 있었다. 부자들은 새우젓 장수가 들르면 잠자리를 마련해주고 젊은 무당을 곱게 꾸며 밤에 슬며시 넣어주었다고 하니까 이래저래 새우는 성性과 관련이 있다.

새우깡

농심 신춘호 회장이 어린 딸이 '아리랑'을 '아리깡 아리깡'이라고 부르는 데서 힌트를 얻어 새우와 깡을 결합해 '새우깡'이라고 이름 지었다. 이후 '깡'이라는 단어를 사용해 다양한 제품이 출시되었고, 이제 '~깡' 하면 모두 스낵을 연상한다.

상추
lettuce

**풍요와
섹스의 신에게
바친 제물**

"고추밭에 상추 심는 년."

"상추를 서 마지기 반이나 하는 년."

상추와 관련된 속담으로 색을 밝히는 음란한 여자를 욕할 때 쓰는 말이다.

옛날 여인네들은 고추밭 사이에 상추를 심어 남몰래 서방님 밥상에만 올렸다고 한다. 상추가 정력에 좋다는 속설 때문이다. 고추는 남근을 상징한다. 상추는 잎을 따면 줄기에서 하얀 액체가 나오는데, 이 액체가 정액과 비슷하다고 해서 남자의 정력에 좋다고 믿었다. 그렇지 않아도 상추가 남자한테 좋다고 믿었는데, 고추밭 사이에 심어놓은 상추이니 정력에는 으뜸일 것이라고 여겨 다른 사람은 먹지 못하게 남편 밥상에만 살짝 올려놓았던 것이다.

상추의 정력 강화 효과에 대해서는 우리나라뿐 아니라 서양도 마찬가지였던 모양이다. 상추는 영어로 Lettuce다. Lettuce의 어원은 고대 프랑스어 Laitues인데, 그 뿌리는 라틴어 Lactuca에서 나왔다. 여기서 Lac은 우유라는 뜻이 있어 식물에서 나오는 우윳빛 액체(milky juice of the plant)라는 뜻이다.

상추 줄기에서 나오는 우윳빛 액즙에는 락투세린lactucerin과 락투신lactucin이라는 성분이 들어 있는데, 진통 효과와 최면 효과가 있다. 그래서 상추를 많이 먹으면 잠이 온다고 해서 조금이라도 덜 자야 하는 고3 수험생들에게는 금기시되는 식품으로 많이 알려져 있다.

하지만 옛날에는 주로 정력을 높이는 데 효과가 있다고 믿었다. 그래서 고대 이집트인들은 성욕을 높이기 위해 상추를 먹었고, 신에게 바치는 제물로도 사용했다. 이집트에서는 풍요와 섹스의 신인 민Min에게 제사를 지낼 때 제물로 상추를 사용했다.

기원전 5세기 때의 그리스 역사학자 헤르도투스Herodotus
는 기원전 6세기 무렵 페르시아 왕의 식탁에 올랐던 채소 중
의 하나가 상추였다고 기록하고 있다. 아마도 수많은 후궁을
거느린 왕의 정력을 보완하기 위해서였을 것으로 짐작된다.

그리스·로마시대에 들어와서는 성적인 자극제와 함께 상
추를 진통제로 사용하기 시작했다. 기원전 430년경 그리스
의 의학자 히포크라테스Hippocrates는 상추에서 나오는 유액
이 아편과 같은 효과가 있다고 기술했다. 또한 서기 1세기경
활동했던 그리스 출신으로 로마의 의사인 디오스코리데스
페다니오스Dioscorides Pedanios는 네로 황제 군대를 수술하는
데 상추를 딴 후 나오는 액체를 활용했다고 한다.

서기 2세기 무렵 《박물지博物誌》를 쓴 플리니우스Plinius는
오히려 상추가 성적 욕망을 줄이는 데 도움이 된다고 적고 있
다. 이는 열을 내리는 것처럼 성적 욕구를 식혀주는, 이른바
진통 효과를 강조했던 것으로 보인다.

동양의학에서도 상추는 정력에 좋다고 믿었다. 많은 동양
의 옛 명의名醫들이 쓴 의학서에도 상추의 효능에 대한 사항들
이 적혀 있는데, 당나라 때의 의사인 손사막孫思邈은 《천금식

치干金食治》라는 의학서에서 "상추가 정력에 좋다."라고 했다.

명나라 때 의학자 이시진이 쓴《본초강목》에도 상추는 맛이 쓰고 차가운 성질을 갖고 있으며 약간의 독이 있는데(苦, 冷, 微毒), 젖이 안 나올 때(乳汁不有), 소변 누기가 편하지 않을 때(小便不通), 음낭종(陰囊腫)에 효과가 있다고 나온다. 모두 생식 능력과 관련이 있는 질환으로 상추가 효과가 있다고 본 것이다.

지금은 계절에 관계없이 누구나 흔하게 먹을 수 있는 채소가 상추지만 옛날에는 구하기가 쉽지 않았다. 기원전 4500년경 이미 고대 이집트의 피라미드 벽화에 상추가 작물로 그려져 있었다. 그만큼 재배 역사는 오래됐지만 페르시아 왕의 식탁에 올랐다는 사실에서 당시에는 귀한 채소였을 것으로 짐작된다.

동양에는 수나라와 당나라 무렵에 중국으로 들어왔다고 기록에 나와 있는데, 우리나라에는 중국을 거쳐 전래됐을 것으로 보고 있다. 송나라 때 도의陶穀가 쓴《청이록淸異錄》에는 "화국에서 사신이 왔을 때 와채萵菜라는 채소를 선보였는데, 수나라 사람들이 이를 구하려고 많은 돈을 지불하는 것을 보고 어떤 지방에서는 이를 천금채千金菜라고 한다."라는 기록이 있다. 천금만큼이나 값이 나간다는 와채가 바로 상추를 가리키는 말로 옛날에는 그 값이 꽤나 비쌌음을 미루어 짐작할 수 있다.

여기서 잠깐, 한자에는 없는 글자인 화국은 옛날 중앙아시아에 있던 나라다. 아프리카와 아랍의 상추가 실크로드를 따라 중국으로 흘러 들어왔음을 짐작할 수 있는 대목이다.

상추쌈

정월대보름에는 나물잎에 밥을 싸서 먹는데, 이것을 복(福)쌈이라고 한다. 복을 싸서 먹는다는 뜻으로 소박한 가운데서도 그 나름의 기원을 담은 음식이다. 채소 가운데 잎이 큰 것은 모두 쌈을 싸서 먹는데 그 가운데서도 상추쌈이 으뜸이다.

홍어삼합
洪魚三合

염치의 별미

한 선비가 전라도 잔칫집에 갔다. 값비싼 홍어가 한상 푸짐하게 차려졌는데 점잖은 체면에 덥석덥석 집어 먹자니 영 체면이 서지 않는다. 그래서 이왕이면 다홍치마라고 천천히 잘 삭은 홍어만 먹으려니 옆 사람의 눈초리가 곱지 않다. 얼른 홍어 대신 돼지고기를 집고는 무색한 마음에 묵은 김치 한 조각도 함께 넣는데 아무래도 허전하다. 체면불구하고 홍어 한 점까지 집어 함께 씹으니 맛이 오묘하다. 코끝이 뻥 뚫리는 잘 삭은 홍어의 강한 자극을 돼지 수육이 부드럽게 감싸주는가 싶더니 곰삭은 김치의 감칠맛이 혀끝의 미각세포를 건드리기 때문이다. 선비가 홀딱 반한 맛이 바로 홍어와 돼지수육, 묵은지가 찰떡궁합을 이루며 만났다는 홍어삼합의 맛이다.

왜 하필 삼합(三合)일까?

셋을 합쳤다는 뜻의 삼합은 명리학에서 나온 용어라고 하는데, 성질이 다른 세 가지가 어우러져 새로운 세상을 창조한다는 뜻으로, 예컨대 하늘과 땅, 사람의 천지인天地人이 합쳐져 우주가 만들어지는 이치라는 것이다. 음식의 세계에서도 삼합은 서로 다른 세 가지 재료가 어우러져 새로운 맛을 창조한 요리니까 혹시 우주 창조의 철학이 홍어삼합에 반영되어 있는 것일 수도 있다.

삼합 음식은 여러 가지가 있지만 공통적인 특징이 한 가지 있다. 대부분 바다에서 나오는 해산물과 땅에서 키우는 고기, 그리고 식물성 채소로 구성되어 있다는 것이다. 홍어삼합이 그렇고, 키조개와 한우, 표고버섯으로 짝을 이룬 키조개삼합, 조개와 삼겹살, 죽순을 함께 먹는 거제삼합, 조죽삼도 예외가 아니다. 하늘과 땅, 사람이 어우러져 조화를 이룬다는 명리학의 삼합과 해산물과 육고기, 채소가 조화를 이루는 음식 삼합의 조합법이 서로 닮았다.

사실 홍어삼합을 즐기는 사람에게 삼합의 맛은 조화 이상이다. 하나의 맛에 또 다른 맛과 맛을 더한 산술적인 맛이 아니라 우주의 빅뱅만큼이나 새로운 융합의 맛을 창조하기 때문이다.

삼합에 거창한 철학적 의미를 부여했지만 사실 홍어삼합은 잔칫날 모처럼 먹는 귀한 홍어를 눈치껏, 맛있게, 많이 먹으려는 지혜에서 비롯된 염치의 음식이다. 점잖은 처지에 맛있다고 마구 집어 먹을 수는 없고 체면을 차리면서 모처럼의 나들이에 입의 호사를 누리려는 고육책이었다.

홍어삼합은 나주 영산포가 본고장이라고 하는데 삭힌 홍어를 즐겨 먹게 된 것도 영산포에서 비롯되었다고 한다.

고려 말부터 조선 초까지는 정권이 교체되는 시기였던 만큼 조정의 군사력과 행정력이 연근해의 작은 섬까지 미치지 못했다. 공백 기간을 틈타 왜구들이 곳곳에 출몰해 약탈을 일삼았기 때문에 조정에서는 연근해의 섬을 모두 비우는 공도정책空島政策을 쓴다.

홍어잡이의 본고장인 흑산도를 포함해 전라도의 여러 섬들은 나주목羅州牧 관할이었는데 섬에 살던 어민들은 조정의 공도정책에 따라 섬을 비우고 육지로 나와 살아야 했다. 흑산도 주민들은 고향을 떠나 배를 타고 영산강을 거슬러 올라와 영산포 지역으로 이주를 했다.

현재의 지명인 영산포永山浦도 이주를 한 흑산도 주민들이 고향인 흑산도 옆에 있는 섬인 영산도永山島를 그리워하며 이름을 지었기 때문이라고 전해진다. 흑산도 주민들이 모여 살던 곳을 영산현永山縣이라고 했는데 그 옆을 지나가는 영산강의 포구 이름도 영산포永山浦가 되었다. 본래 그곳을 흐르던 강인 영산강은 한자 이름이 다른 영산강榮山江이다.

어쨌든 흑산도에서 나주 영산포로 이주를 해야 했던 흑산도 어민들은 섬을 떠나면서 잡아놓았던 홍어도 함께 가지고 떠났다. 지금이야 쾌속선으로 달리니까 몇 시간이면 가지만 조선시대 초기에는 흑산도에서 영산포까지 뱃길로 닷새가량 걸렸다. 냉동시설도 없었던 당시 잡은 지 4~5일이 넘은 홍어는 바로 삭기 시작했는데 평소 홍어를 회로만 먹던 흑산도 사람들이지만 할 수 없이 삭은 홍어를 먹을 수밖에 없었다.

나주에서 흑산도까지 홍어를 잡으러 갔다가도 잡은 홍어를 보관할 수 없어 삭은 홍어를 먹어야 했는데 점차 삭은 홍어에 입맛이 길들여지면서 나주 영산포의 별미로 자리를 잡게 되었던 것이다.

여기에 돼지고기 수육과 묵은 김치가 어떤 이유에서건 곁들여지면서 홍어삼합이 전라도 내륙지방을 대표하는 음식이 된 것이다.

홍어삼합을 막걸리와 곁들여 먹으면 홍어洪魚와 탁주濁酒가 합해져 '홍탁洪濁'이 되는데 삭은 홍어를 막걸리와 함께 먹으면 중화작용이 일어나 좋다고 한다.

홍어가 일주일 정도 삭으면 효소urease에 의해 요소가 분해되어 소화하기 쉬운 펩타이드와 아미노산으로 나뉜다. 보통 썩은 것을 먹으면 탈이 나는데 삭힌 홍어를 먹어도 괜찮은 이유는 효소가 요소를 분해하기 때문이다. 삭힌 홍어의 톡 쏘는 맛과 특유의 향 역시 요소가 발효되면서 암모니아가 생성되기 때문인데 암모니아가 위산을 중화시키고 장 속의 잡균을 제거하는 기능을 한다. 홍어와 함께 막걸리를 마시면 암모니아의 지나친 자극을 중화시킬 수 있는데 막걸리에 들어있는 유기산이 그 역할을 한다.

이렇듯 즐거운 날 홍어삼합과 함께 막걸리를 곁들이면 철학적인 조화의 맛과 건강을 함께 챙기는 음식이 되는 셈이다.

홍탁삼합

음식도 궁합이 있는데, 홍어와 함께 세 가지가 잘 어울린다는 뜻이다. 잘 삭힌 홍어에 누룩으로 빚은 막걸리 탁주, 껍질과 비계가 붙은 돼지고기 삶은 것, 마지막으로 묵은 김치 또는 삭은 김치다. 전라도에서는 홍어가 잔칫상에 오르지 않으면 잔칫상을 망쳤다고 한다.

복어

먹고 죽어도
좋을 음식

중국에는 4명의 미인이 있다. 당 현종의 총애를 받았던 양귀비, 한나라 때 흉노족에 시집간 왕소군王昭君, 《삼국지》에서 영웅호걸의 혼을 흐트려놓았던 초선貂蟬, 춘추시대 오나라를 멸망시켜 '경국지색傾國之色'이란 말을 만들어낸 월나라의 서시西施다. 모두 비운의 여주인공이다.

왕소군은 나라를 구하기 위해 이역만리 흉노 땅에 강제로 시집을 갔다. 양귀비, 초선, 서시는 미모 때문에 나라가 망하거나 남편이 몰락했다. 왕소군을 제외하고는 모두 독毒이 있는 미인이었던 셈이다.

초선과 서시에 빗대어 부르는 음식이 있다.

"고기가 너무 맛있어 수많은 산해진미 중에서도 으뜸이

며, 미인에 비유하자면 초선과 같다."

"역대 중국의 문인들도 그 맛을 형용할 수 있는 단어를 찾을 수 없어 절세가인에 비유해 '서시의 젖西施乳'이라 불렀다."

복어를 일컫는 말이다. 맛은 기가 막히지만 잘못 먹으면 독 때문에 죽을 수도 있다. 여포를 죽음으로 몰아넣은 초선, 오나라 왕 부차夫差를 멸망의 길로 몰고 간 서시와 비슷하다.

복어는 저칼로리, 고단백질 식품이며 각종 무기질과 비타민이 많아 알코올 해독에 좋고, 수술 전후 환자의 회복이나 당뇨병과 신장질환에도 좋다고 한다. 숙취로 머리가 깨질 듯 아프고 속이 쓰릴 때 생각나는 것이 얼큰한 복 매운탕이나 시원한 복 지리다. 또한 약주를 마실 때 종잇장처럼 얇게 썬 복어 회 한 점은 안주로서 그만이다.

그러나 장미에 가시가 있는 것처럼 복어에 있는 독은 치명적이다. 1960년대까지만 해도 "복어를 잘못 먹고 숨졌다."라는 기사가 신문 사회면에 심심치 않게 등장했다. 《본초강목》에도 "복어에는 독이 있어 맛은 기가 막히지만 잘못 다루면 사람이 죽을 수 있다."라는 글이 나온다. 복어 알에 들어 있는 독은 적게 먹으면 입술 주위나 혀가 마비되고 구토를 일으키며, 일정량을 넘어서면 호흡이 멈춰 죽음으로 이어질 정도로 치명적이다. 복어 한 마리에 들어 있는 독은 사람을 30명이나 죽일 수 있다고 한다. 초선과 서시가 나라를 망하게 한 '경국지색'이었던 것처럼 복어도 독이 있기 때문에 더욱 일품 요리로 대접받는 것일 수도 있다.

옛날부터 한결같이 "먹고 죽어도 좋을 음식", 혹은 "복어는 먹고 싶고 목숨은 아깝다."라며 복어를 예찬한 말이 많다. 중국에서는 심지어 '천계옥찬天界玉饌'이라 하여 하늘나라에서 신선과 선녀들이 먹는 음식이라고도 했다. 송나라 때의 시인 소동파는 "목숨을 걸고 복어를 먹는다(搏死食河豚)."라며 극찬했다. '바다의 돼지'라는 하돈河豚 역시 복어를 뜻한다.

시인이자 미식가로 유명한 소동파는 복어 마니아였다. 틈만 나면 물가로 나가 복어 낚시를 즐겼고, 복어에 대한 시까지 남겼다. 복어 철이 오기만을 기다리던 소동파의 심정이 여실히 드러나 있는 시가 있다.

대나무 마을 바깥에 복숭아꽃 두세 장

봄 강물 따스함은 오리가 먼저 알고

물쑥은 가득한데 갈대 싹은 아직 짧아

이쯤이 바로 복어가 강으로 오르는 계절

竹外桃花三兩枝, 春江水暖鴨先知

蒿滿地芦芽短, 正是河豚欲上時

일본에도 "복어는 먹고 싶고 목숨은 아깝다."라는 속담이 있다. 일본은 중국에서 복어 요리법을 배웠던 것으로 보인다. 중국과 일본 해적들은 매번 전투를 벌이지만 정월 설날에는 휴전을 선포하고 서로 어울렸다. 이 휴전기간 중에 두 나라 해적들은 술판을 벌였는데, 일본 해적은 만취가 돼 다음날 아침이면 속이 쓰려 초죽음 상태였지만 중국 해적은 말짱했다. 비결은 중국 해적은 복어를 끓여 먹었기 때문이었다. 이때부터 일본에서도 복어를 먹기 시작했다는데 사실 여부는 알 길이 없다.

우리 조상들도 예전부터 복어를 즐겼던 기록이 보인다. 《규합총서閨閤叢書》나《동국세시기東國歲時記》등 옛 문헌에 복어 손질법과 요리법이 상세하게 적혀 있다. 또 조선 후기 규장각 검서관을 지낸 이덕무가 쓴《청장관전서靑莊館全書》에는 "복어는 복숭아꽃이 떨어지기 전에 먹어야 하며, 음력 3월이 지나면 복어를 먹고 죽는 경우가 많지만 이를 알면서도 먹는다."라고 기록되어 있다.

'죽어도 좋다'며 먹는 복어를 옛 문인들은 '생선의 왕百魚之王'이라고 불렀다. 복어의 독은 주로 내장이나 간, 난소 알에 들어 있다. 그중에서도 난소에 있는 독은 '테트로도톡신'으로 치사율이 60퍼센트나 된다.

암컷의 난소는 이처럼 치명적이지만 수컷의 고환, 즉 정소精巢는 복어 중에서도 그 맛이 일품이라고 한다. 순백색으로 입에 들어가면 사르르 녹는 맛이 절묘하기 그지없다고 했다. 중국의 옛 문인들이 '서시의 젖'이라고 묘사했던 부분이 바로 복어의 고환이다. 미인 중에서도 미인이라고 꼽히는 서시의 젖가슴을 연상하면, 그 맛의 실체가 느껴질 것이다.

가리비
scallop

중국 미인
서시의 혓바닥

침어낙안沈魚落雁, 폐월수화閉月羞花. 앞
에서 얘기했던 중국의 4대 미인, 즉
서시와 왕소군, 초선과 양귀비를 빗대어 부르는 말이다.

침어沈魚는 서시다. 그 아름다움에 물고기가 헤엄치는 것
도 잊어 물밑으로 가라앉을 정도였다. 낙안落雁은 왕소군을
일컫는 말로, 기러기가 왕소군의 미모를 보고 날갯짓하는 것
을 잊어 땅으로 떨어졌다는 뜻이다. 폐월閉月은 초선을 본 달

이 부끄러워 구름 사이로 숨어버렸고, 수화羞花는 양귀비의 미모에 꽃도 고개를 숙였다 해서 생긴 말이다. 어원 자체는 장자莊子의 〈제물론齊物論〉에 나오는 말로 진나라 헌공獻公의 애인 여희麗姬의 미모를 칭송한 말이지만, 중국 사람들은 4대 미인을 지칭할 때 이 말을 사용한다.

침어낙안, 폐월수화의 맨 앞에 서시를 둔 것으로 보면 4대 미인 중에서도 중국에서는 서시를 으뜸으로 여기는 듯하다. 본명이 서이광西夷光인 서시는 오나라 왕 부차와의 전쟁에서 패한 월나라 왕 구천句踐의 충신 범려가 보복하기 위해 예능을 가르쳐서 부차에게 바쳐진 미녀다. 결국 서시의 미모에 빠진 부차는 정치에 소홀했고, 오나라는 마침내 월나라에 패망했다.

'서시빈목西施嚬目'이라는 말이 있다. 속병이 있었던 서시가 아파서 눈을 찌푸릴 때면 더욱 아름다워 보였는데, 이웃집 추녀가 이를 보고 눈을 찌푸리면 예뻐 보이는 줄 알고 흉내를 냈다가 오히려 웃음거리가 됐다는 고사다.

이런 고사로 비춰볼 때 서시는 버들가지처럼 가냘프고 하늘하늘한 자태를 지녀 남자의 보호본능을 자극하는 미녀였을 것으로 보인다. 동시에 병약해 보이면서도 남자의 성적본

능을 자극하는 무척이나 섹스어필한 여자였을 것으로 짐작
된다.

중국 요리에는 서시의 이름을 따서 붙인 메뉴가 있는데,
대부분 색정적이라는 것이 특징이다. 그중 하나가 가리비 요
리다.

가리비는 연안부터 깊은 바다까지 서식하는 조개의 한 종
류로 전 세계적으로 분포해 있다. 두 장의 조개껍질이 부채
모양을 하고 있는데, 영어로는 scallop으로 그리스 신화에서
미의 여신 아프로디테가 태어난 조개가 바로 가리비다. 중국
에서는 가리비를 '서시의 혓바닥西施舌'이라고 하니, 동서양을
막론하고 가리비는 미인을 상징하는 음식인 셈이다.

가리비가 '서시의 혓바닥'으로 불리는 데는 설화가 있다.

미인계로 오나라 왕 부차를 멸망시킨 서시지만 막상 부차
가 죽자 서시의 운명도 난처해졌다. 일설에는 자신을 발탁한
범려와 함께 도피했다는 소문도 있고, 물에 빠져 죽었다는 소
문도 있다. 그중 정설로 받아들여지는 것은 부차가 패망한 후
월나라 왕 구천의 왕후가 서시의 미모 때문에 구천 역시 나라
를 망칠까 두려워, 서시의 몸에 돌을 매달아 바닷속으로 던져
죽였다는 것이다. 그 후 해변에서 사람의 혀 모양을 닮은 조

개가 잡혔는데 사람들이 죽은 서시의 혀와 닮았다 하여 '서시의 혀'라고 불렀다.

중국의 요리 중에 가리비를 볶은 요리가 있는데 이를 '서시 혓바닥 볶음炒西施舌'이라고 부른다. 쫄깃쫄깃한 것이 씹히는 육질이 뛰어난 이 볶음은 푸젠 요리 중에서도 명물로 꼽힌다. 아마 이를 먹으며 중국 최고의 미인인 서시와의 프렌치 키스French kiss를 연상해서 붙여진 이름이 아닐까 싶다.

홍합
같은 조개류지만 가리비와는 모양과 맛이 다르다. 색이 홍색이어서 홍합이라고 하며, 담치(참담치)라고도 한다. 맛이 달면서 성질이 따뜻해 피부를 매끄럽고 윤기 있게 가꿔준다고 해 중국에서는 동해부인(東海夫人)이라고도 부른다.

추어탕
鰍魚湯

은밀한 유혹의 음식

추어탕은 가을밤이 깊어질 때, 양반 집 안방마님이 사랑채에 머물고 있는 서방님께 야식으로 은밀하게 들여보냈던 음식이었다. 남의 이목이 부담스러웠기에 대놓고 먹을 수는 없었지만 그렇다고 안 먹고 넘어가면 어딘지 서운하고 허전한 보양식이며 강장식품이었기에 누가 볼 새라 한밤중에 날랐던 것이다.

중국도 비슷하다. 대표적인 고전이며 음란소설로도 알려진 《금병매》의 남자 주인공 서문경은 절륜의 정력을 자랑한다. 이런 서문경을 묘사하는 대목에서 어김없이 등장하는 것이 추어탕 내지는 미꾸라지를 소재로 한 장식으로 서문경의 정력과 추어탕이 관련 있음을 은연중에 암시한다. 소설 속 설정이기는 하지만 미꾸라지를 정력의 상징으로 보는 중국인의 인식이 반영되어 있다.

특이하게도 조선시대의 수많은 문헌 중에서 양반이 추어탕을 먹는 기록은 하나도 없다. 추어탕은 성균관에서 일하는 관노인 반인泮人의 음식, 청계천 왈패인 꼭지들이 먹는 음식, 잘 봐줘야 들판에서 일하는 농부가 끓여 먹는 음식이라는 기록만 보인다. 하나 같이 힘쓰는 사람들, 팔과 다리에 힘줄과 근육이 울퉁불퉁 튀어나온 사나이들의 전형이다.

중국도 추어탕은 철저하게 농민의 음식이다. 중국 속담에 "하늘에는 비둘기, 땅에는 미꾸라지(天上斑鳩 地上泥鰍)"라는 말이 있다. 농민들이 구할 수 있는 음식 중에서 가장 영양이 풍부한 음식이 하늘에는 비둘기, 땅에는 미꾸라지라는 소리다. 뱀부터 자라에 이르기까지 보양식이 넘쳐나는 중국이지만 농민들은 특별히 미꾸라지로 가을 몸보신을 했다.

일본도 예외가 아니다. 우리나라 추어탕 중에서도 서울식 추어탕이 유명한 것처럼 일본 역시 추어탕은 옛날 도쿄, 즉 상류층이 살았던 에도江戸의 향토 요리였다. 습지가 많았던 옛날 도쿄에는 미꾸라지가 많았다. 때문에 복날 장어를 먹는 일본에서 주머니 사정이 넉넉지 못했던 농민과 노동자들은 장어 대신 미꾸라지를 잡아 보양식으로 삼았다. 손질한 미꾸라지를 우엉에 얹어 삶은 후에 계란을 풀어먹는 일본식 미꾸라지 전골인 야나가와베柳川鍋, 일본 된장 미소를 풀어 끓인 추어탕, 혹은 미꾸라지 튀김으로 요리했다.

추어탕이 얼마나 스태미나 식품인지는 한중일 속담 곳곳에서도 엿볼 수 있다. 미꾸라지는 먼저 이름부터 힘이 넘친다. 가을에 특히 영양이 넘치고 맛있기 때문에 추어鰍魚라고 하지만 옛날에는 힘이 넘친다고 우두머리 추酋자를 써서 추어鰌魚라고 불렀다. 얼마나 힘이 세기에 이름까지 제일 힘 좋은 물고기라고 지었을까?

"작은 미꾸라지 한 마리가 큰 파도를 뒤엎는다"라는 중국 속담이 있다. 파도를 뒤엎을 만큼 힘이 좋다고 믿었기에 농부들은 아예 수중 인삼이라고 불렀다. 조그만 미꾸라지가 힘이 세 봤자 얼마나 셀까 싶지만 일본에서는 "미꾸라지 한 마리가 장어 한 마리"라고도 한다. 미꾸라지와 장어는 크기가 비교도 안 되지만 힘과 보양효과는 서로 맞먹을 정도라는 것이다. 그러니 아무리 양반 체면도 중요하지만 야밤에 은밀하게라도 먹어야 했던 것이다.

오이
cucumber

**성숙한
여인의 상징**

옛날 사람들 이상하다. 엉뚱한 물건을 놓고 이상한 상상을 했다. 오이를 보고 아리따운 여인을 떠올렸고, 성숙과 다산의 상징으로 여겼다. 남자가 오이를 먹으면 힘이 강해지고, 여자는 성숙한 여인으로 거듭난다고 믿었다. 앞선 시대 사람의 얼토당토않은 생각은 아직도 우리의 일상생활과 언어 속에 무의식적으로 녹아 있다.

"과년한 딸자식이 있다"는 표현이 있다. '과년한 딸'에는 두 가지 뜻이 있는데 하나는 과년過年으로 나이가 들어 혼기를 놓쳤다는 의미다. 그러니까 노처녀 딸이 있다는 표현이다.

또 다른 하나는 과년瓜年으로 한창 나이의 딸, 그러니까 결혼적령기의 딸이 있다는 뜻이다. 여기서 과瓜는 오이라는 뜻의 한자인데 오이와 여자 나이가 무슨 관계가 있다고 과년을 결혼적령기라고 하는 것일까?

해답은 오이 '과'라는 한자에 있다. '과'라는 글자의 가운데를 칼로 자르듯 반을 자르면 팔八과 팔八로 나누어진다. 여덟과 여덟이 둘이니 더하면 열여섯이다. 그러니까 이팔청춘 열여섯 살이 바로 과년이다. 지금은 기껏해야 중학교 3학년이나 아니면 고등학교 1학년이니 어려도 한참 어린 나이지만 옛날에는 이때부터 결혼할 나이가 됐으니 과년이 결혼적령기라는 뜻이 된 것이다.

그래도 요즘 생각으로 너무 빠르다고 느껴지면 이몽룡과 성춘향을 떠올리면 된다. 춘향이 이도령과 사랑을 속삭였던 때가 바로 이팔청춘 무렵이니 2×8＝16으로 바로 열여섯 살이다.

열여섯은 또 오이를 쪼갠다는 뜻에서 파과기破瓜期라고 한다. 여자가 생리를 시작하는 때라는 뜻이다. 여자 아이의 초경이 빨라진 지금과는 달리 예전에는 열여섯 살 전후에 생리를 시작했는데 바꿔 말하자면 여자가 아이를 낳을 수 있는 나이가 된 것이니 곧 성숙한 여인으로 인정을 한 것이다. 때문에 과瓜라는 한자에는 오이라는 뜻 이외에도 "무르익다, 성숙하다"라는 의미도 담겨 있다. 오이의 의미가 성숙과 다산으로 연결되는 것이다.

참고로 오이의 나이라는 뜻의 과년을 열여섯 살로 풀이한 것은 어느 할 일 없는 사람의 말장난이 아니라 중국 송나라 때 유명한 시인인 육유라는 사람이다.

그런데 오이를 성숙한 여인과 다산의 상징으로 보는 것은 단순한 말장난이 아니었다. 동서양을 막론하고 옛날 사람들의 머릿속에 깊숙이 자리한 무의식의 원형이었다.

우리나라 설화 곳곳에서도 오이를 생식의 상징으로 보고 있다. 처녀가 오이를 먹고 아이를 낳았다는 이야기가 바로 그것이다. 우리가 잘 아는 인물 중에 역사 교과서에 나오는 고려 초기, 풍수지리설의 대가인 도선국사가 오이를 아버지로 태어난 인물이다.

신라에 최씨 성을 가진 사람이 살았다. 어느 날 마당에 커다란 오이가 열렸는데 그 집 딸이 몰래 따 먹더니 덜컥 임신을 해서 아들을 낳았다. 크게 화가 난 부모가 아비 없이 낳은 아이라며 숲에다 버렸다. 딸이 몰래 찾아가 보니 비둘기가 날개로 아이를 덮어 키우고 있었다. 이를 보고 범상치 않은 아이라며 다시 데려다 키웠는데 그가 자라서 승려가 됐다. 바로 도선국사다. 《세종실록》〈지리지〉와 《신증동국여지승람》에 실려 있는 내용이다.

비슷한 이야기가 또 있다. 왕건을 도와 고려를 건국하는 데 큰 공을 세운 최응이라는 인물이다. 《고려사》에 나오는 이야기다. 최응을 임신했을 때 집에서 키우던 오이 줄기에 갑자기 참외가 열렸다. 이를 이상하게 여긴 이웃이 궁예에게 고발을 하니 궁예가 불길하다며 아들을 낳으면 버리라고 명령했다. 하지만 최응의 부모가 아이를 낳아 몰래 키웠는데 나중에 장성해서 대학자가 된 후 왕건을 도와 고려를 건국했다. 오이에는 이처럼 성숙, 생식, 다산의 이미지가 담겨 있다.

옛날 우리 조상들만 오이를 성숙의 상징으로 보고 오이에서 다산의 의미를 찾았던 것이 아니다. 고대 서양인들도 마찬가지인데 오이를 아예 정력제, 강장제, 그리고 여인의 성숙을 촉진하는 성장촉진제로 보았다.

옛날 서양 사람들은 오이를 먹으면 힘이 솟구친다고 믿었던 모양이다. 성경과 코란에 증거가 실려 있다. 《구약성경》〈민수기〉 제11장 5절에는 이집트를 탈출한 후 사막을 떠돌던 이스라엘 백성들이 이집트에서 먹었던 오이, 수박, 부추, 양파, 마늘을 더 이상 먹지 못하게 됐다며 모세를 원망하는 구절이 있다.《코란》에는 제2장 61절에 같은 맥락의 글이 실려 있다.

고대 그리스의 역사학자 헤르도토스의 《역사》에 이들 다섯 가지 채소는 이집트 파라오가 자신의 무덤인 피라미드를 건설하는 노동자들에게 지급하는 특식이었다는 해설이 보인다. 오이 등을 먹고 힘내서 피라미드를 열심히 건설하라고 주었던 것이다.

오이가 강장제라는 인식은 고대 로마에도 이어진다. 카이사르 역시 오이를 먹으면 힘이 솟는다고 믿었던 모양이다. 그래서 자신의 병사들에게 육체적, 정신적으로 강인한 힘을 불어 넣어주기 위해 전쟁 중에는 부식으로 오이를 절인 식품인 오이 피클을 지급했다고 한다.

고대 서양에서 오이는 남자들의 강장제 역할을 하는 동시에 여성들의 성숙을 촉진하고 다산을 돕는 식품이라는 인식도 강했다. 서기 1세기 무렵을 살았던 로마의 역사가이며 장군으로 《박물지》를 저술한 플리니우스는 오이 즙이 여성의 생리를 도와준다고 적었다. 동양, 특히 우리나라와 마찬가지로 고대 로마에서도 어린 소녀에서 성숙한 여인으로 탈바꿈하는 데 오이가 중요한 역할을 한다고 믿었던 것이다.

참외
眞瓜

참외밭에서
태어난 정도전

데이트 장소가 마땅치 않았던 옛날, 참외밭의 원두막은 청춘남녀가 은밀히 사랑을 속삭이던 밀회 장소였다. 조선의 개국공신 정도전도 바로 부모가 참외밭에서 나눈 사랑의 결실이다. 그것도 신분을 초월한 양반과 노비 사이의 사랑이었다.

정도전의 어머니는 우이동이라는 양반집의 노비였다. 어느 날, 주인집 심부름을 가던 중 소나기가 쏟아져 비를 피하려고 근처 참외밭 원두막으로 들어갔다. 마침 그곳에는 젊은 선비 한 명이 먼저 와 소나기를 피하고 있었다.

비가 쏟아지는 한적한 오두막에서 젊은 남녀 단둘이 비에 젖은 옷을 입고 이런저런 이야기를 나누다가 급기야 사랑도 나누었던 모양이다. 그렇게 태어난 인물이 정도전이다.

정도전의 부친 정운경은 나중에는 형부상서에 직제학까지 올랐지만 젊었을 때는 집안이 몇 대째 관직에 오르지 못했던 몰락한 시골 양반집 청년이었다. 정도전 어머니와 만났을 때만 해도 별 볼 일 없는 한량에 지나지 않았다.

집안의 여자 노비가 밖에서 몰락한 양반 청년과 눈이 맞아 아이를 낳았는데도 주인은 정도전이 태어나자 노비문서에서 어미의 이름을 빼주었고, 어린 정도전 역시 무척 귀여워하며 나중에 커서 큰 인물이 될 것이니 함부로 대하지 말라고 당부까지 했다고 한다.

정도전 탄생 비화는 야사에 전해지는 이야기로 1928년에 발행된 근대잡지인 〈별건곤〉에 실려 있다. 어디까지가 사실이고 어디까지가 창작인지는 알 수 없지만 정도전의 모친이 노비 출신이었던 것은 분명한 것 같다. 한국학 중앙연구원의 인물정보에도 어머니와 아내가 모두 서자 출신으로 특히 모계에는 노비의 피가 섞여 있다고 나온다. 때문에 당시 기준으로는 혁신적일 정도였던 정도전의 개혁 성향도 출신에서 비롯된 것이라는 해석이 있다. 또 정도전이 탄핵을 받을 때면 정적들로부터 비천한 출신이 높은 자리에 오르더니 못된 짓은 다하고 다닌다는 인신공격을 당했다.

그런데 야사에서는 왜 하필 참외밭을 정사의 배경으로 삼 았을까? 참외가 우리나라를 대표하는 과일이었기 때문이 아 니었을까 싶다.

우리 조상들이 주로 먹었던 과일은 참외였다. 대표적인 우 리의 여름과일로 참외와 수박을 꼽지만 수박은 고려 후기에 전해진 과일이다. 그뿐만 아니라 수박이 널리 보급된 것은 조 선 중기 무렵이다. 딸기는 아예 20세기 이후인 현대에 들어 온 과일이다. 우리나라는 물론이고 다른 나라도 딸기를 먹기 시작한 것은 그다지 오래되지 않는다.

그러니 우리나라의 전통 여름과일은 참외였다. 먼 옛날부 터 양반이고 서민이고 가릴 것 없이 먹었던 과일인데 따지고 보면 단순한 과일이 아니라 양식이었다. 보릿고개를 넘긴 농 민들이 가을철 추수를 하기 전 식량이 떨어지면 밥 대신 참외 를 먹었기 때문이다. 1909년의 일본인 기록에 조선의 하층민 이 참외로 배를 채우는 것을 보고 신기해하는 모습이 보인다.

조선 농민들은 너나 할 것 없이 모두 참외를 재배했는데 조선 중기 박동량의 《기재잡기寄齋雜記》에는 세종대왕이 용인, 여주, 이천 등으로 사냥을 다니면 길가의 백성들이 청참외와 보리밥을 대접했는데 그러면 반드시 술과 음식으로 답례를 했다고 적었다.

참외라는 이름을 보면 우리나라 사람들이 참외에 대한 갖고 있는 인식이 일부분을 엿볼 수 있다. 참외는 한자로 진과眞瓜다. 참 진眞자에 오이 과瓜자이니 참외는 진짜 오이라는 뜻이다. 또 달콤한 오이라는 뜻으로 감과甘瓜 또는 첨과甛瓜라고 했다.

참고로 오이 과瓜자를 쓰는 과일과 채소는 여럿이 있으니 우리가 오이라고 부르는 채소는 한자로 호과胡瓜 또는 황과黃瓜다. 우리나라 토종이 아니라 오랑캐 땅에서 전해진 오이라서 호과이고 익으면 노랗게 변하기 때문에 황과다. 원산지가 중남미인 호박은 남쪽 땅에서 전해졌기 때문에 남과南瓜이고 수박은 서쪽 땅에서 온 과일이기 때문에 서과西瓜다. 참외만이 우리 땅에서 나는 진짜 오이이기 때문에 진과眞瓜인 것이다.

참외는 멜론의 일종으로 원산지가 인도지만 여러 지역으로 퍼지면서 멜론, 참외 등으로 다양한 품종이 생겼다. 그런데 우리가 아는 참외는 다른 나라에서는 찾아보기 힘들다. 중국이나 일본에도 한국인을 상대로 파는 것을 제외하면 우리가 먹는 것과 같은 참외는 보이지 않는다. 우리나라에서만 먹을 수 있는 참된 박과 작물이라서 이름이 참외인 셈이다.

4

전쟁과
도박

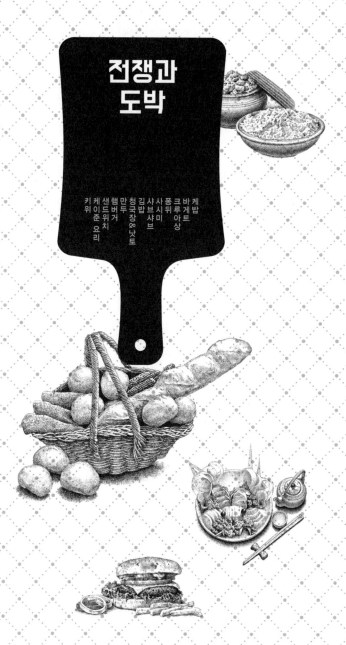

전쟁의 본질 중 하나는 바로 '파괴'다. 하지만 내면을 들여다보면 '창조'라는 또 다른 이름이 있다. 전쟁으로 모든 것이 파괴된 후 다시 만들어가는 과정에서 역사가 발전되어 왔기 때문이다. 따지고 보면 인류 문명의 발전 과정은 전쟁과 그 궤도를 같이해왔다고 해도 지나친 말이 아니다.

음식의 변화 과정 역시 전쟁과 그 맥을 같이한 경우가 많다. 군인들이 먹는 음식, 특히 전쟁터에서 급히 허기를 채우기 위해 먹는 음식들은 맛과는 거리가 멀었다. 하지만 인류는 전쟁을 통해 새로운 요리를 개발할 수 있었고, 그 음식들은 지금 누구나 즐기는 요리로 발전했다.

전쟁터에서는 예상하지 못한 상황에서 적이 쳐들어오는 경우가 비일비재했다. 하지만 먹지 않으면 싸우고 버티지 못한다. 몰려오는 적을 눈앞에 두고 급하게 고기 한 점이라도 먹어야 했다. 그렇게 해서 만들어진 음식이 요즘 일식집에서 흔히 볼 수 있는 '샤브샤브'와 '칭기즈칸'이다.

햄버거도 마찬가지다. 전쟁터에서 군대 전체가 말을 타고 이동하면서 전투식량으로 갖고 다녔던 고기가 햄버거로 발전한 것이다. 길거리에서 흔히 볼 수 있는 햄버거 레스토랑이 예전에는 도처에 널려 있었다는 의미다. 사실 현대인의 생활은 그 자체가 전투이니 패스트푸드는 현대판 전투 식량이라 할 수 있다.

건빵, 비스킷, 미숫가루 등도 모두 전쟁을 계기로 만들어진 먹을거리들이다. 따지고 보면 우리가 즐겨 먹는 청국장이나 일본 사람들이 먹는 낫토 역시 전쟁이 아니었다면 탄생하지 않았을지도 모르는 음식 재료들이다.

케밥
Kebab

터키 군대의
전투식량

현대인의 일상은 전쟁이다. 어려서
는 입시 전쟁을 겪어야 하고, 직장에
서는 생존을 위한 전투가 기다리고 있으며, 먹는 것도 전쟁이
고, 너무 많이 먹어 비만과도 전쟁을 벌인다. 모두 이해된다.
그런데 굳이 먹는 것이 왜 전쟁이냐고 묻는 이들도 있다. 보
통 사람들이 먹는 하루의 먹을거리를 들여다보자.

직장인 A씨는 아침에 일어나 아이에게 분유를 타 먹인 후 자신
은 시리얼로 아침을 대신하고 출근했다. 사무실에서는 비스킷
몇 조각과 인스턴트 커피 한 잔을 마신 후 업무를 시작한다. 점
심때는 거래처 사람들과 칭기즈칸 전골을 먹었다. 퇴근을 한 후
동료들과 터키의 꼬치구이인 케밥을 먹고 바로 이어진 술자리

에서는 육포를 안주로 술을 마셨다. 그리고 집으로 가는 길에 부인(또는 남편)과 함께 먹으려고 순대를 샀다.

모두 평범한 먹을거리인데 전쟁하고 무슨 상관이 있냐고 반문할 수 있다. 그런데 자세히 들여다보면 모두 고대부터 현대에 이르기까지의 전투식량들이다.

요즘 한국에서도 젊은이들 사이에 인기를 끌고 있는 '케밥Kebab'은 옛날 터키 군대의 전투식량이었다. 케밥은 쇠고기나 양고기 혹은 닭고기를 얇게 썰어 양념을 한 후, 막대기에 수직으로 감아 회전시켜 가며 불에 구운 것을 각종 야채와 함께 먹는 음식이다. 터키의 병사들이 한때 그리스 영토였던 아나톨리아 지방을 공격하면서 야전에서 구워 먹은 고기가 케밥의 유래다.

처음에는 고기를 굽기 위해 칼을 사용했지만 전쟁터뿐만 아니라 일반 가정에서도 먹기 시작하면서 칼 대신에 꼬챙이나 쇠막대기를 사용했다. 이것이 오늘날의 꼬치구이인 '도네르Doner 케밥'과 '시시shish 케밥'으로 발전했다. 시시 케밥의 '시시shishi'는 꼬챙이라는 뜻이다. 도네르 케밥은 18세기 때부터 발전된 음식으로 L자형 쇠막대기에 얇게 썬 고기를 감아 구운 후 빵에 싸서 샌드위치처럼 먹는 것이다.

중동과 중앙아시아를 중심으로 널리 퍼져 있는 케밥은 조리법에 따라 그 종류만 200~300가지에 이른다. 한국식으로 표현하면 '꼬치구이'라고 할 수 있는 케밥이 이처럼 다양하게 발전한 이유 중의 하나는 오스만 투르크 제국에서 왕의 식사에 동일한 요리를 올려서는 안 된다는 이유 때문이었다.

터키의 대표 음식인 케밥이 전투식량에서 비롯된 이유는 요리의 간편성 때문이었다. 죽느냐 사느냐의 전쟁터지만 먹지 않고는 싸움을 할 수 없다. 더욱이 전투를 하는 병사는 든든하게 먹어야 한다. 하지만 고기를 통째로 구우려면 시간이 많이 걸린다. 당연히 고기가 다 익을 때까지 기다려주는 적군은 없다. 그래서 생각한 방안이 고기를 여러 조각으로 얇게 썰어 검에 꽂아 굽는 것이었다. 통째로 구울 때보다 시간을 훨씬 절약하면서 배불리 먹고 바로 전투에 임할 수 있었다.

터키에서 케밥이 개발된 것은 대략 1070년 이후라고 여기지만, 사실 케밥과 같은 '꼬치구이'는 훨씬 이전부터 발칸 반도와 중근동 지방에서 고기 요리법으로 자리를 잡았다. 비잔틴시대 때 이미 고기를 꼬챙이에 구워 먹는 그림이 있었으며, 호머Homer의 《오디세이Odyssey》에도 케밥과 비슷한 음식에 대

한 묘사가 있는 점으로 보아 그 역사는 훨씬 더 거슬러 올라
갈 것으로 추정된다. 또 산스크리트어와 타밀어로 쓰인 문학
작품에도 케밥이 등장하는 것으로 볼 때 인도의 이슬람교도
들도 즐겨 먹었던 것으로 보인다.

옥스퍼드 대학에서 출판한 《옥스퍼드 식품사전Oxford
Companion to Food》에 따르면 중근동 지방에서 케밥이 발전했던
이유는 기후 특성 때문이었다는 설이 유력하다. 중근동 지방
은 사막 지역이라 땔감을 구하기가 쉽지 않다. 당연히 사막의
유목민들에게 땔감은 귀한 연료였고, 고기를 구워 먹을 때도
최대한 절약하기 위해 얇게 썰어 꼬챙이에 꽂아 구웠다는 것
이다.

케밥은 터키의 전통 음식이지만 사실 꼬치구이는 전 세계
적으로 퍼져 있다. 한국에서는 산적, 일본의 로바다야키, 인
도의 탄두리tandoori, 그리스의 수블라키souvlaki, 프랑스의 브
로셰트brochette 등 전 세계 공통의 음식이다.

- -

산적

적(炙)이라고도 하며, 고기를 꼬챙이에 꿰어서 굽는 음식을 두루 일컫는 말이다.
기본 재료에 따라 육산적, 어산적, 잡산적 등으로 나눈다. 쇠고기와 버섯 등은
어떤 종류의 산적에도 기본 재료로 포함된다.

바게트
baguette

프랑스군의 군수 식량이자 배개 대용

빵의 평등권The Bread of Equality이라는 권리가 있다. 권력이 있건 없건, 부자 이건 가난한 사람이건, 신분의 차이에 관계없이 누구나 똑같은 품질의 빵을 사 먹을 수 있는 권리다. 만화 속 이야기 같지만 '빵의 평등권'이 실현된 것은 프랑스혁명 때다.

1789년에 일어난 프랑스혁명의 이념은 자유·평등·박애다. 귀족계급에 대항해 일어난 이 시민혁명을 통해 프랑스는 자유롭고 평등한 시민사회가 만들어졌다. 동시에 아무나 돈만 있으면 '먹고 싶은 품질의 빵'을 마음대로 사 먹을 수 있는 권리도 이때 비로소 확보됐다. 뜬금없는 소리처럼 들릴지 모르겠지만 신분의 차이에 구애 받지 않고 제과점에 가서 원하는 빵을 마음대로 살 수 있게 된 지 겨우 200년이 조금 넘었다는 뜻이다.

프랑스혁명이 일어나기 전인 1775년 파리에 28살의 필리페 코르들르와라는 구두수선공이 살고 있었다. 어느 날 달게 낮잠을 자고 있는데 난데없이 경찰이 집으로 들이닥쳤다. 어리둥절해하는 필리페를 제쳐놓고 집안을 샅샅이 뒤지던 경찰이 소리쳤다.

"찾았다!"

부엌에 감춰놓은 하얀 바게트baguette 빵을 발견한 경찰은 그 빵을 증거물로 압수하고 필리페를 경찰서로 연행해갔다.

스튜어트 알렌Stewart Allen이 쓴《악마의 정원에서: 죄악과 매혹으로 가득 찬 금기 음식의 역사In the Devil's Garden: A Sinful History of Forbidden Food》라는 책에 나오는 이야기다. 이 책은 소설책이 아니라 역사적 사실에 기초를 두고 쓴 책이다. 필리페가 구속됐을 때 프랑스에서는 누가 부드러운 흰 빵을 먹을 수 있는 자격과 권리를 갖고 있는가에 대한 논쟁이 사회적 이슈였다.

사실 '빵의 역사'는 오랜 기간 동안 계급투쟁의 역사였다. 빵의 색깔과 종류를 놓고 신분에 따라 먹을 수 있는 자격이 구분됐다. 예를 들어 이탈리아에서는 농부는 딱딱한 검은 빵만 먹을 수 있었고, 흰색의 부드러운 빵은 귀족과 시민 계층의 몫이었다. 카이사르^{Caesar} 시절에는 죄수들에게 검은 빵이 제공됐다. 검은 빵은 톱밥이나 진흙, 도토리, 나무껍질 등을 몰래 집어넣어 만들어도 잘 표시가 나지 않았고, 심지어 독을 집어넣기도 쉬웠기 때문이다. 귀족들이 함부로 먹어서는 안 되는 음식이었다.

프랑스 농부들도 이탈리아 농부처럼 거칠고 딱딱한 검은 빵을 먹었다. 얼마나 딱딱했는지 빵을 자를 때 도끼를 사용해야 하는 경우도 있었다고 한다. 당시의 농부들은 돼지보다 조금 더 진화한, 열등한 인간들이기 때문에 딱딱한 빵을 먹어야 더욱 열심히 일한다는 것이 귀족들의 생각이었다. 신이 부드럽고 흰 빵을 만든 것은 귀족들의 고상하고 연약한 소화 기능을 위해서라는 것이 귀족의 논리였다. 그래서 농부들이 부드러운 흰 빵을 먹으면 신의 뜻에 어긋날 뿐만 아니라 사회적 윤리와 기강을 해치는 범죄였기 때문에 처벌을 해야 했다.

구두수선공 필리페가 1775년 체포된 이유였다. 프랑스혁명이 일어나기 14년 전의 일이니까 이 무렵부터 농민과 시민 계급 사이에서 좋은 빵을 먹을 자격에 대한 불만이 쌓여 있었음을 짐작할 수 있다.

프랑스혁명 때 시민들이 "빵을 달라!"라고 외친 것도 사실은 단순히 먹을 것을 달라는 말이라기보다 먹을 수 있는 빵을 달라고 외쳤다는 설도 있다. 나폴레옹이 파리에 처음으로 입성했을 때 거지들이 농민들보다 더 좋은 빵을 먹는 것을 보고 분노했다는 소리도 있다.

프랑스혁명이 일어난 지 4년 후인 1793년 11월 앙시앵 레짐ancient réime, 즉 프랑스의 구제도를 해체한 국민의회는 드디어 '빵의 평등권'을 선포한다. 몇 가지를 소개하면 다음과 같다.

- 밀가루로 만든 빵과 호밀 빵을 먹을 권리에 대한 선포다.
- 빵의 길이는 80센티미터, 무게는 300그램으로 한다.
- 부자와 가난한 자 사이에 빵 먹을 권리를 놓고 차별을 두어서

는 안 된다.

- 부자만을 위해 밀가루를 사용한 빵을 만들어서는 안 되며 시
  민 모두를 위해 질 좋은 빵을 생산해야 한다.

이 선포는 그해 11월 15일 국민의회를 통과해 최종 비준
만을 남겨놓았지만 공식적으로 선포, 시행되지는 않았다. 프
랑스혁명이 성공적으로 이뤄진 만큼 굳이 법률 제정의 필요
성을 느끼지 못해서였는지도……. 어쨌든 보통 사람들이 평
등하게 질 좋은 빵을 먹을 권리가 확보된 것은 지금으로부터
불과 200년 전이라는 사실이 놀랍다.

표면이 바삭바삭하고 안은 부드러운 프랑스빵인 바게트
는 나폴레옹 때 만들어졌다는 설이 있다. 빵의 평등권이 실현
되면서 나폴레옹이 자신의 병사들에게 부드러운 빵을 먹였
던 모양이다.

그리고 나폴레옹이 러시아를 침공할 때 개발한 빵이라는
설도 있다. 나폴레옹 군대는 러시아의 추운 겨울에 대비해
배낭을 꾸려야 했기 때문에 음식을 넣을 여분이 공간이 없었
다. 그래서 바지 주머니에 빵을 넣어야 했고 이에 맞는 빵을
개발한 것이 바게트라는 것이다. 뉴욕의 어느 제과점에서 홍

보를 위해 퍼뜨린 것으로 알려져 있어 신빙성이 다소 떨어진다. 또 다른 설로는 프랑스와 독일이 전쟁을 할 때 전투식량으로 개발된 빵으로 프랑스군이 밤에 베개 대신 베고 잤다는 말도 있다.

무엇보다 현재 우리가 먹는 바게트는 19세기 오스트리아의 비엔나에서 만들었다는 설이 가장 유력하다. 비엔나에서 스팀오븐이 개발됐는데, 표면을 바삭바삭하게 구울 수 있게 되면서 바게트가 만들어졌다는 것이다.

빵

어원은 포르투갈어 팡(pão)이다. 정확히 언제부터 빵을 만들었는지는 알 수 없지만, 기원전 3000년경 바빌로니아인들이 밀을 자연 발효시켜 맥주를 만들면서 발효된 밀가루 반죽을 구우면 빵이 된다는 사실을 발견했다고 추정된다.

크루아상
croissant

승리를 기념하는 초승달 모양의 빵

초승달은 이슬람교의 상징이다. 이슬람교를 믿는 나라의 국기를 보면 대부분 초승달과 별이 그려져 있다. 터키 국기가 그렇고 이집트, 말레이시아, 파키스탄 국기에도 초승달과 별이 있다.

이슬람교에서 초승달을 중요시하는 이유는 마호메드가 알라로부터 계시를 받을 때 초승달과 샛별이 떠 있었기 때문이다. 신의 말씀이 인간에게 전해질 때 초승달이 지켜봤다는 것이다.

바게트와 함께 프랑스를 대표하는 빵이 크루아상croissant이다. 부드럽고 달콤한 맛이 일품인 크루아상을 우리말로 옮기면 '초승달'이라는 뜻이다. 빵 이름 자체가 이슬람교의 상징인 초승달과 같고 실제로도 빵이 만들어지게 된 계기가 이슬람교와 밀접한 관련이 있다.

크루아상은 프랑스빵으로 알려져 있지만, 사실 이 빵이 처음 만들어진 곳은 프랑스가 아닌 다른 나라다. 여기에는 여러 가지 설이 있지만, 그중에서도 오스트리아의 비엔나에서 처음 만들어졌다는 이야기가 유력하다.

크루아상의 탄생은 이슬람 국가인 오스만트루크제국과 관계가 있다. 1683년 오스만트루크제국은 유럽을 침공해 전역을 휩쓸면서 중부 유럽의 관문인 오스트리아의 비엔나까지 진출, 도시를 포위했다. 치열한 공방전을 벌이던 오스트리아와 오스만트루크제국 사이의 전투가 소강상태에 빠져들자, 오스만트루크제국의 군대는 도시 중심부를 기습 공격하기 위한 전략을 세웠다.

바로 성 외곽에서 도시 중심부까지 통하는 터널, 즉 땅굴을 파기 시작한 것이다. 낮에는 양군이 대치하고 밤에만 굴 파기 작업을 했기 때문에 오스트리아 군대는 전혀 눈치채지 못했다. 이때 비엔나에 살던 피터 벤더Peter Wender라는 제과 기술자가 밤마다 이상한 소리가 나는 것을 들었다. 그는 다음 날 팔아야 할 빵을 만들기 위해 늘 밤늦게까지 일을 했는데,

그로 인해 오스만트루크제국의 군대에서 땅굴을 파는 소리를 들을 수 있었던 것이다.

피터 벤더는 곧바로 이 사실을 군대에 알렸고, 오스트리아 군대는 미리 준비 태세에 들어가 적군을 물리칠 수 있었다. 결국 오스만트루크제국 군대는 오스트리아 정복에 실패하고 퇴각했다.

전쟁이 끝난 후 황제는 제과 기술자인 피터 벤더를 불러 원하는 것을 물었다. 그러자 피터 벤더는 오스만트루크제국 군대를 물리친 것을 기념하는 의미에서 그들의 깃발에 그려져 있는 초승달 문양을 본 따 빵을 만들고 싶다고 했다. 황제는 흔쾌히 피터 벤더에게 초승달 모양의 빵을 독점적으로 만들어 팔 수 있는 특권을 부여했다.

오스만트루크제국 군대를 물리친 기념으로 만든 '초승달 크루아상'이었기에 시민들에게 큰 인기를 끌었다. 이것이 초승달 모양을 닮은 크루아상이 만들어지게 된 배경이다.

크루아상의 탄생이 1683년 오스만트루크제국의 오스트리아 침공이 아니라, 1686년 헝가리의 수도 부다페스트 침공 때 일어난 일이라는 설도 있다. 한참을 거슬러 올라가 732년 프랑크 왕국과 이슬람 사이에 벌어진 투르전투에서 비롯됐다는 설도 있다.

어떤 기원설이 맞는지는 정확하게 알 수 없지만 그 유래가 이슬람 국가와의 전쟁에서 비롯됐고, 승리의 기념으로 이슬람의 상징인 '초승달' 모양의 빵을 만들었다는 것은 공통적이다.

크루아상의 기원설에 비춰보면 크루아상의 원래 고향이 프랑스가 아닌 것만은 분명하다. 그럼에도 불구하고 오늘날 크루아상이 프랑스의 전통 빵인 것처럼 알려진 데는 유래가 있다. 루이 16세의 왕비로 프랑스혁명 때 단두대의 이슬로 사라진 마리 앙투아네트 덕분이다.

마리 앙투아네트는 오스트리아와 헝가리제국을 다스렸던 합스부르크Habsburg 가의 딸이다. 여제女帝 마리아 테레지아 Maria Theresia의 16명 자녀 중 막내딸이었던 그녀는 열다섯 살 때 당시 프랑스의 황태자였던 루이 16세와 정략결혼을 한다.

프랑스로 시집온 앙투아네트는 고향인 비엔나에서 먹었던 크루아상이 너무 먹고 싶었다. 이때만 해도 '크루아상'이라는 프랑스 이름 대신에 '파이저pfizer'라는 독일식 이름으로 불렸다. 앙투아네트는 '파이저'를 먹기 위해 친정인 오스트리아에 제과 기술자를 보내달라고 요청했고, 이 제과 기술자가 만든 파이저가 프랑스 귀족들 사이에서 크게 유행했다고 한다. 이후 빵 만드는 기술이 발전하면서 오스트리아의 '파이저'에 마가린과 버터, 효모를 첨가해 현재와 같은 프랑스의 전통 빵 '크루아상'이 생겨났다.

문헌상에 '크루아상'이라는 단어가 처음 등장하는 것은 1906년이다. 다시 말해 이슬람교의 '초승달'과 관련이 있다는 말도 이후 만들어진 이야기일 수도 있다.

독특한 빵

독일의 아침 식사용 빵인 둥근 모양의 브뢰첸(Broetchen), 스틱과 같이 긴 이탈리아의 그리시니(Grissini), 달걀과 버터를 넣어 컵 모양으로 구운 프랑스의 브리오슈(brioche), 간간한 소금 맛이 있는 둥근 햄버거빵, 호밀 흑빵인 픈파니켈 등이 있다.

전쟁 후 화합을 다진 화해의 요리

퐁뒤fondue는 화합과 화해를 위한 사랑의 음식이다. 빵이나 고기, 혹은 과일 등을 녹인 치즈에 찍어 먹는 '서양식 샤브샤브'로 대표적인 스위스 전통 요리다.

기원은 알려져 있는 것처럼 알프스 목동에서 유래했다. 알프스 산악 지대에서 가축을 돌보던 목동들은 겨울철이면 마른 빵과 치즈만을 갖고 바깥에서 생활해야 했다. 한데 추운 날씨 때문에 빵은 딱딱해지고 치즈 역시 굳어 먹기가 힘들었다. 그래서 모닥불을 피워놓고 치즈를 녹이면서 딱딱한 빵을 찍어 먹었던 것이 스위스 전통 퐁뒤인 '치즈 퐁뒤fondue au fromage'의 유래다.

버터나 올리브 오일을 뜨겁게 데운 후 쇠고기 등을 넣어 살짝 익혀, 각종 소스에 찍어 먹는 또 다른 형태의 퐁뒤인 '퐁뒤 부르기뇽fondue bourguignonne'은 치즈 퐁뒤와 유래가 또 다르다.

이 퐁뒤는 스위스가 아니라 프랑스 부르군디에서 시작됐다. 와인으로도 유명한 이 지역에서는 가을철 포도 수확을 할 때면 너무 바빠 식사를 할 시간조차 없었다. 그래서 농부들은 일을 하는 도중에 짬을 내서 각자 요리를 해먹어야 했다. 이때 농장 주인이 포도밭 한 구석에 큰 솥을 걸어놓고 기름을 끓이면, 농부들이 틈날 때 집에서 갖고 온 고기와 야채 등을 재빨리 익혀 먹으며 허기를 달랬던 것에서 비롯됐다.

'퐁뒤'는 '녹이다melt'를 뜻하는 프랑스어 'fondre'가 어원이다. 스위스 중에서도 프랑스어를 주로 쓰는 지방에서 처음 발음했기 때문에 프랑스 이름이 붙여졌다는 설도 있고, 처음 먹은 곳은 스위스지만 프랑스를 거쳐 세계적으로 퍼졌기 때문에 프랑스식 이름이 붙었다는 설도 있다.

알프스 산악 지대의 목동이 개발한 음식이지만 퐁뒤는 곧 스위스 귀족들 사이에 퍼졌고, 귀족들이 인접 국가인 프랑스, 독일, 이탈리아 등을 방문할 때마다 먹었기 때문에 이 지역에서도 퐁뒤가 알려졌다. 원래 스위스에서는 요리 이름이 없었는데 이 무렵 프랑스에서 이름을 만들어냈다고 한다.

미국으로 퐁뒤가 퍼진 것은 프랑스혁명 때다. 프랑스에 식도락으로 유명한 쟝 사바랭이라는 사람이 있었는데, 프랑스 혁명이 일어나자 미국으로 도피를 했다. 쟝 사바랭은 2년 동안 미국에 머물면서 프랑스어를 가르치는 한편 뉴욕 오케스트라에서 바이올린을 연주하며 생계를 유지했는데, 퐁뒤의 맛을 잊지 못해 자신이 직접 버터와 치즈를 곁들인 퐁뒤를 개발했다고 한다.

퐁뒤를 먹을 때는 몇 가지 규칙이 있다.

먼저 퐁뒤를 먹다가 빵 조각이나 고기, 과일 부스러기를 치즈에 빠뜨렸을 경우 벌을 받아야 한다. 여자가 빵 조각을 치즈에 빠뜨렸을 경우에는 옆에 앉아 있는 남자에게 가벼운 키스인 비쥬bisou를 해야 한다. 비쥬는 가벼운 키스, 혹은 볼에 하는 뽀뽀다. 대신 남자가 빵 조각을 치즈에 빠뜨렸을 때에는 와인 한 병을 사서 대접하는 것이 관습이다.

그리고 두 번째로 빵 조각을 빠뜨린 사람은 다음 번 퐁뒤 파티를 주최해야 한다는 것이 전통이다. 식사를 하면서 빵 조각을 한 번도 치즈에 떨어뜨리지 않은 사람에게는 상이 주어진다. 퐁뒤는 계속해서 치즈를 불에 데우기 때문에 나중에 넘비 바닥에 치즈가 누룽지처럼 얇게 눌어붙는다. 한 번도 빵 조각을 떨어뜨리지 않은 사람한테 치즈 누룽지를 긁어 먹을 수 있는 자격이 주어지는 것이다.

퐁뒤를 먹을 때는 반드시 와인이나 뜨거운 차와 함께 먹는 것이 관습으로 내려져온다. 치즈가 위 속으로 들어가 엉겨 붙는 것을 막기 위해서였다고 하는데 과학적으로는 전혀 근거가 없다.

한편 유럽의 종교개혁 시절, 스위스에서는 가톨릭인 구교도와 개신교인 신교도 사이에 치열한 전쟁이 일어났다. 마침내 스위스에서 종교 전쟁이 끝나고 화해가 이뤄졌을 때 먹은 음식이 퐁뒤다. 신교도와 구교도가 화해의 표시로 퐁뒤를 함께 먹으며 어떤 이는 치즈를 갖고 오고, 또 다른 사람은 빵과 야채, 고기를 갖고 와 함께 끓여 먹으며 화합을 다졌다고 하니 퐁뒤야말로 화합의 요리인 셈이다.

사시미
刺身

사무라이가
싫어할 음식

날생선을 먹기 좋은 크기로 썰어놓은 요리가 일본어로 사시미刺身다. 한국어로는 생선회生鮮膾, 중국어로는 위피앤魚片이다.

한국말이나 중국말로는 쉽게 납득이 간다. 문자 그대로 풀이하면 한국어의 생선회는 '살아 있는 싱싱한 생선의 살', 중국어로는 '썰어놓은 생선의 조각'이기 때문이다. 하지만 일본어로는 엉뚱하기 짝이 없다. 회를 쳐놓은 생선을 놓고 '몸을 찌르다'라는 뜻의 '사시미刺L身'라는 이름을 붙였으니 상상을 초월하는 작명이다.

　일본에서 생선회를 사시미라고 부르게 된 데는 이유가 있다. 일반적으로 두 종류의 유래가 전해진다.

　일본어 어원사전을 보면 일본에서 생선회를 놓고 '사시미'라는 명칭을 사용하기 시작한 때는 14세기 초반의 무로마치시대부터라고 한다. 일본의 전국시대라고 할 수 있는 무로마치시대는 사무라이의 시대였으며, 동시에 신분이 아래인 사무라이들이 주인인 장군을 제거하고 지배자로 오르는 하극상의 시대였다. 생선회를 놓고 '몸을 찌르다'라는 뜻의 사시미라는 이름이 붙은 데는 이런 시대적 배경이 작용했다.

　생선을 먹기 좋은 크기로 자른 생선회를 표현하려면 '찌르다刺'라는 단어는 적합하지 않고 오히려 '자르다切'라는 단어가 어울린다. 따라서 요리 방법을 놓고 음식 이름을 지을 경우에는 생선을 찌른다는 뜻의 '사시미刺L身'보다는 생선을 자른다는 의미로 '기리미切リ身'라는 이름이 더 어울린다.

　그런데 무로마치시대에는 '자른다, 칼로 베다'라는 의미의 '기루切る'가 사무라이들 사이에서는 거의 금기시되는 말이었다. '등에 칼을 꽂다', '배신하다'라는 의미의 '우라기루裏切

る'가 연상되는 단어이기 때문이다.

사무라이의 세계에서 등을 돌린다는 것은 상대방을 믿는다는 뜻인데, 그 등을 칼로 베어버리는 것이므로 '배신하다'라는 뜻이 된다. 그래서 '베어 자르다'라는 '기루切る' 대신에 '찌르다, 꽂다'라는 의미의 '사스刺す'라는 단어를 사용해 '사시미刺し身'라는 이름으로 부르게 됐다. 생선회를 '사시미'라고 부르게 된 배경에 이런 사무라이 문화가 담겨 있다는 사실이 흥미롭다.

'사시미'라는 이름에 얽힌 또 다른 일화가 있다. 생선의 지느러미나 아가미에 깃발을 꽂아 물고기의 종류를 구분한 것에서 유래됐다는 설이다.

역시 일본의 무로마치시대 때 오사카 성의 한 장군이 손님을 맞게 되었다. 장군은 멀리서 온 귀한 손님이라 요리사에게 특별히 맛있는 음식과 술을 준비하도록 명령했다. 요리사는 자신의 실력을 발휘할 좋은 기회라 보고 최선을 다해 진수성찬을 마련, 산해진미의 음식과 10종류가 넘는 생선회를 만들어 올렸다.

맛에 반한 손님이 생선회를 먹으며 장군에게 무슨 생선으로 만든 것이냐고 물었다. 생선 이름을 몰랐던 장군이 요리사를 불러 이름을 물었고, 요리사는 횟감에 사용된 생선의 이름과 부위를 조목조목 설명해 장군과 손님의 칭찬을 들었다.

이후 요리사는 주군인 장군이 어려운 생선 이름을 외우지 않고도 생선회를 즐길 수 있도록 하기 위해 작은 깃발을 만들었고, 그 깃발에 물고기의 이름을 적어 생선회의 지느러미 혹은 아가미에 꽂아 상에 올렸다. 이때부터 생선회를 '몸을 찌르다'라는 의미의 사시미로 부르게 됐다고 한다.

사시미는 우리나라 사람도 즐겨 먹는 음식이지만 일반적으로 일본을 대표하는 음식으로 알려져 있다. 하지만 원래 생선회를 먹는 습관은 중국이 훨씬 오래됐다고 한다.

한나라와 당나라 때 중국에서는 생선회가 일종의 유행 음식이었다. 다만 땅은 넓은데 교통이 발달하지 못했기 때문에 바닷물고기보다는 민물고기로 회를 쳐서 먹었다. 당시 즐겨 먹었던 횟감은 잉어였으며, 그중에서도 황하에서 잡히는 잉어가 인기가 높았다. 그리고 민물고기 중에서 가장 인기 있었던 어종은 농어였다.

그렇지만 역시 최고의 횟감은 바닷물고기다. 《삼국지》에 나오는 오나라의 초대 황제 손권孫權이 부하들과 생선회에 대해 이야기하면서 송어회의 맛이 최고지만 바다가 멀어서 평소에 먹지 못함을 아쉬워하며 탄식했다고 한다.

한편 생선회는 우리나라 사람도 일본 사람 못지않게 즐기는데, 생선은 회로 먹건 요리를 해서 먹건 계절에 따라 맛이 다르다. 그래서 낚시꾼들 사이에는 계절에 따른 생선의 맛을 강조하는 이야기와 속담이 전해진다.

1월은 도미를 최고로 친다. 정월이 아니면 맛이 떨어진다.

"5월 도미는 소가죽 씹는 것만 못하다."

2월은 가자미다.

"가자미 놀던 뻘 맛이 도미 맛보다 좋다."

3월은 조기다.

"3월 거문도 조기는 7월의 칠산 장어와 안 바꾼다."

4월은 삼치다.

"4월 삼치 한 배만 건지면 평안감사도 조카 같다."

5월은 농어다.

"보리타작 농촌 총각 농어 잡은 섬 처녀만 못하다."

6월은 숭어다.

"태산보다 높은 보리 고개에도 숭어 비늘 국 한 사발 마시면 정승보고 이놈 한다."

7월은 장어다.

"숙주에 고사리 넣은 장어국 먹고 나면 다른 것은 맹물에 조약돌 삶은 국 맛 난다."

8월은 꽃게다.

"8월 그믐게는 꿀맛이지만 보름 밀월게는 눈물 흘리며 먹는다."

9월은 전어다.

"전어 머릿속에 깨가 서 말"

"전어 한 마리 햅쌀밥 열 그릇 죽인다."

"전어 굽는 냄새에 집 나간 며느리 돌아온다."

10월은 갈치다.

"10월 갈치는 돼지 삼겹살보다 낫고 은빛 비늘은 황소 값보다 높다."

참다랑어

주로 회나 초밥으로 먹으며, 육질이 곱고 맛이 매우 좋다. 살이 붉은색을 띠는데, 죽으면 바로 흑색으로 변하기 때문에 잡는 즉시 머리와 내장을 제거한 뒤 저온에 냉동시켜 수송해야 한다. 지방 함량이 높아지는 12월부터 2월에 가장 맛이 좋다.

샤브샤브
しゃぶしゃぶ

찰싹찰싹
혹은
첨벙첨벙

얇게 썬 고기와 두부, 각종 야채를 냄
비의 끓는 물에 살짝 데쳐, 다양한 양
념 소스에 찍어 먹는 음식이 있다. 우
리나라에서는 전통 음식인 전골과 구분해서 칭기즈칸, 일본
에서는 샤브샤브しゃぶしゃぶ, 그리고 중국에서는 훠궈火鍋라고 부
른다. 나라마다 맛에는 약간씩 차이가 있지만 기본 조리 방식
은 거의 같다.

끓는 물이나 육수에 종이처럼 얇게 썬 쇠고기나 양고기 등
을 야채와 함께 살짝 담가 데쳐 먹는데, 한·중·일 모두 그 기
원은 전쟁 때 먹은 전투식량에서 유래됐다.

일본어로 샤브샤브しゃぶしゃぶ는 고기를 끓는 물에 데칠 때의
모습을 묘사하는 의성어라고 한다. '찰싹찰싹' 혹은 '첨벙첨

병’의 뜻으로 쇠고기를 끓는 물에 재빨리 담갔다 꺼낼 때 나는 소리에서 음식 이름이 유래했다고 한다.

샤브샤브라는 명칭은 1910년 일본 오사카에 문을 연 ‘수에히로’라는 식당에서 만들었다고 한다. 고기를 살짝 데쳐 먹는 요리를 개발했는데, ‘샤브샤브’라는 메뉴로 서비스를 하다가 1955년 상표 등록을 하면서 퍼지기 시작했다는 것이다.

일본의 ‘샤브샤브’라는 명칭이 세계적으로 가장 널리 알려져 있지만 사실 샤브샤브는 일본 음식이 아니다. 칭기즈칸 때 만들었다고 해서 몽골 음식이라고도 하는데, 정작 몽골에는 샤브샤브와 같은 음식은 없다고 한다.

샤브샤브의 기원은 칭기즈칸이 이끄는 몽골 군대에서 유래했다는 것이 일반적인 통설이다. 중국에서는 샤브샤브와 같은 음식을 ‘훠궈’라고 부르는데, 그 기원에 대해서는 여러 설이 있다. 그중 하나가 칭기즈칸이 만든 전투식량에서 유래했다는 설이다.

칭기즈칸의 군대는 전투를 할 때 기마병이 일선에서 공격하면 후방의 병참부대가 식사를 준비했다가 공격을 마친 부대에 제공했다. 전투를 하는 병사는 직접 음식을 만들지 않고 후방 부대에서 만든 음식을 배불리 먹은 후 다시 공격에 나섰던 것이다. 그런데 어느 전투에서 후방의 병참부대가 적의 공격을 받아 도망을 가버렸다. 그러자 전방에서 싸우던 공격 부대는 식사를 하지 못해 배가 고파 허덕였고, 사기가 떨어질 대로 떨어졌다.

이를 본 칭기즈칸이 투구를 벗어 불 위에 걸고 물을 끓인 후, 얇게 썬 양고기를 넣고 데쳐 먹으라고 해서 병사들이 허기를 해결할 수 있었다. 결국 배를 든든히 불린 몽골군은 전투에서 승리했다고 한다. 전쟁이 끝난 후 병사들이 그때 먹었던 맛을 잊지 못해 다시 고기를 끓는 물에 데쳐 먹었는데 역시 맛이 일품이었고, 이를 계기로 널리 퍼졌다는 것이다.

우리나라의 일부 역사학자들은 샤브샤브라고 부르는 전골의 기원이 우리나라의 삼국시대라고 말하는 이도 있다. 삼국시대 전쟁터에서 투구를 이용해 물을 끓여 급하게 음식을 만들어 먹는 전투 조리법이 있었는데, 이것이 '토렴'이라는 요리로 발전했다는 것이다. '토렴'은 국수, 밥 등을 뜨거운 물에 여러 번 데쳐 익혀 먹는 요리로, 고려를 침략했던 몽골군이 고려군한테 이 요리법을 배워 발전시켰다는 것이다.

그러나 한국, 일본, 중국 모두 그 유래에 대해 문헌에 정확하게 기록된 것은 없다. 다만 고기나 채소를 끓는 물에 데쳐 먹는 방식은 가장 초보적인 조리법으로 먼 옛날부터 존재했을 것으로 추정된다.

구한말 언론인이었던 장지연張志淵 선생은 《만국사물기원역사萬國事物紀原歷史》라는 책에서 "그 유래가 상고시대까지 거슬러 올라간다."라고 했고, 중국 문헌에서도 약 1만 년 전 인류가 처음으로 그릇을 발명했을 때 각종 음식물을 끓는 물에 넣었다가 먹은 방법이 나오는데 이것이 샤브샤브, 즉 전골의 기원이 됐을 것으로 짐작한다.

전골
음식상 옆에 화로를 놓고 그 위에 전골틀을 올려놓은 다음 국물을 부어 즉석에서 볶으면서 먹는 한국의 전통적인 음식이다. 원래 궁중 음식에서 전수된 것으로, 부엌에서 요리해 올리면 '볶음'이라 하고, 국물을 잘박하게 붓고 미리 끓여서 올리면 '조치' 또는 '찌개'라고 한다.

김밥

노름꾼이 만든 동양의 샌드위치

서양의 샌드위치와 비슷한 동양 음식이 김밥이다. 정확하게는 일본의 김초밥이다. 간편하게 먹는다는 사실도 비슷하고 도박을 하다 만들어졌다는 점도 그렇다.

일본에서 어느 노름꾼이 하루 종일 노름을 하는데 너무 배가 고팠다. 그러나 돈을 잃었기 때문에 노름판을 떠나 밥을 먹으러 갈 틈이 없었다. 할 수 없이 김 위에 밥을 얹은 후 다랑어와 호박 등을 넣고 말아 먹었는데, 맛도 맛이려니와 손에 밥풀이 붙지 않아 계속 노름을 할 수 있었다. 그렇게 처음에는 노름꾼들 사이에서 유행하다가 오늘날의 김초밥으로 발전했다.

일본에서는 참치와 같은 생선 살코기에 고추냉이를 넣고

김으로 싼 김초밥을 '데까마끼'라고 한다. 일본어로 도박을 하는 장소를 '철화장鐵火場'이라고 하는데, 데까마끼鐵火券き의 철화鐵火가 도박장을 의미하는 철화장에서 파생된 단어다. 그래서 도박장에서 노름을 하다 손에 밥풀이 묻지 않도록 만들어진 음식이 김초밥이라는 것이다.

그러나 김초밥이 노름판에서 손쉽게 먹기 위해 만들어졌다는 유래는 일반적인 속설로 보는 견해가 많다. 일본어 어원사전에서는 참치의 붉은 살코기와 코를 쏘는 고추냉이의 매운 맛을 새빨갛게 달궈진 쇠에 비유해서 만들어진 이름이라고 보고 있다.

김초밥과 함께 한국 사람에게도 익숙한 일본 음식이 유부초밥이다. 달착지근하게 튀긴 두부껍질 안에 초밥을 넣어 만드는 음식이다. 유부초밥은 일본어로 이나리초밥인데, 이나리いなり는 곡식을 나타내는 신倉稻魂神 또는 여우라는 뜻이다. 이 여우가 바로 곡식 신의 심부름을 하는 사자 역할을 했다고 한다.

일본인들이 옛날부터 곡식의 신에게 제물을 바칠 때 그 사자인 여우를 유혹하기 위해 두부 튀김을 사용했는데, 이에 '이나리いなり초밥'이라는 이름이 붙었다고 전해진다. 신에게

바치는 음식이 유부초밥이었던 셈인데, 따지고 보면 여우를 잡기 위한 음식이었을 수도 있다. 실제 유부초밥이 나온 것은 에도시대 말기 대기근 때라고 하니까 여우라도 잡아먹기 위해서였을 수도 있다.

일본에서는 김초밥을 먹지만 우리나라에서는 김밥을 먹는다. 김밥과 김초밥의 가장 큰 차이는 '맨밥'과 '초밥'이다. 많은 사람들이 우리나라 김밥은 일본에서 들어온 김초밥이 변형된 것으로 알고 있다. 하지만 김은 한국에서도 오래전부터 식용으로 사용되었기 때문에 단순히 김밥이 일본에서 건너온 음식이라고 말할 수는 없다. 왜냐하면 오랫동안 김을 먹었는데 김밥은 먹지 않았다고 보기는 어렵기 때문이다.

《삼국유사》에 "신라에서 김을 먹었다."라는 기록이 있다. 또한 조선시대 초기 발간된 《경상지리지慶尙地理誌》에 경남 하동 지방의 토산품으로 해의海衣가 있다고 나와 있다. 해의는 김을 나타내는 또 다른 이름이다.

18세기 이후부터는 김에 대한 기록이 많이 발견된다. 조선 효종때 김창흡金昌翕이 쓴 《삼연집三淵集》에 "김을 보내준 것에 대한 고마움을 표시"하는 글이 있을 뿐만 아니라 진상품으로 해의를 올렸다는 기록이 있다. 중국에서도 명나라 때 발간된《본초강목》에 김의 중국식 한자어인 '자채紫菜'에 대한 기록이 나오는데 형태 및 채취 방법, 효과를 기술해놓고 있다.

김밥이 서양으로 넘어가면 캘리포니아롤california rolls이라고 하는 누드nude김밥으로 바뀐다. 누드김밥의 원조인 캘리포니아롤은 1973년 LA에 있는 한 일본 레스토랑에서 처음 만들었다. 서양 사람들이 김 비린내가 싫어 김을 야채에 싸서 먹는 것을 보고, 아보카도 열매와 오이 등을 넣어 김밥을 거꾸로 말아 그 위에 날치알, 연어알 등을 얹은 캘리포니아롤을 만든 것이다. 그 후 1980년대 일본에서 생선회가 붐을 이루면서 캘리포니아롤도 빠른 속도로 퍼져나갔다.

김

해태(海苔)라고도 한다. 다른 해조류와 마찬가지로 나트륨, 칼륨, 철 등의 무기질 외에도 카로틴이 많이 들어 있어 비타민 A의 좋은 공급원이 된다. 지방은 거의 없지만 단백질은 30~40퍼센트 들어 있다.

청국장&낫토

말안장에서 발효시킨 삶은 콩

요즘 건강식품으로 각광받는 음식이 청국장이다. 옛날 중국에서는 지독한 냄새 때문에 '고려 냄새高麗臭'라고 부르며 처다보지도 않았지만 한국인의 입맛에 딱 맞는 음식이다. 뿐만 아니라 최근 들어 항암 효과는 물론 다이어트에도 좋다고 해서 많은 사랑을 받고 있다.

청국장은 원래 한국 고유 음식이지만 콩을 발효시켜 먹는

청국장과 같은 음식은 사실 아시아 각국에 널리 퍼져 있다. 한국에는 청국장淸麴醬이 있고, 일본에는 낫토なっとう, 納豆, 중국에는 떠우츠豆鼓가 있다. 뿐만 아니라 인도네시아의 템페, 인도의 스자체, 네팔의 키네마, 태국의 토아니오 등도 모두 콩을 발효시켜 먹는 청국장 종류다. 아시아 각국에서 모두 즐겨 먹는 청국장이지만 그 효시는 아무래도 우리나라가 아닌가 싶다.

일본에서는 낫토의 기원을 놓고 여러 설이 있지만 문헌상으로는 중국 당나라 때 흘러 들어온 것으로 추정한다. 일본의 고서인 《화한삼재도회和漢三才圖會》에는 선승이 중국 유학을 마치고 귀국할 때 낫토 제조기술을 도입했다고 적고 있다.

낫토는 한자로 납두納豆로 표기한다. 낫토의 유래는 일본의 고서인 《신원락기新猿樂記》에 나온다. 옛날 일본에서는 절에서 사용되는 각종 물품을 만들어 관리하는 납소納所가 있었다고 한다. 납소에서 콩 발효 식품을 관리했기 때문에 납두納豆라는 이름이 생겼고, 여기서 낫토가 유래됐다는 것이다.

또 다른 낫토 유래설은 11세기 초반 무로마치시대, 사무라이들의 전쟁과 관련이 있다. 일본 동북 지방에서 말에게 먹일 콩을 삶고 있던 마을이 적의 기습공격을 받았다. 그러자 삶던 콩을 버리기가 아까워 짚으로 만든 섶에 콩을 담은 후 말잔등에 싣고 도망을 쳤다. 전투가 끝나고 섶을 열어보니 지푸라기에 붙어 있는 곰팡이 균 때문에 콩이 발효됐는데, 이것이 낫토의 기원이라고 한다.

문헌상으로 낫토는 중국의 떠우츠가 일본으로 건너가 만들어진 것으로 나와 있는데, 기원후 3세기 때인 서진시대 때 장화張華가 쓴《박물지博物誌》라는 책에는 "외국에 떠우츠 만드는 제조기술이 있다."라고 해서 떠우츠의 원조가 외국임을 암시하고 있다. 또 떠우츠의 냄새를 고려취高麗臭라고 기록한 문헌도 있다고 하니까 청국장이 중국으로 흘러 들어오면서 떠우츠로 발전했을 가능성이 높다.

우리 기록에는《삼국사기》에 시豉라는 이름으로 청국장의 원조가 처음 등장한다. 신문왕神文王 3년인 서기 683년 신문왕이 왕비를 맞을 때 폐백 품목으로 시가 들어 있었다고 한다. 문헌상으로는 늦게 나오지만 청국장의 원조는 고구려 혹은 고조선에서 찾을 수 있다는 것이 통설이다. 먼저 콩의 원산지가 만주 지방으로 옛 고구려와 고조선의 영토였고, 중국 문헌에서 떠우츠의 기원을 외국 중에서도 동북 지방으로 보고 있기 때문이다.

일반적으로 청국장은 이동할 때 먹었던 비상식량이었을 것으로 보고 있다. 이동할 때 콩을 삶아 안장 밑에 넣고 다녔는데, 평균 37도에서 40도 정도인 말의 체온 때문에 삶은 콩이 자연 발효되면서 현재의 청국장으로 발전했다는 설이 있다.

한편 1715년에 나온 《산림경제山林經濟》라는 책에 전국장戰國醬이라는 단어가 등장하는 것에서 청국장이 전시 비상식량이었다고 해석하는 이도 있다. 실제 병자호란 때 청국장이 청나라의 군량으로 사용되었다고 한다. 그래서 청국장을 청나라에서 전래된 것으로 추정하는 사람도 있지만, 청나라는 만주족이 세운 나라인 만큼 그 뿌리는 역시 우리나라의 상고시대로 거슬러 올라간다고 할 수 있다.

된장

콩을 이용한 음식으로 된장, 청국장, 두부, 콩나물 등이 있다. 그중 된장은 장수인의 90퍼센트 이상이 하루 한 끼 이상 된장국을 먹는다고 답할 정도로 장수 음식으로 사랑받고 있다. 뿐만 아니라 비린내를 없애주는 효과도 있다.

만두
饅頭

인간미가
배어 있는
오랑캐 머리

만두의 원래 뜻은 속된 말로 '오랑캐 대가리'다. 혹시 만두를 먹을 때마다 '사람 머리'를 먹는 식인종이 된 기분이 들지도 모르겠다. 하지만 만두는 짙은 휴머니티가 배어 있는 음식이니 그런 감상은 떨쳐버려도 된다.

만두를 한자로 쓸 때는 '饅頭'라고 적는다. 만두 만饅에 머리 두頭 자다. 원래는 오랑캐 만蠻을 써서 蠻頭라고 적었다. 중국에서 남쪽 오랑캐라고 불렸던 남만南蠻 사람들의 머리라는 뜻이다. 그러던 것이 엽기적인 이유로 같은 발음의 '饅頭'로 슬쩍 바뀌었다. '머리를 음식으로 바쳐야 했던' 남만 사람들은 오늘날 중국 구이저우성 서부, 쓰촨성 남서부, 윈난성雲南省 등지에 살았던 사람들로 아마 윈난성의 소수민족이었을 것으로 추정된다.

만두의 유래는 《삼국지》에 근거를 두고 있다. 중국에서 전국시대 무렵부터 먹기 시작했지만, '만두'라는 이름으로 널리 퍼진 것은 삼국시대 때 제갈공명諸葛孔明이 남만을 정벌하러 갔을 때부터다.

촉나라의 재상이었던 제갈공명이 남만 정벌을 끝내고 돌아가던 중 여수瀘水라는 곳에 이르렀다. 이때 갑자기 하늘이 어두워지더니 폭풍우가 몰아쳐 병사들이 두려움에 떨었다. 그러자 현지인이 제갈공명에게 "남만에서는 하늘의 노여움을 풀기 위해 49명의 사람을 죽여 그 머리를 제물로 제사를 지내는 풍속이 있다."라며 남만 포로의 머리를 베어 제사 지낼 것을 권했다.

이 말을 들은 제갈공명은 그렇지 않아도 전쟁 때문에 많은 사람들이 죽었는데 포로를 죽일 수는 없다고 했다. 대신 그는 양고기와 돼지고기로 만두소를 만들고 밀가루로 싸서 사람 머리 모양을 만들어 하늘에 제사를 지냈다. 그러자 어둠이 걷히고 바람이 가라앉았다고 한다.

이때 빚은 사람 머리 모양의 만두가 남만 정벌이 끝난 후 북방으로 전해져 오늘날의 만두가 됐고, 중국뿐만 아니라 한국에서도 즐겨 먹는 음식으로 발전했다. 만두는 '오랑캐의 대가리'라는 엽기적인 이름이지만, 포로를 죽이지 않기 위해 하늘을 속여 만든 음식인 만큼 '인간미'가 배어 있는 음식이라고 할 수 있다.

또한 지금은 출출할 때 먹는 간식이지만 옛날에는 아무 때나 먹는 음식이 아니라 특별한 날에만 빚어 먹던 음식이었다. 제갈공명이 하늘을 속이기 위해 만두를 빚어 제사를 지낸 만큼 처음에는 제사용 음식으로만 쓰였다.

진나라 때 편찬된 음식 관련 서적인 《병부餅賦》에는 초봄에 일 년의 평안을 기원하는 음식으로 사용됐다고 한다. 봄은 맹춘孟春, 중춘仲春, 계춘季春으로 나뉘는데 초봄, 즉 맹춘은 음력으로 정월이다. 중국에서 설날인 음력 1월 1일을 춘절春節이라고 부르는 이유는 봄이 시작되는 날이기 때문이다.

《병부》에서 초봄이라고 적은 시기 역시 음력 정월을 말한다. 이때는 겨울이 가고 봄이 오는 시기로, 겨울은 그 기운이 음에 속하고 여름은 양에 속한다. 봄은 음과 양이 서로 교차하는 시절이다. 이 시기에 만두를 빚어 제사를 지내면 바람이 잔잔해지고 비가 내려 일 년 동안 날씨가 평온해진다고 했다. 한국과 중국에서 설날에 만두를 먹는 것도 농경사회였던 두

나라가 농사 짓는 철이 시작되면서 풍년을 기원하는 의식으로 해석할 수 있다.

처음 만두를 만들었을 때 제갈공명이 하늘을 속이기 위해 사람 머리 모양으로 빚었던 만큼 그 크기가 오늘날의 만두와는 달랐다. 정확한 기록은 없지만 아마 실제 사람 머리 크기의 만두를 빚어 제사를 지냈을 것으로 미루어 짐작할 수 있다. 만두 크기가 지금처럼 작아진 것은 당나라 이후부터다. 제사 음식에서 일상 식품으로 바뀌면서 사람 머리 만하던 만두가 먹기 편하게 작은 모양으로 변했다.

당과 송 초기만 해도 만두는 여전히 귀한 음식이었던 것으로 짐작된다. 송나라 인종仁宗이 자신의 생일을 맞아 신하들에게 만두를 하사했다는 기록이 남아 있는 것을 보면 흔히 먹을 수 있는 식품은 아니었던 것 같다. 송나라 때는 또 대학생太學들에게 만두를 제공했다는 기록이 있다.

사람들이 보편적으로 먹기 시작하면서 만두는 모양새와 형태가 바뀌게 된다. 보통 우리나라에서 말하는 만두를 중국에서는 '바오즈包子'라고 부르는데, 속에 고기나 야채가 들어 있다. 반면 어른 주먹만 한 크기로 속에 아무것도 들어 있지 않고 밀가루로만 찐 것은 '만터우饅頭'라고 부른다.

우리나라에 만두가 전래된 시기는 문헌상으로는 고려시대 때부터지만 삼국시대부터 전해졌을 가능성이 높다. 고려 충렬왕忠烈王 5년 때 나온 고려가사〈쌍화점雙花店〉에 나오는 음식이 바로 중국식 만두로 알려져 있다. 조선시대 때는 1670년경 석계부인 안동 장 씨가 쓴《규곤시의방閨壺是議方》에 메밀가루로 풀을 쑤어 반죽해 피를 만들고, 삶은 무와 꿩고기를 다져 만두소를 만들었다는 내용이 있다. 또 1643년《영접도감의궤迎接都監儀軌》에 만두라는 말이 나오는데 중국에서 온 사신을 접대하기 위해 만들었고, 궁중에서도 잔칫상에 종종 내놓았다는 기록이 있다.

딤섬
한 입 크기로 만든 중국 만두로, 작고 투명한 것은 교(餃), 껍질이 두툼하고 푹푹한 것은 파오(包), 통만두처럼 윗부분이 뚫려 속이 보이는 것은 마이(賣)라고 한다. 한자로 쓰면 점심(点心)으로, '마음에 점을 찍다'라는 뜻이지만 간단한 음식이라는 의미로 쓰인다.

햄버거
hamburger

몽골 초원의 패스트푸드

햄버거hamburger는 패스트푸드의 대명사다. 미국을 상징하는 간편 음식이지만 그 이름은 독일의 항구도시 함부르크Hamburg에서 유래됐다. 그렇지만 햄버거의 진짜 고향은 미국도 유럽도 아닌 아시아다. 그것도 우리와 인종적으로 뿌리가 같은 몽골 사람들이 주로 먹던 전통 패스트푸드다.

중앙아시아의 드넓은 초원에서 양과 말을 키우며 살던 몽골 사람과 터키 계열의 타타르 사람들은 유목민의 특성상 이동이 잦았다. 평소에는 초원에 이동식 가옥인 게르Ger를 쳐놓고 가축이 풀을 뜯어 먹는 기간 동안 정착해 요리를 해먹는다. 그렇지만 급하게 게르를 걷고 이동을 하거나 다른 마을로 장거리 여행을 떠나야 할 때는 불을 피워 요리를 해먹을 시간적 여유가 없다. 이때 간편하게 먹을 수 있도록 개발한 음식이 오늘날 우리가 패스트푸드로 즐겨 먹는 햄버거의 원형이다.

유목민들은 말을 타고 장거리 여행을 할 때면 양을 잡아 그 고기를 갈거나 다진 후, 말안장에 깔고 앉아 길을 떠났다. 생고기 덩어리는 질겨서 요리를 하지 않으면 그냥 먹기가 힘들지만 갈거나 다진 고기는 쉽게 먹을 수 있다. 더욱이 이동을 하는 동안 더 많이 다져졌기 때문에 고기는 연하고 부드러워진다. 그래서 배가 고프면 굳이 고기를 굽지 않아도 후추나 소금 등을 쳐서 먹으며 요기를 했다고 한다. 햄버거 속에 들어 있는 다진 고기 패티patty의 원형이다.

아시아 초원의 유목민들이 먹던 다진 날고기가 유럽으로 전해진 후 미국을 거쳐 다시 아시아로 되돌아온 계기는 칭기즈칸 덕분이다.

유럽까지 세력을 넓혔던 칭기즈칸 군대는 기본적으로 기병대다. 말을 타고 쳐들어와 적을 공격하는 전격전이 특징이다. 적을 공격할 때는 말에서 내리지도 않고 며칠 동안 행군을 계속하면서 기습을 했다. 그런 만큼 칭기즈칸 군대는 말에서 내려 불을 피우고 식사할 시간이 없을 때가 많았다. 그래서 말안장에 항상 양고기를 넣고 다니면서 한 손으로는 고삐를 잡고 다른 한 손으로는 고기를 씹으며 진격하곤 했다.

칭기즈칸의 손자인 쿠빌라이 칸Kublai Khan이 모스크바를 침공할 때도 말안장에 양고기를 넣고 다니면서 전쟁을 했는데, 모스크바를 점령한 후 러시아에 이 음식이 전해졌다. 러시아 사람들은 다진 날고기에 양파와 계란을 첨가해 먹었고, 이를 '타타르tartars 스테이크'라고 이름 붙였다.

'타타르 스테이크'는 14세기 무렵 러시아를 거쳐 독일로 전파됐다. 그 중심지가 독일의 항구도시인 함부르크다. 함부르크는 중세 시대 유럽의 무역 중심지였다. 러시아는 물론 아랍 국가와의 교역이 활발하게 이뤄졌던 곳이다. 아랍 사람들도 향신료를 첨가한 다진 양고기를 날로 먹는 습관이 있었는데, 이 음식을 '키베kibbeh'라고 불렀으며 함부르크를 통해 유럽에 소개됐다고 한다.

함부르크에 햄버거의 원형이 전래된 것이 러시아인지 아랍이었는지는 정확하지 않다. 그러나 아랍과의 교역 중심지였던 만큼 몽골의 패스트푸드인 햄버거의 원형이 아랍을 통해 전해졌을 가능성이 높다. 어쨌든 다진 양고기는 함부르크 지방을 중심으로 유럽에 퍼지게 됐는데, 유럽에서는 양고기 대신에 쇠고기나 돼지고기로 대체했고, 날로 먹는 대신 불에 구워 먹기 시작했다.

미국인들이 먹은 최초의 햄버거에 대해서는 여러 설이 있다. 그중 가장 유력한 것은 1880년대 텍사스의 정육업자인 데이비스가 빵 사이에 고기를 끼워 먹는 메뉴를 개발했다는 이야기다. 이때 이 메뉴를 보고 그곳에 살던 독일계 이민들이 함부르크에서 먹던 '타타르 스테이크'를 기억해내 '햄버거'라고 불렀다 한다.

햄버거라는 명칭이 처음으로 등장한 문헌은 1802년 발간된 《옥스퍼드 영어사전》이다. 여기에 '햄버거 스테이크'라는 단어가 등장하는데 소금에 절인 쇠고기로 정의해놓고 있다. 그런 만큼 오늘날의 햄버거와는 다소 다른 햄버거 원형에 가까웠던 것으로 추정된다. 칭기즈칸 시대 때 몽골에서는 햄버거의 원형을 무엇이라고 불렀는지 알 수 없다. 햄버거는 '타타르 스테이크'에서 '햄버거 스테이크', 그리고 '햄버거'로 이동 경로만큼 이름도 다양하게 바뀌었다.

지금은 햄버거가 비만을 유발하는 식품으로 구박을 받고 있지만 한때 영국에서는 건강식품으로 각광을 받았던 적도 있었다. 1888년 영국의 내과 의사인 솔즈베리James Salisbury 박사는 빈혈, 신경통 환자들에게 '햄버거 스테이크'를 먹으라고 권장했다고 하는데, 그 요리 방법은 현재의 햄버거와는 다소 달랐다고 한다.

한편 제1차 세계대전 때는 햄버거라는 이름이 사라질 뻔했던 적도 있다. 독일과 전쟁중이던 미국에서는 독일에 대한 감정이 나빠지면서 '햄버거' 대신 영국 내과의사의 이름을 따서 '솔즈베리 스테이크'라 부르곤 했다. 미국이 이라크전쟁을 시작하면서 이라크전쟁에 반대했던 프랑스에 대한 반감으로 '프렌치프라이' 대신 '프리덤 프라이'라는 이름을 썼던 것과 같은 경우다.

콜라

햄버거와 짝을 이루는 음료로, 코카콜라가 최초의 콜라 음료다. 1886년 미국 애틀랜타의 약제사인 J.S.펨버턴이 코카의 잎, 콜라의 열매, 카페인 등을 주원료로 만들어 '코카콜라'라는 이름으로 상품화했다.

샌드위치
sandwich

**도박에 빠진
샌드위치
지방의
백작 발명품**

샌드위치는 대부분의 사람들이 알고 있는 것처럼 1762년 영국 귀족인 샌드위치Sandwich 백작 덕분에 만들어진 음식이다. 샌드위치 백작은 카드 도박에 빠져 있었는데, 그날도 도박을 하느라고 식사 시간을 놓쳤다. 배는 고픈데 도박을 멈출 수 없어 하인에게 빵 사이에 로스트비프roast beef를 끼워서 갖고 오라고 했고, 샌드위치는 여기서 비롯됐다. 빵에 쇠고기를 끼웠기 때문에 손에 기름이 묻지 않아 먹으면서도 카드를 할 수 있었다.

이처럼 통설로 알려져 있는 샌드위치의 유래는 정확하면서도 또 다른 한편으로는 부정확한 부분도 있다. 오해로 인해 혼동이 생기는 대목이 있다는 뜻이다.

먼저 샌드위치는 사람의 이름이 아니라는 사실이다. '샌드위치 백작'은 영국의 샌드위치 지방을 다스렸던 백작 작위를 받은 영주를 칭하는 말이다. 샌드위치 백작의 본명은 존 몬태규John Montagu다. 1718년에 태어났으며 이튼스쿨과 케임브리지대학을 졸업했고, 해군성장관까지 지낸 인물이다.

샌드위치 가문의 4대 백작이었던 존 몬태규가 다스렸던 '샌드위치'는 켄트Kent 주에 속해 있는 소도시로 영국과 프랑스 사이에 있는 도버 해협에 인접해 있는 지방이다. 이곳은 현재 켄트 주의 관광명소가 되었고, 샌드위치 백작 가문도 지금까지 11대를 이어오면서 런던에서 '샌드위치 백작The Earl of Sandwich'이라는 식품 회사를 운영하고 있다.

존 몬태규는 '샌드위치'라는 이름을 만들어낸 도박꾼으로 유명할 뿐만 아니라 역사적으로도 상당히 의미가 있는 인물이다. '지상의 낙원'이라는 미국의 하와이를 유럽 사람들이 발견하게 된 것도 어떤 면에서는 존 몬태규 덕분이었다.

1778년 1월 18일 영국의 제임스 쿡James Cook 선장이 오랜 항해 끝에 하와이 섬을 발견했다. 엄격하게 말하면 하와이를 최초로 발견한 유럽 국가는 1527년 스페인이었지만, 스페인은 영유권을 주장하지 않아 유럽 사람들에게 잊혀진 섬이었

음식이 상식이다

다. 쿡 선장은 하와이를 다시 발견하면서 자신의 상사이자 스폰서였던 해군성장관 존 몬태규의 후원을 기념하기 위해 '샌드위치 아일랜드Sandwich island'라는 이름을 붙였다.

남극해에도 사우스 샌드위치 군도라는 섬이 있다. 이곳 역시 1775년 쿡 선장이 발견한 곳으로 샌드위치 백작인 존 몬태규를 기리기 위해 샌드위치 군도라고 명명했다가 하와이를 발견한 후 구분을 짓기 위해 앞에 사우스를 덧붙였다.

어떤 이들은 존 몬태규가 미국의 독립에도 간접적으로 막대한 영향을 미쳤다고 한다. 미국이 영국과의 독립전쟁에서 승리할 수 있었던 요인 중의 하나가, 존 몬태규가 해군성장관을 지낼 때 군비축소 차원에서 영국의 해군 규모를 줄였는데 이로 인해 미국이 전쟁에서 쉽게 이길 수 있었다는 것이다.

케이준요리

cajun

아픈 만큼 자극적인 스타일

케이준 치킨, 케이준 샐러드, 케이준 버거, 케이준 소스……

요즘 패밀리 레스토랑이나 패스트푸드 메뉴에서 흔하게 볼 수 있는 음식 이름이다. 케이준이 도대체 무엇일까? 보통 양념 맛이 강한 음식을 케이준 스타일이라고 한다. 정확하게 말하자면 미국 남부에서 발달한 음식으로 마늘, 양파, 후추 등이 들어가 맛과 향이 자극적이고 화끈한 것이 특징이다.

그런데 정열의 나라 스페인이나 쌈바의 나라 브라질도 아니고, 미국 그것도 촌스럽고 보수적이기로 소문났던 남부 사람들이 왜 이렇게 화끈하고 자극적인 음식을 먹었을까?

케이준Cajun이라는 말 자체에 비밀이 담겨 있다. 지금은 주로 요리 스타일을 가리키는 용어로 쓰이지만 케이준은 원래 미국 북동부, 메인 주에 있는 아카디아 국립공원 북쪽에서부터 캐나다 퀘벡 아래에 살았던 프랑스 이민의 후손을 부르는 말이었다. 인디안 말로 아카디아 지방에 사는 사람들이라는 뜻이다. 이런 케이준이 왜 엉뚱하게 미국 남부 요리 이름으로 둔갑했을까?

18세기 중반, 북미에서 영국계와 프랑스계 이민사회가 모국의 지원을 등에 업고 전쟁을 했다. 영국이 승리했기에 당시 프랑스 이민자들이 개척한 오하이오 주를 비롯해, 케이준이 살고 있던 아키디아 지역이 영국으로 넘어갔다. 하지만 아카디아 지방의 프랑스 후손, 케이준은 영국 정부에 대해 충성을 거부했고, 그 결과 약 1만 명에 이르는 케이준이 당시 프랑스 식민지였던 미국 남부 루이지애나 주의 뉴올리언스 등지로 강제 추방을 당했다.

케이준이 추방당한 곳은 남부의 광활한 늪지대로 졸지에 삶의 터전을 잃고 고향에서 쫓겨난 이들은 농사를 지을 수도, 가축을 키울 수도 없었던 낯선 늪지에서 닥치는 대로 먹고 살아남아야 했다. 사냥을 하거나 물고기를 잡아먹거나 죽어 있는 들짐승, 날짐승을 발견하고 먹었는데, 상하기 직전의 고기, 거친 야생의 작물을 그대로 먹을 수는 없었다. 강하고 화끈하며 자극적인 맛을 내야 썩은 재료의 맛을 지우고 야생의 냄새를 제거할 수 있었다. 그래서 들판에서 자라는 갖가지 야생 허브를 따다가 음식에 몽땅 집어넣었던 것이다. 지금도 레스토랑에서 케이준 스타일 음식을 주문하면 허브를 비롯해서 갖가지 향신료가 듬뿍 뿌려져 나오는 이유다.

이렇게 터전을 잃고 쫓겨난 프랑스계 후손이 살아남으려고 먹던 음식에 더해 이후 아프리카 출신의 흑인 노예 음식, 그리고 백인에게 이리저리 쫓겨 다니던 아메리카 원주민 음식이 더해져 완성된 것이 바로 지금의 케이준 스타일이다.

케이준 요리 중에서 가장 대표적인 것이 잠발라야jambalaya다. 예전 카펜터스가 불렀던 팝송 제목으로도 널리 알려졌다. 혹자는 잠발라야를 사람 이름으로 알고 있지만 사실은 미국식 볶음밥이다.

잠발라야는 고기를 끓여서 만든 육수나 버터에다 쌀을 넣고 끓인 후 닭고기나 쇠고기와 같은 여러 가지 고기나 각종 해산물을 넣고 거기다 야채와 향신료까지 넣어 요리한 음식이다. 죽처럼 걸쭉하기는 하지만 일종의 볶음밥이라고 할 수 있다. 볶음밥이라고 하면 우리는 우선 계란볶음밥이나 김치

볶음밥을 연상하니까 걸쭉한 죽처럼 생긴 쌀밥을 볶음밥이라고 부르기가 조금은 어색할지 모른다. 하지만 어쨌든 치즈를 얹지 않는 리조또risotto나 스페인의 빠에야paella와 비슷한 음식이다.

음식의 모양새도 그렇지만 사실 잠발라야는 빠에야에서 파생한 음식으로 보는 견해가 지배적이다. 스페인의 빠에야를 기본으로 프랑스 스타일의 조리법과 인디언의 음식재료 등이 복합적으로 얽히고설키면서 만들어진 음식이기 때문이다.

캐나다에 살았던 프랑스계 이민의 후손인 케이준이 강제로 옮겨온 미국의 루이지애나 주, 그중에서도 재즈의 고장인 뉴올리언스는 주인이 여러 번 바뀌었던 땅이다. 처음 프랑스 탐험가가 발견해 프랑스의 식민지가 됐다가 나중에 프랑스가 스페인에 양도했다가 되돌려 받았으며, 이후 나폴레옹이 제3대 토마스 제퍼슨 대통령 때 미국에 양도했다.

잠발라야는 이런 역사 속에서 만들어진 음식이다. 스페인 이민자들이 고향에서 먹었던 빠에야를 이곳에서도 만들어 먹었는데 여기에다 미국 원주민인 인디언이 먹던 야생 고기와 생선, 채소가 더해진다. 그리고 프랑스 스타일의 요리법

어 덧붙여지고 이후 강한 향신료를 쓰는 케이준의 조리방식
에다 아프리카에서 노예로 끌려온 흑인들의 요리법까지 복
합적으로 얽히고설키어 만들어졌다.

잠발라야를 비롯해 요즘 유행하는 케이준 스타일은 이렇
게 좌절과 절망 속에서도 살아남아 다시 일어서겠다는 케이
준의 처절한 생존 의지와 인내심이 담긴 음식이다. 그 자극적
인 맛은 아픔을 딛고 일어선 표식이다.

키위
kiwi

동서 냉전이 만든 이름

새콤달콤한 과일, 키위는 감이나 배와는 달리 우리 토종과일은 아닌 것으로 알고 있다. 지금은 우리나라에서도 재배하지만 예전에는 주로 뉴질랜드에서 들여왔다. 때문에 바나나, 멜론처럼 외국에서 들여온 수입 과일이라는 인식이 강하다.

하지만 키위는 우리 토종과일이다. 그런데 왜 엉뚱하게 키위라는 이름으로 불리는 것일까? 키위는 뉴질랜드에서만 살고 있는 새의 이름이다. 과일 키위와 새 키위는 어떤 관계가 있으며 뉴질랜드와는 또 어떤 인연이 있는 것일까?

키위는 원산지가 중국으로 우리나라를 포함한 동북아에서 널리 자라는 과일이다. 우리나라 이름은 〈청산별곡〉의 "머루랑 다래랑 먹고"라고 할 때의 다래다. 키위는 서양에서 들여왔다는 뜻에서 양다래라고 하고 우리의 다래는 양다래와 대비해 토종 다래라는 뜻으로 참다래라고 한다. 《고려사》에도 나오는 과일이고, 조선 초기, 연산군이 좋아해서 신선도가 유지될 수 있도록 다래를 가지와 덩굴이 달린 채로 상납하라고 경기도 감사를 달달 볶았다는 기록이 있으니 과일로 먹은 역사가 꽤 오래됐다.

키위는 우리와 중국 등 아시아의 산간지역에서 저절로 자라는 열매였다. 명나라 때 한의학 서적인 이시진의 《본초강목》에도 나오는데 생김새는 배를 닮았고, 색깔은 복숭아와 비슷한데 원숭이가 좋아하는 복숭아라는 뜻에서 미후도獼猴桃, 혹은 따뜻한 양지에서 자라는 복숭아라는 뜻에서 양도陽桃라고 불렀다. 《본초강목》에는 시고, 달고, 차기 때문에 갈증을 멎게 해주고 열을 내려준다고 나온다. 과일뿐만 아니라 약재로도 쓰였다는 의미다.

그런데 아시아의 과일인 다래가 왜 뉴질랜드로 건너가 서양 과일로 발전하게 됐을까? 그리고 과일 이름이 하필이면 뉴질랜드에만 서식하는 새인 키위와 같게 됐을까?

키위가 세계적으로 널리 퍼지게 된 계기는 제2차 세계대전 때문이고, 키위라는 과일 이름은 냉전이 낳은 결과다.

1906년 뉴질랜드의 왕가누이 여자대학교 학장인 메리 프레이저 여사가 중국 후베이성 이창宜昌에 있는 자매학교를 방문했을 때 뉴질랜드에서는 보지 못했던 낯선 과일인 다래의 씨앗을 얻었다. 프레이저 여사는 귀국 후 학교 인근의 농부에게 이 씨앗을 전했는데 4년 후 다래가 뉴질랜드에서 처음으로 열매를 맺었다.

뉴질랜드 사람들은 키위를 중국에서 전해진 과일이라고 해서 처음에는 중국 이름 그대로 양도, 혹은 영어로 차이니즈 구스베리Chinese Gooseberry라고 했다. 낯설고 새로운 과일의 인기가 높아지자 뉴질랜드 농민은 중국에서 온 과일의 재배를 점차 늘려갔다. 그러던 중 제2차 세계대전이 일어나면서 1940년경 뉴질랜드 육군에서 차이니즈 구스베리 농장을 징발했다. 그리고 농장 주변에 미군이 주둔한다.

미국 병사들은 고향에서는 먹어보지 못한 새로운 과일 맛에 푹 빠졌다. 전쟁이 끝나고 귀국한 후에도 뉴질랜드의 새콤달콤한 과일이 생각났다. 미국과 영국에서 시장이 생기자 뉴질랜드 농장에서는 차이니즈 구스베리를 본격적으로 수출하기 시작했다.

그런데 이 시기는 한국전쟁이 한창이던 1952년 무렵이다. 미국과 영국이 한반도에서 중공군과 치열한 전투를 벌이던 때였다. 중국에 대한 감정 역시 좋지 않았다. 전쟁이 끝난 후에는 민주진영과 공산진영이 대립하는 냉전이 본격적으로 시작됐다. 중국에 대한 미국인의 반감이 점점 높아지는 시기였다. 바로 이 무렵에 미국에서 차이니즈 구스베리의 인기는 점점 높아졌다. 적은 양을 수입할 때는 별 문제가 없었는데 슈퍼마켓에서 다량의 차이니즈 구스베리가 팔리면서 과일 이름으로 인한 이미지가 문제가 됐다. 냉전시대에 대립하고 있던 중국에서 들여온 과일이라는 인식 때문이다.

샌프란시스코의 미국 과일 수입업자가 냉전시대의 정치적 이미지를 떠올리는 차이니즈 구스베리라는 이름을 바꾸자고 제안했다. 중국과 관련 있는 과일이라는 느낌을 지우기 위해서다. 중국을 싫어하는 사람들이 과일을 사 먹지 않을 수도 있기 때문이다. 결국 과일 이름을 바꾸기로 했는데 처음에는 차이니즈 구스베리라는 이름 대신에 작고 맛있는 멜론이라는 뜻에서 '멜로네트'라고 작명을 한 후 국제 과일시장에 선을 보였다.

그런데 이 이름 역시 문제가 생겼다. 미국의 수입업체가 새로운 이름에 이의를 제기하면서 하루속히 다른 이름으로 다시 바꿀 것을 요구했다. 작은 멜론이라는 뜻의 멜로네트로 수입하려면 단가를 올려야 한다는 것이었다. 당시 미국에서 멜론 종류의 과일은 관세가 다른 과일에 비해 높았기 때문이다.

높은 관세를 피하려면 멜론과 연관이 있는 이름은 피해야 했다. 게다가 이왕이면 과일을 대량 재배하는 원산지인 뉴질랜드의 특성을 강조하는 새로운 이름으로 작명해줄 것을 희망했다.

그래서 나온 이름이 키위Kiwi fruit이다. 뉴질랜드를 상징하는 키위 새처럼 뉴질랜드를 대표하는 과일이라는 뜻이다. 뿐만 아니라 키위는 뉴질랜드 원주민인 마오리족의 언어였기 때문에 신선한 나라, 뉴질랜드의 이미지를 강조하는 데 안성맞춤이었다. 우리의 과일 다래, 중국의 과일 양도가 차이니즈 구스베리에서 키위로 바뀐 사연이다.

5

황제의
음식

매 닭 아 잡 어 누 제 샥 푸 캐
생 발 이 채 묵 룽 비 스 아 비
이 스 　 　 지 집 핀 그 아
국 　 크 　 탕 　 요 라
　 림 　 　 　 　 리 　

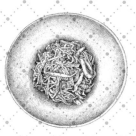

산과 바다에서 나오는 온갖 재료로 만든 진기한 음식이
산해진미山海珍味다. 이 말은 당나라 때의 시인인 위응물韋應物이
쓴《장안도시長安道詩》에 나오는 말이다.

산해진미는 귀한 음식도 있고 기묘한 음식도 있으며 잔인한
음식도 있다. 이를테면 바다제비 집 수프나 사슴힘줄 요리
같은 것은 진귀한 음식이다. 반면 원숭이 뇌, 곰 발바닥, 고릴라
입술 등은 잔인한 음식이며, 낙타 혹과 버섯은 기이한 음식에
속한다.

이런 음식은 누구나 쉽게 먹을 수 있는 음식이 아니다.
예전에는 황제나 왕이 먹던 음식들이다. 그중에서 상당
부분은 너무 잔인해서 혹은 재료를 구할 수가 없어서 현재는
먹지 못하고, 일부는 너무 비싸기 때문에 여유 있는 사람들만
먹는다.

하지만 주변을 살펴보면 옛날에는 황제나 고관대작들만 먹을
수 있던 음식이었는데, 요즘은 누구나 쉽게 즐기는 음식도
꽤 있다. 예를 들면 지금은 특별한 날이 아니더라도 먹는
잡채가 있다. 잡채는 조선시대까지만 해도 임금이 즐겨 먹던
음식이었다. 잡채를 잘 만들어 높은 벼슬까지 지낸 사람이
있었으니까 무척이나 귀한 요리였던 모양이다.

그렇다고 황제나 고관대작들이라고 해서 항상 산해진미만
먹으면서 지낸 것은 아니다. 중국 청나라 때의 황제인 건륭제는

천하에서 제일 맛있는 요리가 '누룽지탕'이라고 했다. 배고픈
상태에서 얻어먹은 누룽지탕이 맛있었던 모양이다.
또한 조선시대 선조도 피난길에 먹은 도루묵에 은어라는
이름까지 하사했으니, 황제나 일반 서민이나 "시장이
반찬"이라는 속담처럼 배가 고프면 지위에 관계없이 무엇이든
맛있게 잘 먹나 보다. 호사를 누렸던 청나라의 서태후도
피난길에 자장면을 먹고, 그 맛에 반해 베이징에서 자장면이
유행할 정도였다고 하니 한때 황제의 음식을 지금은 쉽게 맛볼
수 있다는 것은 큰 행운이다.

캐비아
caviar

보통 사람에게 어울리지 않는 영광의 요리

우리 속담에 "개발에 편자" 또는 "돼지 목에 진주"라는 말이 있다. 두 속담 모두 분수에 어울리지 않는 물건이나 행동을 지적할 때 쓴다. 그렇다면 영어에는 어떤 표현이 있을까? 여러 가지가 있겠지만 그중 하나로 "속인俗人에 캐비아"라는 말이 있다. 셰익스피어가 쓴 말로, 그의 비극 《햄릿》에 주인공 햄릿이 연극을 "속인에 캐비아(caviar to the general)"로 비유하는 대목이 나온다. 캐비아는 황제나 귀족들이 먹는 음식이지 보통 사람들에게는 어울리지 않는 음식으로 '분수에 맞지 않다'는 뜻으로 이 말을 사용했다.

캐비아caviar는 소금에 절인 철갑상어의 알이다. 고급 음식이라는 것은 상식적으로 알고 있지만, 도대체 캐비아가 어떤 음식이기에 셰익스피어가 보통 사람들한테는 어울리지 않는 음식으로 치부했을까?

유럽 사람들이 꼽는 3대 진미가 있다. 철갑상어의 알인 캐비아caviar, 거위 간인 푸아그라Foie gras, 송로버섯으로 알려진 트뤼플truffle이 그것이다. 그런 만큼 캐비아는 역사적으로 부와 권력의 상징이었고 사치의 대명사였다. 오죽했으면 옛날 사람들이 캐비아를 '검은 진주black pearl'라 불렀겠는가. 지금도 러시아에서는 캐비아만을 전문적으로 취급하는 마피아가 있다고 한다.

사실 많이 일반화됐지만 상품의 캐비아는 가격이 만만치 않다. 예전부터 캐비아 한 단지와 양 100마리를 바꿨다고 하는데, 최고급 상품에 속하는 벨루가Beluga 캐비아의 경우 참치 캔보다도 작은 캔 하나의 가격이 약 120달러를 넘는다. 고급 캐비아 수요의 50퍼센트는 레스토랑이 아니라 여객기를 운항하는 민간 항공사들이라고 한다. 퍼스트 클래스 승객들에게 제공하기 위해서다.

지금은 캐비아가 보편화되면서 중산층들도 많이 먹지만 예전에는 유럽의 황제Emperor, 러시아 황제인 짜르Czar, 페르시아 황제인 샤Shah와 황실 가족들, 그리고 귀족들이나 먹을 수 있는 최고급 요리였다. 그런 만큼 캐비아를 먹는 사람들에게는 영광이, 철갑상어를 잡은 후 캐비아를 만들어 갖다 바쳐야 했던 사람들에게는 고통이 어려 있는 음식이기도 하다.

캐비아가 유럽 왕실과 귀족 사회에서 보편화된 것은 13세기 정도인 것으로 알려져 있지만 로마시대에도 캐비아를 먹었고, 귀한 음식이었던 만큼 특등 대우를 받았다. 그래서 캐비아가 식탁에 오를 때는 의식이 요란스러웠다고 한다. 그냥 접시에 담아 식탁에 올리는 것이 아니라 꽃으로 장식한 접시에 모셨으며, 식탁에 오르는 순간에는 악대가 팡파르를 울려 영광을 기렸다고 한다.

프랑스 부르봉Bourbon 왕조의 루이 13세는 유독 캐비아를 즐겼다. 최상급 캐비아를 먹기 위해 주산지인 카스피해 연안으로 직접 시종을 보내 캐비아를 날라오도록 했다. 만약 중간에 캐비아를 빼돌린 사람이 있으면 목을 쳐 죽이는 참수형을 내렸다고 한다.

영국에 캐비아가 전해진 것은 중세 무렵이다. 그 맛이 얼마나 기가 막혔는지 캐비아를 만들어내는 철갑상어를 '왕실어royal fish'라고 불렀다. 영어로 'Sturgeon'인 철갑상어가 영국에서 졸지에 'Royal Fish'로 둔갑한 이유는 에드워드 2세 때문이다. 에드워드 2세는 "철갑상어를 잡으면 무조건 왕실에 바쳐야 한다."라는 법령을 만들 정도로 캐비아를 즐겨 먹었다.

그러나 유럽에서 캐비아를 가장 즐겨 먹은 사람들은 러시아 황제인 짜르와 귀족들이었다. 지금도 캐비아 하면 러시아를 떠올리고 러시아 대표 음식으로 꼽는다. 최고급 캐비아는 카스피해 연안 지역, 특히 아제르바이잔에서 잡히는 철갑상어 알로 만든 것을 꼽는다.

아제르바이잔은 원래 페르시아 영토였지만 러시아가 페르시아와의 전쟁에서 승리한 후 자국 영토로 편입시켰다. 그러고 나서 러시아 짜르였던 니콜라스 2세는 아제르바이잔의 어부들에게 세금으로 해마다 11톤의 최상급 캐비아를 갖다 바치라는 명령을 내렸다. 최상급의 품질로 11톤을 만들려면 얼마나 많은 철갑상어를 잡아야 하는지 어림잡아 계산하기조차 힘들다. 짜르가 요구하는 캐비아의 수요를 충족시키기 위해 전쟁에서 패배한 아제르바이잔 어민들이 얼마나 혹독하게 고생했을지 어렵지 않게 짐작할 수 있다.

러시아에서는 전쟁에서 몰려 도망갈 때에도 캐비아를 먼저 챙겼다. 러시아혁명이 진행되던 1919년 11월, 공산 혁명군에 패한 제정 러시아는 군사령관 코르차크^{Korczak} 장군을 주축으로 125만 명의 백러시아 병사와 귀족 및 그 가족을 이끌고 시베리아 방면으로 도주했다. 이때 코르차크 장군이 갖고 간 물건이 제정 러시아의 황금 500톤과 최고급 캐비아였다고 한다.

8000킬로미터를 퇴각하면서 마침내 얼어붙은 바이칼 호수에 도착했는데 이 과정에서 100만 명이 사망했고, 나머지 25만 명은 바이칼 호수 중간에서 동사했다. 어마어마한 사람이 죽어가는 와중에서도 제정 러시아 장군이 챙긴 목록 중에 캐비아가 포함돼 있다는 사실이 놀랍다.

캐비아는 러시아와는 떼려야 뗄 수 없는 인연이다. 차르 황제와 귀족들이 즐긴 음식으로 인민들에게는 고통을 안겨준 식품이지만, 역설적으로 '인민의 적'인 캐비아가 소비에트 연방(소련)을 건설하는 데 지대한 공헌을 했다고 할 수 있다.

1920년 소련이 공산화된 후 공산 정권은 가장 먼저 아제르바이잔 지역의 캐비아 공장부터 국유화했다. 그리고 여기서 생산한 캐비아를 서방 세계의 부유한 자본가들에게 팔아 현금을 만들었다. 캐비아 판매 자금이야말로 돈줄이 막혔던 소비에트 정권에게 가장 중요한 현금 수입원 중의 하나가 됐

음식이 상식이다

던 것이다. 소련이 붕괴된 후 현재 러시아에는 캐비아 마피아가 존재하는데, 이들이 취급하는 캐비아 시장 규모만 1억 달러에 이른다고 한다.

사실 캐비아라고 다 같은 캐비아가 아니다. 프랑스에서는 철갑상어의 어란에서 추출한 알만을 캐비아라고 부르도록 법으로 정해놓고 있다. 반면 미국에서는 온갖 종류의 물고기 알이면 다 캐비아라는 이름을 붙여 판매한다. 그렇기 때문에 캐비아라고 다 비싼 것은 아니다. 미국에서는 땅콩버터 정도 가격이면 살 수 있는 제품도 많다.

이 세상에는 모두 21종류의 철갑상어가 살고 있다고 한다. 특히 카스피해 연안 지역에서 잡히는 철갑상어에서 추출한 알로 만든 것을 고급으로 친다. 그중에서도 특등급으로 취급하는 캐비아는 벨루가, 오세트라Ossetra, 세브루가Sevruga 세 종류의 철갑상어 알로 만든 것을 꼽는다.

푸아그라
Foie gras

왕의 요리인 동시에 절망의 진미

프랑스 국왕 루이 16세의 왕비로 사치와 향락을 일삼다 프랑스혁명 당시 단두대에 올랐던 마리 앙투아네트. 그녀를 단두대로 끌고 가기 전, 감옥을 지키던 간수가 물었다.

"마지막으로 먹고 싶은 음식이 있으면 말하시오."

그러자 그녀가 대답했다.

"샴페인 한 잔과 빠떼 드 푸아그라를 먹고 싶다."

푸아그라Foie gras는 송로버섯과 함께 프랑스 요리 중에서도 최고로 치는 요리다. 마리 앙투아네트가 죽기 전에 먹고 싶다던 빠떼 드 푸아그라는 송로버섯과 거위 간을 잘게 썬 후 밀가루 반죽을 입혀 오븐에 구워낸 요리다.

거위 간 요리로 알려진 '푸아그라'는 프랑스 말이다. 이를 영어로 번역하면 '지방간fatty liver'인데, 강제로 거위나 오리의 간을 살찌게 해 '지방간'을 만든 데서 유래했다. 지방의 함량이 높기 때문에 맛이 풍부하고 부드러워 루이 14세 이후 프랑스 국왕과 귀족들이 즐겨 먹었다. 그래서 '왕의 요리The Dish of Kings'라고 불리기도 하지만 잔인한 사육방법으로 인해 '절망의 진미Delicacy of Despair'라는 별명도 듣고 있다.

푸아그라를 만드는 방법은 잔인하기 짝이 없다. 거위나 오리를 움직이지 못하도록 좁은 공간에 가둔 후, 거위 입에다 커다란 깔때기를 집어넣고 하루에 두세 번씩 불린 옥수수를 쏟아 붓는다. 사료를 강제로 부어 넣으면 목구멍으로 잘 넘기지 못하기 때문에 그 다음에는 물을 퍼붓는다. 불쌍한 거위와 오리는 강제로 먹은 많은 양의 옥수수를 뱉지도 못하고 물과 함께 삼켜야 하는 생지옥을 약 3주 동안 겪어야 한다. 푸아그라를 만드는 데 약 3주가 소요되기 때문이다.

이렇게 가학적으로 거위와 오리에 사료를 투입하면 일정 기간이 지난 후 간에 지방이 축적되어 간의 크기가 1.5킬로그램에서 2킬로그램까지 커진다. 정상 크기의 10배까지 부풀어 오르는 것이다. 이렇게 사육되는 과정에서 일부 거위나 오리는 피를 흘리며 죽는 경우도 있고, 간이 커져 제대로 서 있지도 못한다고 한다. 우리나라에서도 고기 양을 부풀리기 위해 소에게 강제로 물을 먹여 문제가 된 적이 있지만, 푸아그라 만드는 법에 비하면 약간 더 양심적인 편이다.

푸아그라는 비정상적인 방법으로 만들었기 때문에 병이 든 지방간이라고 할 수 있다. 하지만 가금家禽류의 특성상 '병든 간'보다는 '살찐 간'이 더 정확한 용어다.

사람들이 푸아그라를 먹기 시작한 역사는 기원전 2500년경으로 고대 이집트에서 처음으로 먹기 시작했다. 뒤집어 말해 거위와 오리가 인간에게 '살찐 간'을 봉양하기 위해 시달리기 시작한 역사가 무려 4500년이 넘었다는 이야기다.

겨울철이 되면 이집트의 나일 강변에는 북부 유럽의 추위를 피해 날아온 야생 거위와 오리로 가득했다. 야생 철새들은 그곳에서 엄청난 양의 무화과 열매를 먹는다. 겨울을 나고 북쪽으로 돌아가는 장거리 여행에 대비하기 위해서다. 이때 이집트 사람들은 거위들이 과식으로 인해 간에 살이 찌면서 지방질이 잔뜩 저장된다는 사실을 발견했다. 그래서 더 많은 지방간 생산을 위해 거위에게 강제로 무화과를 먹여 간에 지방을 축적하는 기술을 개발했다. 개발은 이집트 사람들이 했지만 유럽에 푸아그라를 전파시킨 사람은 유대인이다.

이집트에서 인공적으로 지방간 만드는 기술이 개발됐을 당시 유대인들은 이집트 노예였다. 주인으로부터 푸아그라 만드는 기술을 배운 유대인들은 후에 유럽 전역으로 퍼져나갔고, 이때 그리스와 중부 유럽, 그리고 로마제국으로 제조기술을 전수했다. 푸아그라라는 말의 어원이 유래한 것도 당시 로마제국에서부터다.

그러나 푸아그라는 로마제국의 멸망과 함께 유럽 귀족들의 식탁에서 사라진다. 정확한 이유는 알려져 있지 않지만, 유럽을 점령한 게르만족들 사이에서는 푸아그라가 별로 인기가 없었다고 한다.

푸아그라의 인기는 시들었지만 '절망의 제조기술'은 유대인들에 의해 계속해서 전수되어왔다. 그러다 푸아그라가 다시 귀족들의 입맛을 끌기 시작한 것은 18세기부터다. 프랑스 스트라스부르 지방의 J.P 클로제라는 요리사가 살찐 거위 간으로 만든 푸아그라 요리를 개발해, 알사스 지방의 영주에게 바쳤는데 호평을 받았다고 한다. 푸아그라를 부활시킨 역사가 있는 만큼 지금도 최고의 거위 간 요리는 프랑스의 스트라스부르와 툴루즈 지방의 것을 최고로 친다.

푸아그라가 유명해지면서 세계 3대 진미로 꼽히기 시작한 것도 이 무렵이다. 프랑스 부르봉 왕조의 전성기를 대표하는 태양왕太陽王 루이 14세가 푸아그라를 맛본 후 그 맛에 반했다. 이때부터 루이 14세는 베르사유 궁전에서 만찬이 열릴 때마다 푸아그라를 내놓도록 했고, 왕이 애호하는 음식이었던 만큼 귀족들 사이에서도 선풍적인 인기를 끌었다. '왕의 요리'라는 별명도 이때 생겨났다.

희대의 호색한 카사노바가 여행중에 들른 호텔에서 푸아그라를 주문했다가 없다고 하자 짜증을 냈다는 일화도 있다. 그리고 프랑스의 대문호 뒤마Dumas, 이탈리아의 작곡가 로시니 등도 푸아그라를 즐겨 먹었다는 것을 보면 유럽의 귀족들 사이에서 유행했던 것으로 짐작된다.

'왕의 요리'로 세계 미식가들의 찬사를 받는 요리지만 최근에는 동물 애호가를 비롯한 많은 사람들로부터 '절망의 진미'로 적지 않은 비난을 받고 있다. 그 선두에 선 사람이 〈007

제임스 본드〉의 주인공 로저 무어Roger Moore다. 그 역시 원래 푸아그라를 즐겨 먹었지만, 과정을 알게 된 이후부터 푸아그라 반대 운동에 앞장서고 있다.

그리고 캘리포니아 주지사 아놀드 슈왈제네거는 2004년 캘리포니아 주에서 푸아그라 생산 및 판매금지 법안에 서명했으며, 2006년 시카고 시의회도 생산 및 판매 금지 법령을 제정, 시행에 들어갔다. 또 영국을 비롯해 이스라엘, 스위스 등에서는 거위와 오리에게 강제로 사료를 주입하는 푸아그라 농장을 불법으로 규정해놓고 있다.

오르되브르

서양식 식사에서 정해진 음식 코스 전에 식욕을 돋우기 위해 대접하는 음식이다. 영어로는 애피타이저(appetizer), 러시아어로는 자쿠스카(zakuska), 중국어로는 첸차이(前菜)라고 한다. 생굴, 캐비아, 훈제 연어 등이 많이 사용된다. 고급 오르되브르는 모두 찬 음식인데, 가끔 고로케나 파이 같은 더운 음식을 대접하기도 한다. 단, 더운 음식은 단독으로 내놓는다.

샥스핀
shark's pin

용의 간과
봉 골수에
버금가는 요리

맛있는 음식을 산해진미라고 한다.
정확한 뜻은 산과 바다의 진귀한 재
료로 만든 맛있는 음식이다. 당나라
때의 시인 위응물韋應物이 쓴《장안도
시長安道詩》에 나오는 구절이다. 원래는 '산진해착山珍海錯'이라
는 말을 썼는데 '해착海錯'은 해산물이라는 뜻이다. 산해진미
는 맛뿐만 아니라 재료도 귀해야 한다. 중국에서는 왕조와 지
역에 따라 다양한 산해진미가 있다.

　주나라 때의 8대 진미가 있고, 명나라와 청나라 때의 8대
진미가 있으며, 만주족과 한족의 명품 요리를 총집합한 만한
전석에는 땅, 하늘, 바다에 사는 동물과 식물의 재료에서 각각
8대 진미를 뽑은 모두 48가지의 산해진미가 있다. 물론 48가

지 요리가 만한전석의 전부는 아니다. 만한전석은 연회의 종류에 따라 다르지만 보통 108가지의 요리가 나온다고 한다.

중국에서 산해진미는 시대와 지역에 따라 종류를 달리하고 있지만, 역사적으로 보통은 곰 발바닥熊掌, 낙타 봉우리駱峯, 사슴 꼬리鹿尾, 바다제비집燕窩, 상어 지느러미魚翅, 진어眞魚를 꼽는다. 지금은 대부분 멸종됐거나 야생동물 보호 차원에서 식용을 금지하고 있다. 하지만 고급 요리로 대접받으며 일부 먹고 있는 것이 바다제비집 수프와 상어 지느러미인 샥스핀Shark's pin이다.

명나라 때 의학서를 집대성한 이시진은 《본초강목》에서 "상어의 등과 배에는 지느러미가 있는데 맛이 풍부해 남쪽 사람들은 귀하게 여긴다."라고 했다. 상어 지느러미가 귀한 약용 음식이면서 동시에 사람들이 흔히 먹을 수 있는 음식은 아니었음을 이 대목에서 짐작할 수 있다.

청나라 때도 상어 지느러미로 만든 샥스핀은 최고의 요리로 대접받았다. 청나라 때 발간된 중국의 4대 기서인 소설 《금병매》를 보면, 중앙에서 내려온 벼슬아치 채경관이 서문경을 초청해 음식을 대접하면서 이런 말을 했다.

"진수성찬을 모두 마련해 바다제비집 수프도 있고 상어

지느러미도 있는데, 다만 용의 간龍肝과 봉황의 골수鳳髓만 빠져 있을 뿐입니다."

용과 봉황은 실존하는 동물이 아닌 만큼 구할 수 있는 산해진미는 모두 갖추었다고 생색내는 말임을 알 수 있다. 귀한 음식인 만큼 청나라의 건륭 황제는 샥스핀이 최고의 음식이라고 칭찬을 아끼지 않았고, 명나라 희종熹宗 황제 역시 식사를 할 때 샥스핀을 빠뜨리지 않았다고 한다.

하지만 샥스핀이 처음부터 고급 요리로 대접받았던 것은 아니다. 지금은 전형적인 중국 명품 요리로 알려져 있지만, 원래 동남아에서 먹던 음식 재료였을 뿐 초창기에는 중국에서 거의 못 먹는 음식 취급을 받았다.

상어 지느러미는 베트남에서 명나라 황제에게 바치던 조공 품목 중의 하나였다. 진귀한 음식 재료라는 의미로 보냈지만, 명나라 초기 황제의 연회 식탁에서 상어 지느러미 요리인 샥스핀은 발견되지 않는다. 대신 황제가 주방에서 일하는 사람들을 위해 하사품으로 내려 보냈을 뿐이라고 한다.

그러다 중국 사람들이 상어 지느러미를 먹기 시작한 것은 '중국의 콜럼버스'라고 불리는 정화鄭和 때부터다. 대규모 선단을 이끌고 중국에서 아프리카까지 긴 항해를 했던 정화 함대가 동남아 해역을 지나던 중 식량이 떨어졌다. 배가 고팠던 선원들은 항해 도중 들른 섬에서 원주민들이 상어를 잡아 먹고 버린 지느러미를 주워 끓여 먹었다. 그런데 허기를 채울 수 있었을 뿐만 아니라 입맛도 상쾌했다. 이때부터 중국 사람들은 상어 지느러미를 먹기 시작했다고 한다.

중국의 샥스핀 요리 중에서도 명품은 역사적으로 황민어시黃焖魚翅와 통천어시通天魚翅를 꼽는다. 중국에는 담종준譚宗俊 집안과 공자孔子 집안, 양대 요리 명문가가 있었는데, 황민어시는 담 씨 집안의 요리 중에서도 대표적인 요리로 꼽히는 샥스핀이다. 필리핀산 상어인 여송황呂松黃의 지느러미를 7일 동안 우려낸 후, 3년 동안 알을 낳지 않은 늙은 암탉을 잡아 4~5시간 동안 끓여 탕을 만든다.

통천어시는 공자 집안의 요리다. 공자 집안의 70대 손인 연성공衍聖公에게 시집을 간 건륭 황제의 열세 번째 딸이 아버지인 황제가 공자묘에 참배하기 위해 곡부에 내려올 때마다 만들어 바친 음식이 샥스핀이다.

샥스핀 요리 재료로 쓸 수 있는 상어는 약 400여 종 중에서 10여 종에 불과하다. 샥스핀 요리를 만들기 위해 일 년에 약 120만 톤의 상어 지느러미가 밀매되고 있으며, 이를 상어 마리 수로 환산하면 7300만 마리에 이른다. 또한 상어를 잡아서 지느러미만 잘라버리는 잔인한 포획 방법과 남획이 성행하고 있다.

그래서 최근에는 상어의 멸종 위기로 샥스핀 안 먹기 운동도 벌어지고 있다. 중국 출신으로 미국 프로농구 NBA에서 뛰고 있는 야오밍姚明은 야생동물 보호 캠페인에 동참하기 위해 샥스핀을 먹지 않겠다고 선언한 바 있다.

똠양꿍

태국인들이 자주 먹는 국물 요리로, 새우와 레몬그라스, 라임 잎, 매운 고추 등을 넣고 오랫동안 끓인 수프다. 중국의 샥스핀, 프랑스의 생선 수프인 부야베스(bouillabaisse)와 함께 세계 3대 수프로 꼽힌다.

제비집 요리

燕窩

중국 황제의
전통적인
아침 수프

명나라 때 세상을 떠난 중국의 요리 연구가로 가명賈銘이라는 사람이 있었다. 남송 때 태어나 원나라에서 만호萬戶 벼슬을 지냈고, 명나라 초기에 사망했는데 당시 나이가 106세였다고 한다. 가명은 평생 동안 음식을 이용한 양생법養生法을 연구해 《음식수지飲食須知》를 썼다. 그의 책은 명나라를 건국한 주원장朱元璋에게 황제의 양생비법으로 바쳐진 이후 역대 황제의 식단을 구성하는 데 중요한 참고자료가 됐다고 한다.

《음식수지》에는 양생에 도움이 되는 음식과 금기 식품, 그리고 주의사항 등이 포함돼 있는데 여기에 들어 있는 요리 중의 하나가 '제비집 요리燕窩'다. 바다제비가 지은 집으로 만든 요리인 '제비집 요리'는 주로 수프 형식이고, 황제가 즐겨 먹는 '황제의 음식'이다.

청나라 제6대 황제로 청의 전성기를 만들었던 건륭 황제는 매일 아침 자리에서 일어나면 공복에 시원한 '제비집 수프' 한 그릇을 들이마셨다고 한다. 그 이유 때문인지는 모르겠지만 88세를 살았고, 중국 역대 황제 중에서 재위 기간이 가장 길어 63년 동안 황제와 태상황제를 지냈다.

건륭 황제 이후 황제가 아침에 일어나면 '제비집 수프'를 마시는 전통이 계속돼 제11대 황제인 광서제까지 이어져 내려왔다고 한다. 광서제의 어머니인 서태후는 특히 '제비집 요리'를 좋아했다. 서태후가 먹는 식사에는 평소 30종류의 음식이 올라왔는데 그중 7가지가 제비집 요리였다.

청나라 때의 시인이며 미식가였던 원매袁枚는 그가 편찬한 《수원식단隨園食單》이라는 책에서 "제비집 요리는 귀중한 음식이니 가볍게 쓰지 말아야 한다. 제비집을 재료로 쓸 때는 아껴서 66그램을 넘어서는 안 된다."라고 했으니 중국에서 요리 재료인 '제비집'을 얼마나 귀하게 여겼는지 짐작할 수 있다.

요리에 쓰는 제비집은 잘 알려져 있는 것처럼 우리가 흔히 볼 수 있는 제비가 만든 집이 아니라 금사연金絲燕이라는 바다제비가 만든 집이다. 금사연은 여름에는 대륙에서 지내다가 겨울이 되면 남중국해와 베트남, 말레이시아, 인도네시아 등으로 날아가 월동을 한다. 이때 집을 짓고 새끼를 낳는데 집을 지을 때는 새끼를 보호하기 위해 바닷가 절벽 80~100미터 높이에 집 제비와 달리 해초를 이용해 둥지를 만든다. 이 제비집을 먹을 수 있는 이유는 식용이 가능한 해초로 절벽에 기초 공사를 한 후 제비의 분비물로 도장 공사를 하기 때문이다.

바다제비 수놈은 동이 틀 무렵이 되면 암놈을 부르며 우는데, 이때 체내에서 침과 점액이 분비된다. 분비된 체액은 절벽 양지 바른 곳에서 햇볕을 쬐면 딱딱하게 굳으면서 실처럼 변한다. 이렇게 만들어진 제비집을 채취해 만든 요리가 제비집 요리로 모두 세 번까지 채취할 수 있다.

첫 번째 채취하는 제비집은 순백색으로 투명하며 털과 같은 이물질이 하나도 포함돼 있지 않아 최상품으로 친다. 모두 진상품으로 납품하기 때문에 '관연官燕' 혹은 '설연雪燕'이라고 부른다.

첫 번째 집을 사람에게 빼앗긴 바다제비는 어린 새끼를 위해 다시 집을 짓는다. 시간도 부족하고 입에서 토해낸 해초와 침만으로는 지을 수 없어 이물질이 많이 섞이고 자신의 털도 들어간다. 그래서 두 번째로 지은 집을 '모연毛燕'이라고 한다.

두 번째 지은 집마저 빼앗긴 바다제비는 다시 한 번 사력을 다해 세 번째 집을 짓는다. 이때는 집을 지을 침마저 마른 상태여서 피를 토해가며 짓기 때문에 집 색깔이 붉은색을 띠어 '혈연血燕'이라고 한다.

바다제비집의 무분별한 채취로 멸종 위기에 처하자, 동물 보호단체와 동남아 정부에서는 보초까지 세워 바다제비 보호에 나섰다. 그럼에도 불구하고 밀엽꾼들이 기승을 부리는 이유는 귀한 재료인 만큼 가격이 비싸 킬로그램당 수백만 원이 넘는데다 강장 효과가 뛰어나다고 믿기 때문이다.

《본초강목》에는 "제비집이 허한 기를 보한다."라고 쓰여 있으며, 중국의 고전소설이면서 당시 고관들의 명품 요리를 집대성한 《홍루몽紅樓夢》에도 기침을 멈추고 기를 보하며 피부를 맑게 해주는 식품이라고 묘사하고 있다.

누룽지탕

강희제 왈, 천하제일 요리

이 세상에서 가장 맛있는 음식은 무엇일까? 정답은 '누룽지'다.

철없는 아이가 한 말이라면 웃고 넘길 수도 있다. 고소한 맛이 어린아이 간식거리로는 최고의 음식이라고 말할 수도 있기 때문이다. 그런데 누룽지를 '천하제일의 음식(天下第一菜)'이라고 극찬한 사람은 어린아이도 시골 아낙네도 아닌 청나라 황제 강희제다. 강희제는 청나라

제4대 황제로 1661년부터 1722년까지 무려 61년 동안 중국을 다스린 인물이다.

청나라는 명을 무너뜨린 후 강희제에 이르러 통치기반이 확립됐다. 자금성에 앉아 천하를 호령하면서 이 세상의 진귀한 음식은 빠짐없이 먹어본 강희제가 '천하제일'이라고 칭찬을 아끼지 않은 음식이 바로 누룽지다. 정확하게 말하면 누룽지에 뜨거운 중국식 소스를 끼얹어 먹는 '누룽지탕'이다.

강희제의 이름을 빌어 '누룽지탕'을 천하제일의 요리라고 말하는 중국인들을 보고 호들갑스럽다 생각할 수도 있지만 여기에는 유래가 있다.

강희제는 61년이라는 긴 세월 동안 청나라를 다스리면서 때로는 황제의 공식 행차로, 때로는 민간인 복장으로 신분을 숨긴 채 중국 곳곳을 돌아다니며 백성들이 사는 모습을 둘러본 황제로도 유명하다.

강희제가 상하이 북쪽에 있는 장쑤성의 쑤저우로 민심 시찰 여행을 떠났을 때 일이다. 쑤저우에 머물던 강희제와 그 일행은 어느 날 매화나무 숲이 우거진 매림梅林이라는 곳을 지나갔는데, 그곳 경치가 너무 아름다워 숙소로 돌아가는 것도 잊고 경치 감상에 흠뻑 빠졌다.

주변 경치에 취해 있던 황제가 비로소 시장기를 느꼈고, 미처 음식을 준비하지 못했던 수행원들이 당황해 사방으로 황제가 먹을 마땅한 음식을 구하러 다녔다. 하지만 주변에는 작은 농가 한 채 이외에는 아무것도 없었다.

할 수 없이 농가를 찾아가 먹을 것을 달라고 청했다. 이미 밥을 먹어서 남아 있는 음식이 없었던 농가 아낙네가 청을 거절하려는데, 변복을 한 강희제의 모습이 너무 불쌍해 보였다. 그래서 가마솥에 남아 있던 누룽지를 긁어낸 후 뜨겁게 덥힌 야채 국물을 부어 강희제 앞에 내놓았다.

배가 고팠던 강희제는 그 누룽지탕이 어떤 음식보다 맛있었다. 강희제는 식사를 마친 후 수행원에게 붓과 종이를 가져오라고 시킨 후 종이에 '천하제일 요리'라고 적어 아낙네에게 건네줬다. 곧 쑤저우의 누룽지탕을 두고 황제가 천하제일의 요리라고 칭찬했다는 말이 퍼졌고, 이때부터 중국 전역에서 즐겨 먹는 음식으로 자리잡게 됐다고 한다.

중국에서 먹는 누룽지탕은 지역별로 맛과 모양이 약간씩 다르다. 한국의 중국 음식점에서 먹는 누룽지탕, 즉 삼선 누룽지탕은 굳이 따지자면 강희제가 먹었던 쑤저우 누룽지탕이라기보다 쓰촨에서 개발한 쓰촨식 요리다.

삼선 누룽지탕의 유래는 중국 공산 혁명의 중심에 있던 장개석蔣介石과 관련이 있다. 장개석의 국민당 군대가 쓰촨성 충칭重慶에서 공산주의자들을 학살한 충칭 대학살을 연상해 개발했다는 것이다. 뜨거운 누룽지에 소스를 부을 때 '타닥' 하고 요란한 소리가 나는데, 이 소리가 마치 총을 쏘는 소리와 비슷하게 들린다고 한 데서 유래한 듯하다. 그러나 문헌에서는 찾을 수 없고, 입에서 입으로 구전되는 말이기 때문에 만들어낸 이야기일 가능성이 높다.

참고로 중국에서 여행을 할 때 현지의 오리지널 누룽지탕을 주문하려면 중국어로 '궈바탕鍋巴湯'을 달라고 하면 된다. 누룽지가 중국어로 '궈바'이고, 탕은 국물이 들어 있는 음식이라는 뜻이다.

누룽지

재래식 밥솥에 밥을 지을 때 밥솥 밑바닥에 깔린 쌀이나 보리, 콩 같은 것들이 그대로 바닥에 눌어붙은 것이다. 과자나 빵과 같은 간식거리가 많지 않던 시절, 가장 많이 찾던 간식거리 중 하나다. 가마치 또는 눌은밥이라고도 한다.

어묵

목숨을 담보로
진시황에게
바친 생선살 　어묵은 한국과 일본, 중국에 모두 있다. 한국에서는 어묵, 일본에서는 가마보코かまぼこ, 중국에서는 어환魚丸이다.

　일상적으로 어묵을 오뎅おでん으로 혼용해 쓰는 경우도 있는데, 일본식으로 따지면 오뎅과 가마보코는 완전히 다르다. 한국에서는 어묵을 꼬치에 끼워 먹기 때문에 오뎅이라고 표현하지만, 일본에서 말하는 오뎅은 생선묵, 유부, 무 등을 꼬치에 끼운 음식이다. 결과적으로 한국의 어묵, 일본의 가마보코, 그리고 중국의 어환은 생선살을 으깨서 만든 음식이라는 점에서는 비슷하다 할 수 있다.

　어묵을 흔히 일본 음식으로 알고 있다. 하지만 어육魚肉, 다시 말해 생선을 살만 발라 으깨서 요리해 먹은 것은 문헌상으로 중국이 가장 앞선다.

최초로 중국을 통일한 진시황은 생선을 무척 좋아했다. 기원전 246년에서 210년까지 36년 동안 황제로 군림하면서 식사 때마다 자주 생선을 올리라고 했다. 역사에 남는 폭군답게 먹는 것도 아주 까다로웠다. 가시를 무척 싫어해 생선을 먹다가 생선 가시가 씹히면 요리를 만든 주방장을 사형에 처했을 정도였다. 이렇게 죽은 주방장이 여럿 됐다. 그래서 생선 요리를 올리라는 주문이 내려오면 담당 주방장은 죽임을 당할지도 모른다는 두려움에 떨어야 했다.

어느 날 진시황으로부터 생선 요리를 준비하라는 명령이 떨어졌다. 죽을지도 모른다는 두려움에 휩싸인 주방장은 도마 위에 놓인 생선을 칼등으로 톡톡 내려치며 어떤 요리를 만들어야 할지 고민에 빠졌다. 계속해서 칼등으로 생선을 내려치는데, 가만히 보니 생선살이 부드럽게 으깨지면서 가시가 거의 자동으로 발라지는 것이었다.

주방장은 서둘러 가시가 발라진 생선살로 형형색색의 경단을 빚었고, 생선 경단으로 탕湯을 만들어 올렸다. 새로운 요리를 먹어본 진시황은 매우 흡족해했고, 요리를 개발한 주방장에게 큰 상을 내렸다. 그 후 이 요리법이 황궁에서 민간으로 전해지면서 어환魚丸이 나왔다고 한다.

중국에서 전해져 내려오는 이야기로, 정확하게 '어환'은 생선 완자와 비슷한 것으로 어묵과는 차이가 있다. 하지만 생선살을 으깨 만들었다는 점에서 어묵의 원형 정도로 볼 수 있다.

일본에서 어묵이 기록으로 등장한 것은 한참 뒤의 일이다. 일본 기록에 의하면 어묵을 처음 먹은 사람은 712년에 편찬된 《고사기古事記》와 720년에 나온 《일본서기日本書紀》에 등장하는 신공황후神功皇后라고 한다. 역사적으로 실존하지 않은 가공의 인물이었던 신공황후가 삼한을 정벌할 때, 으깬 생선살을 꼬치에 꿰어 구워 먹은 것이 일본에서 가마보코를 먹은 시초라고 일본 측 기록에 나온다.

신공황후가 삼한을 정벌했다고 일본에서 날조한 연대가 3~4세기 무렵이니까 일본에서는 그때부터 어묵을 먹은 것으로 추정할 수 있겠지만, 워낙 《일본서기》와 《고사기》가 왜곡된 역사서이기 때문에 신빙성이 없다.

어묵이 일본에서 지금의 가마보코처럼 발달하기 시작한 것은 1336년부터 1573년 사이의 무로마치시대라고 전해진다. 처음에는 메기와 같은 생선살을 으깨서 둥글게 빚은 후

대꼬챙이에 덧붙여 구워 먹었는데, 무로마치시대부터 나무
판에 둥글게 생선살을 쌓아 구워 먹었다. 그리고 생선살을 쪄
서 먹기 시작한 것은 에도시대부터다.

한국에는 1700년대 역관이었던 이표李杓가 쓴 요리책인
《소문사설所聞事說》에 처음 등장한다. 일본에서 어묵을 먹어보
고 조선으로 돌아와 일본 이름 그대로 '가마보곳可麻甫串'이라
고 표기했는데, 이는 일본의 어묵과 만드는 법이 다르다. 가
마보곳은 물고기 살을 얇게 저민 후, 돼지고기, 쇠고기, 버섯,
해삼, 파, 고추 등을 다져 만든 소를 넣어 두루마리 종이 말듯
이 둥글게 말아 삶아낸 것을 썰어 먹는다.

어묵 & 오뎅

한국의 어묵, 일본의 가마보코(かまぼこ), 중국의 어환(魚丸)은 모두 생선살을 으깨
서 만든 음식이다. 종종 어묵을 오뎅과 혼용해 쓰는데 원래 오뎅은 생선묵, 유
부, 무 등을 꼬치에 끼운 음식이다.

잡채
雜菜

잘 만든 잡채, 장관 자리 얻는다

한국인의 잔칫상에 빼놓을 수 없는 음식이 잡채雜菜다. 돌잔치는 물론 생일잔치, 결혼식 피로연, 환갑잔치 때도 잡채가 나온다. 잔칫날 먹는 음식인 만큼 잡채는 귀한 음식이었다. 임금님이 먹던 궁중 요리였으며, 잡채를 잘 만들어 판서 벼슬에 오른 이도 있었다. 지금으로 치면 음식을 잘 만들어 장관 자리에 오른 셈이다.

《광해군일기光海君日記》에 이런 대목이 나온다. 어느 무명 시인이 지은 글이라고 적혀 있다.

> 처음에는 사삼 각로의 권세가 중하더니
> 지금은 잡채 상서의 세력을 당할 자가 없구나.
> 沙蔘閣老權初重
> 雜菜尙書勢莫當

사삼沙蔘은 더덕을 말한다. 각로閣老는 재상을 일컫는 말로 한효순韓孝純이라는 이를 지칭하는 말이다. 광해군 때 이이첨과 일당이 되어 인목대비를 궁에 유폐시킨 장본인이다. 다음 대목에 나오는 잡채雜菜는 문자 그대로 우리가 먹는 잡채다. 상서尙書는 오늘날의 장관에 해당되는 판서 벼슬로 호조판서를 지낸 이충李沖을 가리키는 말이다.

뜻을 풀이해보면 "더덕으로 밀전병을 만들어 바친 한효순의 권력이 처음에는 막강했는데, 지금은 임금에게 잡채를 만들어 바친 호조판서 이충의 권력을 당해낼 자가 없다."라는 내용이다. 음식으로 권력을 취했다며 조롱하는 문장이다.

또 《광해군일기》에는 "한효순의 집에서는 사삼으로 밀병을 만들었고, 이충은 채소에 다른 맛을 가미했는데 그 맛이 희한하였다."라고 적고 있다. 또 "이충은 진기한 음식을 만들어 사사로이 궁중에도 바치곤 했는데, 임금은 식사 때마다 이충의 집에서 만들어 오는 음식을 기다렸다가 수저를 들고는 했다."라는 기록도 있다. 이충은 광해군의 사랑을 한몸에 받았던 인물로, 그 총애의 비결 중 하나가 바로 '잡채'였음을 알 수 있다.

예전 잡채는 요즘 우리가 먹는 당면唐麵으로 만든 잡채와는 상당히 달랐다. '채소에 다른 맛을 가미했다'라는 대목에서 알 수 있는 것처럼 당면이 들어가는 대신 온갖 채소들로 만든 음식이었다. 오이, 숙주, 무, 도라지 등 각종 나물을 익혀 비벼 먹는 요리로, 익혀 먹었다는 점을 빼고는 야채샐러드에 가까웠을 것으로 보인다.

영조英祖 때의 문장가였던 서명응徐命膺이 쓴《보만재집保晩齋集》이라는 책에 잡채 만드는 법이 상세히 기록돼 있는데, 역시 요즘 잡채의 주재료라 할 수 있는 당면은 들어 있지 않다. 당면이 쓰이기 시작한 것은 1900년대 이후부터인 것으로 추정된다.

당면은 녹두, 감자, 고구마 등의 녹말을 원료로 만드는 마른 국수다. 호면胡麵이라고도 하는데 이름을 볼 때 중국에서 들어온 국수로 추정된다. 우리나라에서는 1919년 황해도 사리원에 처음으로 당면 만드는 공장이 생겼던 걸 보면, 당면을 삶아 만드는 최근의 잡채는 빨라야 그 무렵부터 대중적으로 퍼졌을 것으로 보인다.

당면

녹두, 감자, 고구마 등의 녹말을 원료로 하여 만든 마른국수로, 호면(胡麵)이라고도 한다. 중국이 원산지다. 탕요리, 전골요리, 잡채요리 등에 두루 쓰인다. 잡채를 할 때는 삶은 당면을 볶아주면 더욱 쫄깃하다.

아이스크림

ice cream

**특권층만
즐길 수 있는
별미 중 별미**

아이스크림의 원조에 대해서는 말이
많다. 서기 37년부터 68년까지 로마
의 황제였던 네로가 처음으로 아이

스크림ice cream을 먹었다는 설이 있다. 여름이면 하인을 시켜
산속에서 얼음을 가져다가 여기에 과일과 벌꿀을 토핑해 먹
은 것이 아이스크림의 시초라는 것이다. 또한 《동방견문록
東方見聞錄》의 저자인 마르코 폴로가 중국의 원나라에서 아이스
크림을 먹어본 후 이탈리아로 돌아와 퍼뜨렸다는 설도 있다.

초기 아이스크림은 고대인들이 여름에도 얼음을 보관하
는 기술을 개발하면서부터 존재했을 것으로 짐작된다. 인류
문명의 발상지 중 하나인 메소포타미아에서는 기원전 2000
년 전부터 이미 유프라테스 강가에 냉동 창고를 지어놓고 얼

음을 보관했다. 이는 이집트의 파라오들도 여름에 얼음을 먹었다는 뜻이다.

중국에서도 기원전 1600년부터 1046년까지 이어졌던 상나라 때 겨울철 얼음을 채취해 보관했다가 여름에 먹었다고 한다. 주나라 때는 얼음을 채취하고 보관하는 기관이 따로 있었고, 여기에서 일하는 관리를 얼음 곳간 '릉(凌)' 자를 써서 '능인凌人'이라고 불렀다.

초기 형태의 아이스크림은 우유를 섞지 않았기 때문에 오히려 셔벗Sherbet과 비슷했다. 기원전 5세기 무렵에는 이미 왕실을 비롯한 상류층에서 초기 형태의 아이스크림을 즐겼던 것으로 추정된다. 그리스에서는 이때 얼음 부스러기에 꿀과 과일을 섞어 만든 아이스크림을 파는 곳이 있었다고 한다.

페르시아 사람들은 기원전 400년 무렵에 장미수rosewater와 음식을 섞은 후 여기에 각종 향신료 및 과일을 넣고 푸딩처럼 만들어 왕실에 공급했다. 또 장미수를 얼린 얼음을 빵 사이에 끼워 얼음 샌드위치를 만들어 먹기도 했다.

중국에서는 기원전 2세기 무렵인 송나라 때 얼음 만드는 기술이 개발됐다. 큰 통에 과일즙을 채운 후 눈과 초석硝石, 질산칼륨을 넣어 온도를 빙점 아래로 떨어뜨리는 기술을 개발한 것이다. 618년부터 907년까지 이어졌던 당나라에서는 수도인 장안에 얼린 음료와 얼음을 파는 상점이 생겨났다.

요즘처럼 우유가 들어간 아이스크림은 중국 원나라에서 발달했다. 우유를 첨가한 차가운 물에 질산칼륨을 넣은 다음 잘 저어 얼렸던 것으로 보아 요구르트 셔벗과 비슷했을 것으로 생각된다.

유럽에서는 14세기 무렵, 이탈리아 피렌체의 제과 기술자가 눈[雪]에 질산칼륨을 첨가하면 빨리 언다는 사실을 이용해 아이스크림 제조기를 개발했다. 그러나 이때까지만 해도 아이스크림은 왕과 귀족 등 일부 특권층만이 즐길 수 있는 '별미 중의 별미'였다.

아이스크림 만드는 법이 퍼진 것은 영국의 청교도혁명 이후부터다. 청교도혁명이 일어나기 전 당시 영국 왕이었던 찰스 1세가 파티를 열면서 데미르코De Mirco라는 프랑스 주방장에게 지금껏 먹어보지 못한 새로운 디저트를 특별 주문했다. 주방장은 고민 끝에 하늘에서 막 내린 눈을 쌓아놓은 것 같은 풍부한 크림의 달콤한 아이스크림을 내놓았다.

아이스크림을 처음 먹어본 귀족들은 그 맛에 만족해 칭찬을 아끼지 않았고 찰스 1세도 감탄했다. 찰스 1세는 주방장을 불러 아이스크림 제조기술을 비밀로 하라는 엄명을 내렸다. 왕의 식사 테이블에서만 먹고 싶었기 때문이다. 그리고 그 대가로 주방장에게 500파운드를 하사했다고 한다.

그러나 청교도혁명이 일어나면서 찰스 1세는 참수형을 당했고, 왕이 죽자 주방장 데미르코가 그동안 비밀로 했던 아이스크림 제조기술을 공개했다. 실제 아이스크림이 대중화된 것은 20세기 들어 전기냉동기술이 발달하면서부터다.

셔벗
과즙에 설탕, 양주, 젤라틴 등을 넣고 섞어 얼린 것이다. 프랑스어로는 소르베(sorbet)라고 하며, 정찬 코스에서 입맛을 새롭게 하기 위해 앙트레(중심이 되는 요리)와 로스트 요리의 중간에 나오는데, 요즘은 식후 입가심용으로 먹는다.

천 개를 먹는
제나라 임금

매콤하게 양념한 닭발은 술안주로 제
격이고 굳이 술을 마시지 않아도 가
벼운 먹을거리로 많은 사람들로부터 사랑을 받는다. 닭의 발
목을 잘라서 매운 양념을 했으니 어떻게 보면 엽기적인 면도
없지 않아 닭발을 먹지 않는 사람도 있다. 하지만 쫀득쫀득하
면서 오돌오돌 씹히는 맛 때문에 오히려 젊은 여자들이 더 즐
겨 먹기도 한다.

닭발은 언제부터 그리고 누가 주로 먹었을까? 포장마차에
서 주로 파는 음식이니 닭을 잡은 후 영계백숙이나 삼계탕 혹
은 후라이드 치킨으로 몸통을 쓰고, 쓸모가 없어 버렸던 닭발
을 모아서 만든 음식이 히트를 친 것 같은데 과연 그럴까?

닭발의 역사를 보면 일반적인 상상과는 커다란 차이가 있음을 알 수 있다. 닭발은 버리는 부위를 모아서 만든 허드레 음식이나 싸구려 음식이 아니라 옛날부터 귀하게 여긴 고급 요리였다.

닭발은 기원전부터 먹었던 유구한 역사가 있는 음식이다. 그것도 일반 백성들이 부족한 단백질을 보충하려고 먹었던 싸구려 음식이 아니라 제왕들이 먹던 요리였다. 닭발 따위에 무슨 역사가 있을까 싶지만 약 3,000년 전인 중국 춘추전국 시대에도 나오는 식품이다. 그것도 일반 백성들이 시장에서 술 한잔 기울이며 얄팍한 주머니 털어 먹는 안주가 아니라 왕이 즐겨 먹었던 요리다. 심지어 조선 후기의 실학자 이덕무는 닭발을 보고 예전부터 전해져 내려온 산해진미 가운데 하나라고까지 했다.

닭발이 보통을 넘는 식품이었다는 사실도 놀라운데 앉은 자리에서 한 번에 닭발 천 개를 먹어치운 사람도 있었다고 하면 믿으실까. 닭은 한 마리에 다리가 두 개뿐이니까 무려 오백 마리 분량을 한 번에 먹어치웠다는 것인데 누가, 왜 그런 터무니없는 식탐을 부렸을까?

주인공은 춘추전국시대의 제나라 임금이다. 진시황 때 여불위가 편찬했다는 역사책《여씨춘추》에 관련 이야기가 실려 있다.

"배우기를 좋아하는 사람은 제나라 왕이 닭을 먹는 것과 같아서 반드시 한 번에 닭발 수천 개를 먹은 후에야 만족을 한다."

배우는 것과 닭발이 도대체 무슨 관계가 있다고 공부를 핑계 삼아 그렇게 엄청난 양의 닭발을 먹어치웠을까 싶지만 나름의 깊은 의미가 담겨 있는 비유의 말이다. 닭발에는 고기라고 할 수 있는 부분이 적기 때문에 배부르게 먹고 만족감을 느끼려면 사람 따라 다르겠지만 한 번에 적지 않은 양을 먹어야 한다.

고대인들은 동물들이 발바닥으로 걸어 다니기 때문에 정기가 발바닥에 몰린다고 여겼던 모양이다. 천하제일의 진미로 꼽히는 곰 발바닥도 곰이 발로 걸어 다니며 수시로 발바닥을 핥기 때문에 정기가 모여 맛도 좋고 몸에도 좋다고 했다. 닭도 마찬가지여서 정기가 모두 발바닥에 모여 있다고 생각했다. 가녀린 두 발로 육중한 몸무게를 지탱해야 했으니 닭발에 좋은 기운이 가득 차 있다고 믿었던 모양이다. 그러니 닭발 천 개를 먹었다는 것은 정기가 집중돼 있는 핵심 부위를 마음껏 만족할 만큼 섭취했다는 뜻이다.

제나라 왕은 춘추시대에 다른 나라의 장점을 배우고 자신의 단점은 보완해서 천하의 패권을 장악했던 군주다. 이런 제왕이 실제로 닭발을 엄청 좋아했는지 닭을 먹으면 그 발을 무려 천 개를 먹고 난 후에야 만족했다고 한다. 그렇다 보니 제왕이 먹었다는 닭발 천 개는 남의 장점을 철저하게 배워 자신의 경륜을 살찌운다는 비유로 쓰였다.

닭발에 거창한 의미를 담아 만든 비유이기는 하지만, 순수하게 먹는 닭발 이야기로 돌아오면 기원전 3세기 무렵에는 왕이 즐겨먹었던 천하의 산해진미였다고 하니 앞으로 닭발을 먹을 때면 맛이 다르게 느껴질지도 모르겠다.

그러고 보니 닭발은 부르는 이름부터 보통 음식이 아니다. 중국에서는 지금도 닭발 요리를 놓고 전설의 새인 봉황의 발 鳳凰爪라고 부르고, 예전에는 한음지척翰音之跖이라고 했다.

'한음'은 《주역》에서 닭이 하늘을 날아오를 때 내는 소리다. 그리고 '척'은 발바닥이라는 뜻이니 한음지척은 곧 닭발이라는 의미다. 얼마나 좋아했으면 닭발 하나를 설명하면서 《주역》까지 동원해가며 어마어마한 작명을 해놓았다.

매생이국

임금님 수랏상에 오른 별미

겨울에는 매생이국이 특히 맛있다. 마늘로 양념하고 굴 넣어 끓인 매생이국에 참기름 몇 방울 떨어트리면 고소하고 향긋한 맛이 일품이다.

매생이는 전남 바닷가 특산물이다. 불과 수십 년 전까지만해도 매생이는 현지에서나 먹었을까, 널리 알려지지는 않았던 식품이다. 때문에 파래에 밀려 천덕꾸러기 취급을 당했는데 어쩌다 파래에 매생이가 몇 올 섞이면 파래 값 떨어진다고 질색을 했다.

그뿐만 아니라 사람 골탕 먹이는데 안성맞춤의 음식이기도 했다. 전라남도 해안마을에서는 매생이국을 미운 사위 국이라고 불렀다. 곱게 키워서 시집보낸 딸을 구박하는 사위 골탕 먹이기에 안성맞춤이었던 음식이기 때문이다.

뜨겁게 펄펄 끓여서 내온 매생이국을 숟가락으로 듬뿍 떠서 바로 입으로 가져갔다가는 낭패를 당하기 십상이다. 매생이국은 뜨겁게 끓여도 그다지 뜨거운 느낌이 나지 않는다. 실보다 가느다란 매생이의 올이 너무 촘촘해 열기가 모두 그 속에 숨기 때문이다. 하지만 막상 입속으로 넣으면 뜨거운 열기가 고스란히 전해져 입천장을 데이기 십상이다. 때문에 장모님이 밉살스런 사위에게는 매생이국을 뜨겁게 끓여서 주었던 것인데 멋모르고 덥석 물었다가는 입천장이 훌러덩 벗겨져 고생깨나 해야만 했다.

하지만 세월을 더 거슬러 올라가면 조선시대 때 매생이는 임금님 수랏상에까지 올랐던 별미였다. 흔하지 않았기에 옛날 한양에서도 아는 사람만 진가를 아는 음식이었다. 관련된 이야기가 조선 중기, 성현의 《용재총화》에 나온다.

성현의 친구 중에 김간이 절에서 책을 읽는데 어느 날 밥상에 낯선 반찬이 올랐다. 너무 맛있어 스님에게 물으니 전라도에서만 나오는 매생이라고 했다. 난생 처음 매생이를 먹어본 김간이 성현의 집에 놀라갔다가 절에서 먹었던 낯선 음식을 떠올리며 혹시 매생이를 먹어봤냐며 천하의 진미라고 자랑했다. 이 말을 들은 성현이 순진한 친구를 골탕 먹일 방법을 떠올렸다. 그러고는 한심하다는 듯 아직까지도 매생이를 몰랐냐며 임금님 수랏상에만 올라가는 반찬으로 궁궐 밖 사람들은 쉽게 맛볼 수 없는 음식이라고 맞장구를 쳤다. 그리고 친구가 그렇게 매생이 맛에 반했다니 기꺼이 매생이를 구해다 주겠다며 몰래 하인을 시켜 숭례문 밖 연못에서 이끼를 떠오도록 했다. 그리고 술상을 차려 내오며 성현 자신의 앞에는 진짜 매생이를 놓고, 친구 앞에는 연못에서 건져 올린 이끼를 차려놓아 순진한 친구를 골탕 먹였다고 한다.

뒤집어 보면 사위가 매생이국을 먹다 입천장을 데는 것 역시 그만큼 맛이 있어 앞뒤 가리지 않고 허겁지겁 먹었기에 생긴 일화일 것이다.

《용재총화》의 내용으로 보면 조선 초기인 성종 때에도 매생이가 널리 알려지지는 않았던 것으로 보인다. 다만 그 맛을 아는 사람들은 매생이 맛의 진가를 인정했는데 특히 전라남도 일부 지방에서만 나는 특산물이었기에 한양에서는 더욱 귀했을 것이다. 그러니 임금님의 수랏상에만 올라가는 반찬이라는 성현의 말이 사실이었을 수도 있다.

실제로《조선왕조실록》을 보면 매생이는 임금님께 바쳤던

진상품으로, 전라남도 해안지방의 토산품 목록에 빠지지 않고 있다. 예컨대《세종실록》〈지리지〉에는 전라도 토산물로는 매생이가 있다고 나오고,《동국여지승람》을 보완해 중종 때 새로 펴낸《신증동국여지승람》에는 보다 자세하게 전라도 장흥, 나주, 진도, 강진, 해남, 흥양 등의 특산물로 매생이를 꼽았다.

선조 때 호남의 유림을 대표했던 학자인 유희춘이 지은 문집《미암일기》에서도 해남 수령이 매생이를 보내주었다며 좋아하는 내용이 보인다.

특이한 것은 매생이가 전라남도 바닷가에서만 생산될 뿐, 같은 남해안 바닷가라도 경상도 해안이나, 전라북도 해안마을의 토산품에 보이지 않는다는 점이다. 매생이는 지금도 전남 해안가에서 주로 채취를 하지만 조선시대에도 전남 해안에서만 나오는 특산품이었다. 이렇게 제한된 음식재료였으니 한양에서도 많은 사람들이 먹어보지는 못했던 모양인데, 매생이를 제대로 맛본 사람에게는 그 맛이 거역할 수 없는 별미였다.

6

건강과
소망

토소덴교파워두동식떡케소보송국
란시푸자인스부치초국이주신편수
지라만애키 미 크 탕
두 를

인간은 기쁠 때건 슬플 때건 음식을 먹는다. 이때는 상황에 맞는 특별한 음식을 먹어야 한다. 명절이면 명절에 맞는 음식도 있다. 하지만 우리는 정작 특별한 날이면 왜 하필 그 음식을 먹어야 하는지 모르는 경우가 대부분이다.

왜 생일이나 결혼식 때는 케이크를 먹을까? 왜 대부분의 케이크는 동그란 모양일까, 네모난 모양이나 세모꼴 케이크는 왜 찾아보기 힘들까? 그리고 왜 케이크를 먹기 전에는 촛불을 켜놓고 소원을 빌까?

우리나라에서는 추석이 되면 송편을 먹는다. 반면 중국 사람들은 월병을 먹는다. 물론 추석이기 때문에 당연히 송편을 먹고 월병을 먹는다면 더 이상 설명할 필요도 없다. 그런데 추석 때 가래떡을 먹으면 안 된다는 법도 없는데, 이유도 모른 채 설날에는 가래떡을 썰어 떡국을 먹고 추석이면 송편을 먹는다. 도대체 왜일까?

복날에 먹는 보신탕은 우리 만 먹는 음식일까?

생일이나 회갑연에 국수를 먹는 데도 이유가 있다. 어렴풋이 오래 살라는 의미라는 것은 알고 있지만, 국수를 먹는다고 정말 오래 사는 것일까? 생각해보면 궁금한 점들은 한둘이 아니다. 하지만 그 유래와 근거가 어디에서 시작되었는지 제대로 아는 사람은 그리 많지 않다.

사실 따지고 보면 이런 질문에는 모두 근거가 있다. 물론

과학적으로 맞는지 틀린지는 논외로 하고, 명절이나 기념일에
먹는 음식과 관련해 관습과 전통을 따져보면 의외의 사실들이
아주 많다는 데 놀랄 것이다.

noodles

국수를
먹으면
오래 살까

"시어머니 오래 살다 며느리 환갑날 국수 그릇에 빠져 죽는다."라는 속담 이 있다. 너무 오래 살다가 망신을 당 한다는 뜻이다. 속담의 부정적인 뜻과는 달리 국수는 장수를 기원하는 것으로 환갑날에는 빼놓을 수 없는 음식이다.

옛날부터 생일과 같은 길일에는 국수가 반드시 있어야 했 다. 어르신의 생신에는 국수 가락처럼 오래 사시라고 국수를 내놓았고, 아이 돌상에는 무병장수를 기원하며 국수를 끓였다. 또 '국수 먹여달라'는 말을 만들어낸 결혼식 국수에는 부부의 인연이 국수처럼 길게 이어지라는 뜻이 담겨 있다.

국수가 장수를 기원하는 음식으로 여겨진 것은 중국의 한나라 때부터라고 전해진다. 고조선을 침공했던 한무제때부터니까 기원전 약100년 전 무렵이다.

어느 해 생일을 맞은 한무제는 성대한 축하연을 베풀어 신하들과 함께 즐기기로 하고, 황실 주방에 산해진미를 준비해놓으라고 일렀다. 황제의 생일상을 준비하라는 명령을 받은 황실 주방장은 어떤 음식을 준비할까 머리를 쥐어 짜내다 국수를 끓여내기로 했다. 드디어 생일날! 문무백관을 초대한 자리에서 생일상을 받은 한무제는 기분이 썩 좋지 않았다.

마음속으로 '천자天子인 나의 생일에 어찌 한 푼 값어치도 없는 국수를 끓여 내올 수 있는고?'라며 불쾌한 표정을 지었다. 한무제의 안색을 본 주방장은 너무 놀라서 얼굴이 하얗게 질렸다.

국수에 젓가락도 대지 않는 한무제를 보며 어찌할 바를 모르고 안절부절못하고 있는데, 동방삭東方朔이 그 모습을 보았다. 삼천갑자를 살았다는 동방삭은 한무제의 총애를 받던 신하였다. 상황을 눈치챈 동방삭이 얼굴 가득히 웃음을 지으며 큰 소리로 외쳤다.

"황제폐하 만세, 만세, 만만세!"

국수에 손도 대기 싫어 젓가락만 들고 있던 한무제가 눈을 동그랗게 뜨고 동방삭을 쳐다보았다.

"그대는 무엇이 그리 기뻐 소리를 지르는고?"

동방삭이 대답했다.

"옛날 요순시대의 팽조彭祖는 800세까지 살았다고 하는데, 이는 얼굴이 길었기 때문(面長壽長)이라고 합니다. 오늘 폐하의 생일잔치에 나온 국수를 보니까 가늘고 긴 것이 팽조의 얼굴보다 몇 배나 되는지 모르겠습니다. 주방장이 폐하의 만수무강을 위해 이런 국수를 만들어 낸 것 같습니다."

한무제는 동방삭의 말을 듣고 크게 기뻐하며 국수를 먹기 시작했고, "정말 맛있다. 경들도 어서 이 장수면長壽麵을 먹고 모두 오래 살기를 바란다."라며 권했다.

동방삭의 말 한마디로 국수는 장수를 상징하는 음식이 되었고, 이후 사람들은 생일이 되면 오래 살기를 기원하며 국수를 먹었다고 한다. '얼굴이 길어 오래 산다'는 면장수장面長壽長에서 '얼굴 면面'은 '국수 면麵'과 발음이 같아 '국수 가락이 길어 오래 산다'는 뜻이 된다.

사람들이 국수를 먹기 시작한 역사는 지금부터 약 4000년 전으로 거슬러 올라간다. 국수의 발명은 중국이라는 설과 아랍이라는 설, 그리고 이탈리아라는 설이 있지만 기록상으로는 중국이 가장 앞선다. 지난 2002년 중국사회과학원이 중국의 서쪽, 칭하이성青海省의 신석기 유적지에서 화석화된 국수의 흔적을 발견했다고 하니, 신석기시대 때부터 이미 국수를 먹기 시작한 것으로 추정된다. 다만 중국에서 국수가 널리 퍼진 시기는 한나라 때부터였으며, 그 후 위·진·남북조시대로 넘어오면서 면발의 모양과 종류가 다양해졌다.

우리나라에 국수가 전래된 시기는 정확하지 않으나《고려사》,《고려도경》등에 국수가 고급 음식으로 제사 때 주로 썼다는 기록이 나온다. 밀가루가 흔치 않았던 고려시대에 국수는 귀한 음식으로 대접받아 제사나 잔칫날 등 특별한 날에만 먹을 수 있는 음식이었다.

송편

약방에는 감초,
명절에는 송편 햅쌀을 빻아 빚은 반죽에 콩, 팥, 참깨
등으로 소를 넣고 솔잎을 켜켜이 쌓
아 솔 향기가 배도록 찐 송편은 대표적인 추석 음식이다. 한
국인이라면 어렸을 때부터 추석에는 송편을 먹고 자랐으니
송편은 당연히 추석 때 먹는 떡으로 알고 있다. 과연 송편이
추석 때 먹는 떡이었을까?

물론 추석에 송편을 먹었다. 하지만 다른 명절에도 송편을
먹었다. 옛날로 거슬러 올라갈수록 추석보다는 다른 명절에
더 송편을 준비했다. 상식과는 달리 옛날에는 송편이 특별한
추석 음식이 아니었다. 오히려 명절 때마다 장만한 민족의 떡
이라고 할 수 있다. 고문헌 곳곳에 기록이 보인다.

광해군 때 팔도의 맛있는 음식을 기록한 허균의 《도문대작屠門大嚼》을 보면 송편은 봄에 먹는 떡이라고 했다. 봄에 쑥떡, 송편, 느티떡, 진달래 화전, 이화전 등을 먹는다면서 가을에 송편을 먹는다는 이야기는 없다. 다산 정약용도 〈봄날 지은 시〉라는 제목으로 "뾰족한 송편, 생선으로 소를 만드니/한낮이 될 때까지 산가의 아내가 바쁘네"라는 시를 읊었다. 추석이 아닌 봄철에 송편을 빚었는데 생선으로 소를 넣었다니 우리가 아는 송편과 많이 다르다.

19세기 초의 문인 조수삼은 《추재집秋齋集》에서 정월 15일 대보름날에는 솔잎으로 찐 송편으로 차례를 지냈다고 했으니 대보름날 송편을 먹었다. 같은 시기 《열양세시기洌陽歲時記》와 《동국세시기東國歲時記》에는 모두 2월 초하룻날에는 벼 이삭을 털어서 흰 떡을 만들어 콩으로 떡 소를 넣고 떡과 떡 사이에 솔잎을 겹겹이 쌓아 시루에 찌는데 이것을 송편이라고 했다는 기록이 있다. 농사일이 이때부터 시작되므로 노비에게 나이 숫자대로 송편을 먹이는데 이것을 '노비송편'이라고 불렀다고 한다.

정월과 2월에 이어 늦봄인 3월에도 송편을 먹었다. 숙종과 영조 때 활동한 이의현은 《도곡집陶谷集》에 세시음식을 기록해놓았는데 설날에는 떡국, 대보름에는 약식, 3월 삼짇날에는 송편, 6월 유두일에는 수단, 7월 칠석에는 찐만두인 상화, 9월 중양절에는 국화전, 그리고 동지에는 팥죽을 먹는다고 적었다.

4월 초파일에 송편을 먹는다는 기록도 보인다. 인조 때 문신 이식은 《택당집澤堂集》에 역시 명절음식을 적으며 대보름 약식, 삼짇날 쑥떡, 초파일인 등석燈夕에 송편이라고 했다.

5월 단오에도 송편을 빚었다. 조선시대 가정에서 지켜야할 관혼상제의 의식을 적은 책인 《사례의》에는 단오에 시루떡 또는 송편을 먹는다고 했다.

6월의 유두절에도 송편은 빠지지 않았다. 선조 때 활동한 신흠은 "유두절 좋은 명절에/거친 마을로 쫓겨난 신하/수단 먹는 것은 토속을 따르고/송편 빚어 이웃집 선사하네"라고 읊었다.

지금은 송편을 추석 때 먹지만 옛날에는 추석 이외에도 정월부터 6월까지 명절 때마다 특별한 날에는 송편을 빚었다. 추석에 송편을 빚는다는 기록은 조선 후기, 근대에 이르러야 집중적으로 보인다.

1849년에 발행된 《동국세시기》에는 2월 초하룻날에도 송편을 빚었다고 했다. 하지만 추석 때 세시풍속으로도 떡집에서는 햅쌀 송편과 무, 호박을 넣은 시루떡을 만들고, 찹쌀가루를 찐 다음에 떡메로 친 인절미를 판다고 했다. 원문에는 특별히 햇벼稻로 송편을 만든다고 했는데 송편이 추석 때의 특별한 떡이 아니라 여러 떡 중 하나로 묘사되어 있다.

일제강점기 때인 1925년 최영년의 《해동죽지海東竹枝》에도 추석이면 송편을 먹는다고 했다. 8월 15일은 중추로 신라 때의 가배일이며 집집마다 쌀로 떡을 만들어 솔잎을 깔고 찐 후 조상님께 성묘를 하니 추석 송편이라고 했다. 여기서도 새로 만들었다는 것을 강조해 신송편新松餠이라는 제목을 달았다.

《동국세시기》, 《해동죽지》를 비롯해 각종 고문헌을 보면 송편은 명절 때마다 장만한 떡이고, 추석에 먹는 송편은 특별히 '오려송편'이다. 올벼早稻를 수확한 후 빻은 햅쌀로 빚은 송편이라는 뜻이다.

송편에도 종류가 많아서 계절에 따라 다양한 재료로 송편을 빚었다. 1931년 92월 22일자 〈동아일보〉에는 송편은 아무 곡식이든지 가루로 만들 수 있으면 되는데 조, 수수, 귀리, 옥수수, 감자, 도토리 등으로도 만든다고 했고, 재료에 따라 오려송편(햅쌀), 무리송편(묵은 쌀), 보리송편(보리쌀)이 있다는 기사가 보인다.

옛날 문헌으로 짐작해보면 송편은 계절에 관계없이 다양한 재료로 명절이면 어김없이 장만하던 민족의 떡이었다. 그러다 설날과 추석을 제외하고 다른 날들은 모두 명절의 기능을 잃으면서 송편이 추석을 대표하는 떡으로 정착한 것으로 보인다.

솔잎

송편을 찔 때는 솔잎을 먼저 깔고 그 위에 송편을 올린다. 향긋한 솔잎 향이 송편에 배어 더 향긋하고 맛있다. 소나무에서는 피톤치드(phytoncide)가 발산되는데, 공기 중의 세균이나 곰팡이를 없애주는 살균 효과 외에도 해충의 침입까지 막아준다.

보신탕
補身湯

중국에서는
한겨울에 먹는
보양식

복날이면 보신탕집이 문전성시를 이룬다. 음양오행설에 입각해 이열치열로 보신탕補身湯을 먹으면 더위를 쫓을 수 있다고 믿었기 때문이다.

개고기는 불火에 해당하고 복날三伏은 쇠金에 해당되기 때문에 불로서 쇠를 이기니火克金 더위를 물리칠 수 있다는 것이다. 그래서 우리나라에서는 복날 보신탕을 먹지만, 옛날부터 개고기를 먹어온 중국은 우리와 달리 한겨울인 동지冬至에 보신탕을 먹는다.

"삼복三伏에 보신탕을 먹는 것은 더위를 피하기 위해서요, 삼구천三九天에 먹는 보신탕은 추위를 쫓기 위해서다(三伏天吃狗肉避署,三九天吃狗肉驅寒)."라는 중국 속담이 있다.

삼구천은 동지를 지나 19일째부터 27일째를 말하는 것으로 겨울 중에서도 가장 추울 때다. 그래서 중국에서는 보신탕을 한여름인 복날보다는 동지가 지난 겨울철에 보양식으로 즐겨 먹는다고 한다.

보신탕을 먹는 우리나라의 전통 식습관은 현재 일부에서 혐오식품으로 인식되고 있고, 또 일부 서양인들로부터 비난받고 있다. 하지만 찬반양론을 떠나 서양에서도 개고기를 먹었던 흔적이 남아 있으며, 예전에는 한국과 중국 등에서 귀한 음식으로 대접을 받았다.

조선시대 정조 19년, 음력 6월 18일 혜경궁 홍씨의 회갑연에 개고기 찜狗蒸이 올랐다는 기록이 있는 것을 보면 보신탕은 궁중에서도 즐겼던 음식이다. 우리나라뿐만 아니라 중국에서도 황제와 고관대작이 즐겨 먹었다. 항우項羽를 물리치고 한나라를 세운 고조高祖 유방劉邦이 천하를 통일한 후 부하 장수인 번쾌樊噲가 잡아 요리해준 개고기를 먹으면서 맛에 대해 찬사를 아끼지 않았다는 기록이 있다.

사실 유방의 대장군이었던 번쾌는 원래 개백정 출신이었는데, 진과 한나라 이전에는 도살이 전문적인 직업이었다. 번쾌가 개백정이었다면,《삼국지》의 장비張飛는 돼지 백정으

로 지금도 북경에서 한 시간 거리인 허베이성河北省 탁주逐州에
들르면 그 흔적을 찾아볼 수 있다.

후베이성湖北省 장사長沙에서 발견된 한나라 때 무덤인 마왕
퇴馬王堆에서 출토된 죽간竹簡에도 64개의 음식이 기록돼 있는
데, 그중에서 개고기만 세 종류가 있었다. 이로 미루어보아
한나라 왕족과 귀족 역시 보신탕을 즐겨 먹었음을 유추할 수
있다.

개고기가 오히려 돼지고기보다 더 귀한 대접을 받은 것으
로 보이는 기록도 있다. 서주西周 말엽부터 춘추전국시대까지
의 각 나라 왕과 귀족들이 한 말을 모은 책으로 좌구명左丘明이
집필한 《국어國語》라는 책이 있다. 그중 〈월어越語편〉을 보면
월나라 왕 구천이 와신상담臥薪嘗膽, 재기를 준비하면서 병력
충원을 위해 백성들에게 출산을 장려했다. 아이를 여러 명 낳
는 사람에게 요즘처럼 출산 보조금을 지급했는데 남자아이
를 낳으면 술 두 병에 개고기, 여자아이를 낳으면 술 두 병에
돼지고기를 지급했다고 한다. 이를 보면 월나라 사람들은 돼
지고기보다 개고기를 더 좋아한 것으로 짐작된다.

중국에서 보신탕을 먹은 역사는 오래됐다. 《주례周禮》〈식
의食醫편〉에 제왕이 먹는 6가지 요리로 개고기가 올라 있고,

《예기禮記》에도 개고기를 탕으로 만들어 종묘에 제사를 지낼 때 쓰는 귀한 음식으로 적혀 있다.

우리나라는 안악고분安岳古墳에서 개의 형상이 발견된 점으로 보아 고구려 때도 보신탕을 먹었음을 알 수 있다. 뿐만 아니라 이를 훨씬 거슬러 올라가 신석기시대 유물 중에서도 개의 뼈가 발견된 점을 보면 당시에도 개가 식용으로 이용됐음을 짐작할 수 있다.

우리는 지금도 많은 이들이 보신탕을 즐겨 먹는다. 하지만 중국에서는 남방 사람들은 거의 먹지 않고 북방 사람들만 보신탕을 먹는다. 북위 때 쓴 농업기술서인 《제민요술齊民要術》에는 개고기가 원래 북방 민족의 음식이라고 적혀 있다. 중국 기록紀錄인 《곡소구문曲消舊聞》에는 송나라 때부터 개고기를 먹는 풍습이 줄었다고 하는데, 위진 이후 오호십육국五胡十六國을 거치면서 개를 식용으로 하는 습관이 줄었다고 한다.

한편 청나라 때는 보신탕을 먹는 것이 금기시된 적도 있다. 이유는 청을 건국한 만주족의 누르하치의 목숨을 개가 구했다는 만주족 전설 때문이다. 청을 건국하기 전 누르하치가 전투에서 패해 명나라 장군 이성량李成梁의 추격을 받게 됐는데, 농가로 피신해 부뚜막에 숨었다고 한다. 마침 명나라 병사가 누르하치를 발견하고 태워 죽이려고 아궁이에 불을 붙인 후 나가자, 개 한 마리가 물에 젖은 솜을 물고 뛰어 들어와 불을 꺼서 누르하치의 생명을 구했다. 그래서 청나라 관리들은 개고기를 먹지 않았다고 한다.

또 다른 이야기로는 누르하치가 갈대숲에 숨었는데, 명나라 병사가 불을 지르자 개가 털에 물을 적셔 불을 껐다고도 한다. 누르하치는 이때부터 보은의 표시로 개고기를 먹지 않았을 뿐만 아니라 개털로 만든 모자도 쓰지 않았다고 한다.

그러나 만주족의 선조인 여진족은 개고기를 먹는 습관이 있었다고 남송 때 발간된 《삼조북맹회편三朝北盟會編》에 기록돼 있다. 이를 보면 보신탕을 먹지 않은 것은 청나라 이후부터일 수도 있다.

중국에서 백白 씨는 개고기를 먹지 않는다고 한다. 옛날 백 씨와 이李 씨가 싸웠는데, 백 씨가 패배해 어린아이 하나만 남기고 모두 살육을 당했다. 홀로 남게 된 아이는 개의 젖을 먹으며 자랐고, 이를 계기로 백 씨는 개고기를 먹지 않는다고 전한다.

보신탕을 먹는다고 일부 유럽 사람들이 한국을 비난하지만 유럽에도 보신탕을 먹었던 흔적은 있다. 프랑스인의 선조인 골Gaulois족의 무덤에서 식용으로 도살된 개 뼈가 출토된 적이 있고, 1870년 프로이센과의 전쟁에서 파리가 포위되었을 때 정육점에서 개고기를 사기 위해 줄을 섰다는 기록도 있다. 뿐만 아니라 고대 로마에서도 개고기를 먹은 흔적이 있다.

복날

서양에서 dog days는 일 년 중 가장 무더운 시기를 말한다. 이수광은 《지봉유설》에 "복날의 복(伏)이란 음기가 장차 일어나고자 하나 남은 양기에 압박되어 상승하지 못한다."라고 기술했다. 즉 '음기가 엎드려 있는 날'이 복날이란 뜻이다.

원기 회복에 거뜬한 약술

서민들의 애환이 깃들어 있고 세계적으로 한국을 대표하는 술, 소주燒酒가 우리나라에 도입된 시기는 대략 서기 1300년경으로 추정된다. 고려시대 후기니까 그 역사가 길다면 길고 짧다면 짧다.

소주는 증류주다. 음주를 금기시하는 회교 국가인 아랍 지역에서는 곡물을 증류해 알코올을 만드는 기술이 발달했다. 이 기술이 중국을 거쳐 한국으로 들어오면서 한국의 대표 술인 소주가 탄생했다.

《본초강목》에 소주는 원나라 때 처음 만들어 마셨다는 기록으로 보아 중국을 비롯한 동아시아에 술을 증류하는 기술이 퍼진 것도 이 무렵으로 추측된다. 몽골족이 세운 원나라가 아라비아에서 증류기술을 도입했으며, 원과 교류가 잦았던 고려시대에 우리나라에도 전해진 것이다.

소주에 대한 옛날 명칭은 다양했다. 증류주였던 만큼 곡물을 증류해 이슬처럼 받아 내리는 술이라고 해서 노주露酒라고 불렀고, 불을 때어 술을 받는다고 해서 화주火酒, 땀방울처럼 술이 맺힌다고 해서 한주汗酒, 술이 맑다고 해서 백주白酒라고도 했다. 한국에서 역사가 가장 오래된 소주인 '진로眞露'라는 브랜드도 소주의 옛 이름에서 만들진 것이다.

'진로眞露'에서 참 '진眞' 자는 마을 이름이고, 이슬 '로露' 자는 증류할 때 이슬처럼 맺히는 술이라는 뜻의 '노주露酒'에서 따왔다. 주식회사 진로의 자료에 의하면, 진로는 1924년 10월 3일 평안남도 용강군 지운면 진지동에서 출범했는데 진지동은 수질이 뛰어났다고 한다. 그러니까 진로의 진眞 자는 진로소주가 시작된 평안남도 진지동에서 첫 글자를, 로露 자는 소주를 빚는 과정에서 술이 이슬처럼 맺히는 것을 상징해 지은 브랜드라는 것이다.

참고로 진로소주의 트레이드마크인 두꺼비는 처음부터 쓰인 것은 아니다. 원래는 원숭이가 그려져 있었다. 평안도 지방에서는 원숭이가 영물로 여겼지만 서울에서는 원숭이에 대한 부정적 인식이 강해 두꺼비로 바뀌었다고 한다.

지금은 소주가 서민들의 술이지만 예전에는 귀한 술이었고, 약으로도 쓰이는 약술이었다. 〈단종실록端宗實錄?〉에는 문종文宗이 사망한 후 신하들이 상제 노릇을 하느라 허약해진 단종端宗에게 소주를 마셔 기운을 차리게 했다는 기록이 있다. 또 〈성종실록成宗實錄〉에도 성종이 대신인 홍윤성洪允成에게 "경이 이질을 앓는 까닭으로 소주燒酒를 내렸으니 마시고 가는 것이 옳다."라고 하여 홍윤성이 엎드려 감사의 예를 올렸다고 나와 있다. 소주가 원기 회복부터 이질 치료까지 다양한 형태의 약으로 사용되었음을 알 수 있다.

소주가 귀한 술이고 약으로 사용됐다고 해서 과음하는 사람이 없었던 것도 아니었다. 오히려 소주를 지나치게 마셔 죽었다는 기록이 《조선왕조실록》에 종종 나온다.

〈태조실록太祖實錄〉4권에는 태조의 맏아들 "진안군鎭安君 이방우李芳雨가 술을 좋아해 날마다 많이 마시는 것으로 일을 삼더니 결국 소주燒酒를 마시고 병이 나서 사망했다. 이 때문에 3일 동안 조회를 정지하고 경효敬孝란 이름을 내렸다."라는 기록이 있다.

〈태종실록太宗實錄〉에도 "윤돈尹惇이 과천 현감에서 교대되어 서울로 돌아올 때, 수원 부사 박강생朴剛生과 금천 현감 김문金文 등이 안양사에서 전별하였는데 김문이 소주에 상하여 갑자기 죽었다. 일이 여기에 이르러 죄를 청하니 임금이 술을 권하는 것이 본시 사람을 죽이고자 함이 아니고, 인근 관리를 송별하는 것도 또한 일상적인 일이라며 다른 죄를 묻지 않고 파직만 시켰다.”라는 기록이 있다. 옛날에도 과음으로 죽는 사람이 가끔 있었던 만큼 역시 술은 잘 마시면 약이고 못 마시면 독이다.

처음에는 왕이나 사대부들의 술이었던 소주는 점차 서민들에게 퍼지기 시작했다. 1919년 평양에 소주 공장이 처음으로 세워졌다. 그러다 1965년 정부의 식량 정책으로 곡류의 사용이 금지되면서 증류식 순純곡주는 사라지고, 당밀, 타피오카 등을 원료로 만든 에탄올을 희석시킨 소주가 등장해 지금까지 이어져 내려오고 있다.

막걸리

탁주(濁酒)·농주(農酒)·재주(滓酒)·회주(灰酒)라고도 한다. 한국에서 가장 오래된 술로, 빛깔이 뜨물처럼 희고 탁하며, 알코올 성분이 적은 술이다. 고려시대부터 알려진 대표적인 막걸리로는 이화주(梨花酒)가 있다.

케이크
cake

신에게 소망을 기원하는 제사 음식

케이크는 거의 대부분이 둥근 모양이다. 물론 네모난 것도 있고 세모 모양도 있다. 최근 들어 동물이나 사물을 본뜨기도 해 그 모양이 더욱 다양해졌지만 기본형은 대부분 원형이다.

케이크는 특별한 날에 먹는 음식이다. 물론 아무 때나 먹는다고 손가락질할 사람은 없다. 그렇지만 대부분 생일이나 결혼 혹은 주로 축하할 일이 있을 때 케이크를 먹는다. 관습이고 전통이니까. 하지만 왜 케이크는 모양이 동그랗고 먹고 싶을 때 아무 때나 먹지 않았을까?

사람들이 케이크를 먹기 시작한 역사는 오래됐다. 고대 이집트 시대까지 거슬러 올라간다. 식품학자들은 이집트인이 당시 선진 제과기술을 보유하고 있었고, 케이크는 이집트에서 처음 만들었을 것으로 보고 있다. 고대의 케이크는 지금과는 달리 빵과 비슷했다고 한다. 빵에 벌꿀을 바르거나 견과류, 말린 과일을 넣어 만들었다.

케이크를 먹기 시작한 때는 이집트 시대지만 '케이크cake'라는 영어 단어가 등장한 것은 13세기 무렵이다. 《옥스퍼드 영어사전》에 따르면, 케이크의 어원은 바이킹들이 사용했던 언어인 고대 노르웨이어 '카카kaka'에서 비롯됐다고 한다. 이 무렵 이미 유럽 오지에 살던 바이킹들에게도 케이크 만드는 법이 전수됐음을 짐작할 수 있다.

케이크의 모양이 둥글고 또 특별한 날을 기념하기 위해 먹는 음식이 된 이유는 종교의식과 관련이 있다. 케이크는 옛날부터 신을 기리기 위해, 신에게 소망을 빌기 위해 사용한 제사 음식이었던 것이다.

고대인들에게 계절의 변화를 주관하는 태양과 달은 씨앗을 뿌리고 결실을 거두는 데 결정적 역할을 하는 숭배의 대상이었으며, 윤회로 이어지는 삶과 죽음을 주관하는 신적 존재였다. 그래서 고대인들은 계절의 변화를 주관하며 일 년 중 특정일이 되면 신성한 능력을 발휘하는 신이나 정령에게 제물을 바쳤다. 이때 바친 제물이 케이크였는데, 태양과 달을 형상화해 둥글게 만들었다고 한다. 이후 명절, 생일, 결혼 등 인생에서 의미 있는 날에 케이크를 먹는 전통이 이어져 내려오고 있다.

고대 켈트인들은 봄이 오는 첫날, 벨타인Belteine이라는 축제를 열었다. 요즘 쓰는 태양력으로는 5월 1일쯤인데, 이날은 하늘에서 태양이 움직이는 궤도를 표현한 케이크를 만들어 언덕에서 굴리며 제사를 지냈다. 태양이 쉬지 않고 움직여 줄 것을 기원한 것이다. 이때 언덕 아래에 도달하기 전 케이크가 멈추면 케이크를 굴리던 사람 중 한 명이 일 년 이내에 죽게 되고, 멈추지 않고 언덕 아래까지 내려오면 그해에 풍년이 든다고 믿었다.

러시아에도 이런 전통이 있다. 러시아 정교가 들어오기 전 러시아 사람들은 태양 케이크sun cake라는 얇고 둥근 팬케이크를 만들어 봄이 되면 마슬레니차Maslenitsa라는 신에게 바쳤다. 죽음의 계절인 겨울을 벗어나 생명이 다시 살아나는 봄이 온 것을 축복하고, 계절의 변화를 주관하는 태양을 기리기 위한 의식이었다.

동양에서도 마찬가지였다. 중국인들은 계절의 순환에서 달이 중요한 역할을 한다고 믿었다. 그래서 달과 같은 둥근 형태의 케이크를 만들어 달의 여신에게 바쳤다. 중추절에 달의 여신 항아에게 바치는 월병이 그것으로 서양의 케이크와 같은 원형으로 인류학자들은 보고 있다.

케이크는 이처럼 동서양을 막론하고 곡식과 과일이 풍성하게 열매 맺기를 기원하는 의식의 도구였다. 그런 만큼 결혼식 때 다산을 기원하거나 생일에 생명의 탄생을 축하하기 위해 사용되었는데, 그 전통이 오늘날의 웨딩 케이크wedding cake와 생일 케이크birthday cake로 이어져 내려오고 있다.

**웨딩
케이크**

결혼식 때 케이크를 자르고 나눠 먹는 전통은 로마시대부터 시작된 것으로 여겨진다. 역시 기본적으로는 케이크가 고대 종교의식에서 봄의 시작을 알리고 가을의 결실을 기원하는, 새 출발과 풍요의 상징물로 사용됐던 것에서 비롯됐다.

로마시대 때는 결혼식에서 신랑이 신부 머리에 케이크를 떨어뜨려 깨뜨리는 전통이 있었다. 당시의 케이크는 현재와 같은 크림 케이크가 아니고 딱딱한 빵이었기 때문에 부딪치면 조각나면서 부스러기가 떨어졌다.

여기에는 두 가지 의미가 있다. 케이크가 다산과 장수를 의미했기 때문에 하객들이 케이크 조각을 나눠 먹으며 아들딸 많이 낳고 오래 살기를 기원한다는 것이다. 하객들이 많이 나눠 먹으면 먹을수록 아이를 많이 낳는다고 믿었는데, 케이크를 먹지 않는 하객은 신랑 신부의 행복한 결혼을 원하지 않는 것으로 여겼다. 또 다른 의미는 신부의 처녀성을 처음 깨뜨리는 것을 상징하면서 신부에 대한 신랑의 지배를 의미했다는 것이다.

중세 영국에서는 갓 결혼한 신랑 신부 앞에 웨딩 케이크를 산더미처럼 쌓은 후 케이크를 사이에 두고 신랑 신부가 키스를 하게 했다. 이때 키스에 성공하면 아이를 많이 낳을 수 있다고 믿었다. 오늘날 여러 층으로 쌓은 웨딩 케이크의 유래다. 1660년대 영국을 여행하던 프랑스 요리사가 신랑 신부가 키스를 할 때 빵 더미가 무너지는 것을 보고 크림을 발라 현재의 층층 케이크로 발전했다.

한편 17세기부터 19세기까지 영국에서는 웨딩 케이크 안에 반지를 숨겨놓았는데, 이 반지를 찾은 아가씨가 다음에 결혼한다는 풍습이 있었다. 요즘 부케를 던지는 것과 비슷한 관습이다.

웨딩 케이크는 기본적으로 신랑이 아닌 신부를 상징하는 것으로, 영국의 빅토리아 여왕 시대 이후 신부의 순결을 나타내기 위해 주로 흰색으로 만들었다. 하지만 요즘에는 흰색뿐만 아니라 신부의 웨딩드레스 색깔과 케이크의 색을 맞추는 경우도 많다. 웨딩 케이크를 자를 때는 신부와 신랑이 함께 자르는데 원래는 신랑의 도움을 받아 신부가 자르는 것이 전통이다.

생일 케이크

태어난 날을 기념하기 위해 케이크를 먹는 관습은 그리스에서부터 시작됐다는 것이 일반적인 정설이다. 고대 그리스인들은 사람이 태어나면 일생 동안 그 사람을 지켜보는 수호천사와 악마가 있다고 믿었다. 평소에는 교감을 할 수 없지만 생일에는 자신의 수호천사나 악마와 서로 영적으로 통한다고 생각했다. 그래서 아이가 태어나거나 생일이 되면 오늘날의 케이크라고 할 수 있는, 꿀을 바른 빵을 둥글게 달 모양으로 만들어 달의 여신인 아르테미스 신전으로 갖고 가서 아이의 안녕과 행복을 빌었다. 아르테미스 여신은 제우스의 딸로 달의 여신이다. 또한 동식물의 다산과 번성을 주관하는 여신이며, 동시에 출산과 어린이의 수호신으로 숭배를 받았다.

그리고 사람들은 생일에 케이크와 함께 아르테미스 신전에서 촛불을 꽂아놓고 소원을 빌었는데, 생일 촛불은 소원을 신에게 전달하는 매개체 역할을 했다. 옛날에는 바깥에서 장작 불빛에 비춰 소원을 빌었는데 연기가 소원을 신에게 전달해준다고 믿었다. 지금의 생일 촛불은 장작을 대신한 것으로, 생일 케이크를 자르기 전 소원을 빈 다음 촛불을 불어 끄는 이유가 여기서 유래한 것이다.

생일 케이크가 유럽에서 본격적으로 퍼지기 시작한 것은 중세 독일에서부터다. 독일 사람들은 아동절(Kinderfest) 때 빵 반죽을 포대기에 누운 아기 예수 형태로 빚어 생일을 축하했는데, 이런 전통이 생일 케이크로 발전했다.

떡국

떡국 한 그릇에 나이 한 살

"꿩 대신 닭"이라는 속담이 있다. 적당한 것이 없을 때 비슷한 것으로 대신한다는 뜻이다. 이 속담은 엉뚱하게도 떡국과 관련이 있다.

《동국세시기》를 보면 "떡국에는 원래 흰 떡과 쇠고기, 꿩고기가 쓰였으나 꿩을 구하기 힘들면 대신 닭을 사용하는 경우가 있다."라는 구절이 나온다. 꿩은 야생동물이라 잡기가 힘들고 쇠고기는 비쌌기 때문에 대신 닭고기로 국물을 냈던 것이다. 여기에 닭고기로 고명을 만들어 얹은 것에서 "꿩 대신 닭"이라는 말이 생겼다.

"꿩 대신 닭"이라는 속담을 만들어낸 떡국은 설날에 먹는 음식이다. 떡국 한 그릇을 먹어야 한 살 더 먹는다고 해서 옛날에는 나이를 첨가한다는 뜻의 '첨세병添歲餠'이라고 했다.

설날에 떡국을 먹는 의미는 차례 음식이기 때문이다. 최남선崔南善은 《조선상식문답朝鮮常識問答》에서 "설날에 떡국을 먹는 풍속은 매우 오래됐으며 상고시대 이래 신년 제사 때 먹던 음복飲福 음식에서 유래된 것"이라고 설명한다.

섣달그믐이면 사람의 수명과 한 해의 풍년을 관장하는 세신歲神에게 가래떡으로 만든 떡국과 고기를 올렸는데, 이때 제사를 지내고 남은 고기와 가래떡으로 음식을 만들어 먹고 복을 빌었다. 그래서 《동국세시기》에서는 가래떡을 백병白餠이라고 했고, 설날 음식으로 없어서는 안 될 것이 떡국餠湯이라고 했다.

조선시대 서울의 세시 풍속에 관해 기술한 《열양세시기洌陽歲時記》에도 "흰 떡을 조금씩 떼어 손으로 비벼 둥글고 길게 문어발같이 늘이는데, 이를 권모拳摸라고 했다. 섣달그믐에 권모를 엽전 모양으로 잘게 썰어 넣은 뒤 식구대로 한 그릇씩 먹었는데, 이를 떡국이라 한다."라고 나와 있다.

설날에 떡국을 먹고 여기에 들어가는 떡으로 문어발처럼 길게 늘인 가래떡을 먹는 이유는 무병장수와 풍년을 기원하는 풍속 때문이다. 설날은 음력으로 1월 1일이다. 한 해가 시작되는 날이면서 겨울이 끝나고 봄이 다시 찾아오는 날이다.

즉 음의 기운이 물러나고 양의 기운이 다시 살아나기 시작하는 날이 바로 설날이다. 가래떡은 양의 기운을 상징한다. 그래서 가래떡을 길고 가늘게 만들어 먹음으로써 식구들의 무병장수를 기원하고, 봄을 맞아 풍요를 빌었던 것이다.

우리나라에서는 가래떡을 먹기 시작한 시기를 고구려 유리왕 이전으로 보고 있다. 국립민속박물관에서 펴낸《한국세시풍속사전》에는 가래떡의 원형을 중국에서 찾는다.

산둥 태수 가사협賈思勰이 439년에서 525년 사이에 쓴《제민요술》에 밀가루로 만든 병餠을 분류한 기록이 있다. 여기에 기자면暣子麵이라는 말이 나온다. 밀가루를 반죽해 가래떡처럼 둥근 막대 모양으로 만든 후, 얇게 썰어 건조시켰다가 끓여 먹는 밀가루 떡국이다. 한반도에서는 밀가루가 귀해 중국에서 수입해 썼기 때문에 밀가루 대신 쌀가루로 떡을 만들었다. 이것을 가래떡의 원조로 보고 있다.

한편 개성 사람들은 가래떡 대신에 조랭이떡국을 끓여 먹었다. 조랭이떡국은 개성만두, 보쌈김치와 더불어 개성 지방의 3대 음식으로 꼽히는 요리다. 가운데가 잘록한 것이 특징인데, 고려를 멸망시킨 이성계李成桂에 대한 원한 때문에 생긴 떡이라고 한다. 이성계는 조선을 건국하면서 수많은 고려의 충신들을 죽였다. 이에 고려의 수도였던 개성 사람들이 가래 떡 끝을 하나씩 비틀어 잘라내면서 이성계에 대한 울분을 풀었다는 일화가 있다.

떡

한자로는 병(餠)이라고 표기한다. 곡물 요리 중 죽 다음으로 발달된 주식이었는데, 밥이 주식이 되면서 의례 음식으로 바뀌었다. "밥 위에 떡"이라는 속담처럼 우리 민족에게는 밥보다 더 맛있는 별식이었다.

식초
vinegar

동서양의 만병통치약

마시는 식초가 유행이다. 옛날부터 만병통치약처럼 쓰였는데, 요즘은 다이어트 효과뿐 아니라 건강을 위한 음료로도 사용되고 있다.

기원전 5000년경부터 식용으로 쓰인 식초는 우연의 산물이다. 영어로 식초는 'vinegar'다. 이 단어는 고대 프랑스어 'vinaigre'를 어원으로 하고 있다. vin은 라틴어 vinum에서 유래된 말로 포도주^{wine}라는 뜻이고, aigre는 시다^{sour}는 의미로 라틴어 acetum에서 나왔다. 풀어 설명하면 변질이 되어 쉬어버린 포도주라는 말이다. 고대에 포도가 발효되어 포도주가 만들어졌고, 포도주가 더욱 발효되어 신맛으로 바뀌면서 식초가 만들어진 것이다.

한자어 '초醋'도 만들어진 유래가 비슷하다. 후한 때 나온 《설문해자》라는 책을 보면 "소강이 처음 이삭으로 술을 만들었는데 소강은 두강을 말한다(小康始作穗酒 小康杜康也)."라는 구절이 있다. 중국에서 술을 처음 만든 사람이 두강이라고 하는데, 전설 속의 이야기로는 그의 아들 흑탑黑塔이 처음 식초를 개발했다고 한다.

흑탑은 아버지 두강으로부터 양조기술을 배웠는데, 술 찌꺼기를 버리기가 아까워 술 항아리에 담아두었다. 21일째 오후 5시에서 7시 무렵인 유酉시에 항아리를 열었더니 톡 쏘는 향기가 코를 찔렀다. 냄새에 반해 한 모금 맛을 봤는데 시큼하면서도 달콤한 맛이 났다. 이렇게 해서 식초가 처음 태어났다고 한다.

한자어 초醋 자를 풀어보면 유시의 유酉 자 옆에 열 '십十' 자가 두 개 있고, 그 아래 한 '일一' 자와 날 '일日' 자가 있다. 21일 유시에 발견했다고 해서 초醋라고 썼다는 이야기인데, 그럴듯하지만 아무래도 억지로 만들어진 느낌이 역력하다.

《물원사고物原事考》라는 중국 문헌에 의하면 초醋라는 한자는 한나라 이후부터 사용했다. 그 이전인 주나라 때는 생선이나 육류를 삭혀 만든 식혜의 '혜醯'라는 단어를 사용했는데, 《강희자전康熙字典》에는 혜醯를 신맛이라고 풀이해놓고 있어 식초라는 말 대신 사용했음을 알 수 있다. 한나라 이후 초醋로 바뀌었는데 진짜 21일 유시에 발견했기 때문인지 여부는 확인할 길이 없다.

옛 문헌을 보면 혜인醯人이라는 말이 있다. 춘추전국시대 때의 벼슬 이름으로 식초를 만드는 관리를 뜻한다. 식초 제조를 관에서 관리했던 것을 보면 식초가 옛날에는 귀중품으로 쓰였음을 짐작할 수 있다.

《해동역사海東繹史》에 의하면 우리나라는 고려시대에 식초가 음식의 조리에 이용되었다고 나온다. 사마천이 쓴《사기》에도 식초 제조법이 등장한다. 음식을 만들 때 빼놓을 수 없는 조미료이며, 최근에는 다이어트 건강음료로도 각광을 받고 있지만 예전에는 동서양을 막론하고 만병통치약 비슷하게 쓰였던 모양이다.

《향약구급방鄕藥救急方》에는 약품으로 식초를 다양하게 이용할 수 있는 방법이 적혀 있다. 중국의 고대 의학서에도 식초의 신맛이 몸을 따뜻하게 하고 위와 간을 보양해주면서, 근육을 강화시키는 한편 뼈를 부드럽게 해준다고 했다. 또 숙취 해소뿐만 아니라 소화를 돕는 기능도 있다고 했다.

몸이 유연한 사람을 보고 식초를 먹어 그렇다는 말도 동양

의학서를 보면 근거 있는 말이다. 청나라 건륭 황제 4년 황후가 병이 나자 궁중 의사가 전국의 명의를 불러 모아 약을 짓게 했다. 그런데 그때 만든 20종류의 약에 모두 식초가 사용됐다고 한다.

서양 의학에서도 옛날에 식초가 다용도로 사용되었다. 로마시대의 학자 카토Cato는 "연회에서 술을 많이 마시려면 식초로 절인 양배추를 미리 먹어라."라고 권했다. 기원전 400년경 그리스의 의학자 히포크라테스는 다양한 질병 치료에 식초를 사용했는데, 사과식초를 꿀에 섞어 기침이나 감기를 치료하는 데 썼다.

식초는 군인들의 힘을 기르고 활력을 높이는 음료수로도 사용되었다. 로마 군인들은 '포스카posca'라는 음료를 정기적으로 마셨는데 이는 식초의 또 다른 형태다. 식초를 물에 타서 마시면 세균을 없앨 수 있어 군인들의 건강을 지킬 수 있었다. 중국에서는 산시성 사람들이 특히 식초를 좋아했다. 산시성 사람들은 군대에 갈 때 총 대신 먼저 식초를 챙긴다고 할 정도로 식초가 없으면 견디지 못했다.

14세기 중엽 유럽인들을 공포에 떨게 했던 흑사병은 약 5000만 명의 사망자를 낳았다. 이 무렵 사람들은 전염될 것을 두려워한 나머지 시체를 묻지도 못했다. 그래서 프랑스에서는 죄수를 풀어 시체를 묻게 했는데, 그들 중 대부분이 죽고 단 네 명의 절도범만이 살았다고 한다. 그들이 살아남은 이유는 식초에 마늘을 풀어 매일 마신 덕분이라고 한다. 지금도 프랑스에서는 '네 명의 절도범 식초Four thieves vinegar'라는 브랜드가 있다.

식초는 먹는 용도뿐만 아니라 미용 재료로도 쓰였다. 트로이전쟁 때 트로이의 왕비 헬레나가 물에 식초를 풀어 목욕을 했다는데, 피부 미용에 효과가 있을 뿐만 아니라 근육의 긴장을 푸는 데도 좋다. 식초는 175가지 용도로 사용할 수 있다고 한다. 머리를 감을 때 린스 대용뿐 아니라 근육통을 없애주고 주근깨를 제거하며, 여름철 햇빛으로 인해 화상을 입었을 때 화상을 치료하고 가려움증을 없앨 때도 효과가 있다.

한편 현대 중국어로 "식초를 먹는다(吃醋)."라는 말은 남녀 사이에서 질투를 한다는 말로 사용된다. 여기에도 유래가 있다.

당 태종인 이세민李世民이 나라를 세우는 데 공을 세운 방현령房玄齡에게 보답하기 위해 미녀 두 명을 특별히 하사하려고 했다. 그러나 방현령이 부인의 성깔을 핑계로 대며 황제의 하사를 거절하자, 당 태조가 부인의 동의를 구해 미인들을 주겠다며 방현령의 부인을 불렀다.

태종은 부인에게 방현령을 위해 미녀 두 명을 받을 것인지 아니면 앞에 놓인 주전자에 들어 있는 독을 마실 것인지 선택하라고 했다. 그러자 방현령의 부인은 한 치의 망설임 없이 '독이 든' 주전자를 들어 마셔버렸다. 실제 그 주전자에는 독 대신에 식초가 들어 있었다. 그때부터 이성에 대한 질투를 할 때 "식초를 먹는다."라는 말이 쓰이기 시작했다.

각국의 식초

나라마다 다양한 식초를 사용하는데, 그 나라에서 많이 제조되는 알코올음료와 많이 재배하고 수확되는 과실류와 관련이 있다. 미국에는 사과식초(cider vinegar), 프랑스에는 포도식초(wine vinegar), 영국과 독일에는 맥아식초(malt vinegar), 일본에는 청주 찌꺼기를 원료로 한 청주박식초 등이 있다.

동치미

의사도
필요 없는
겨울 무 김치

중국 속담에 "겨울에는 무, 여름에는 생강을 먹으면 의사를 볼 필요가 없다(冬吃蘿卜夏吃姜 不勞醫生開處方)."라는 말이 있다. 또한 "겨울 무 먹고 트림을 하지 않으면 인삼 먹은 것보다 효과가 있다."라는 말도 있다. 이 말은 우리나라에서 옛날 어른들이 즐겨 쓰던 말이다. 한국과 중국에서 모두 겨울 무를 으뜸으로 여기고 있음을 알 수 있다.

중국의 대표적인 의학서인 《본초강목》에도 '무는 채소 중에서도 가장 이로운 야채'라고 적고 있다. 과도한 위산을 해독하는 데 좋고, 술독을 풀어주고 소변을 잘 다스려주며 허한 기를 보충하는 데 좋은 채소라고 설명한다. 또 소화 작용을 돕고 기의 운행을 다스리며 감기에도 좋다고 한다.

겨울에는 무가 좋다고 하는데 이 말에 가장 적합한 음식이 우리나라의 동치미다. 동치미를 만드는 방법은 물기가 많은 무를 골라 껍질을 그대로 둔 채 깨끗하게 씻어 소금을 묻혀 항아리에 담아 이틀간 절여둔다. 이때 무에 소금이 배면서 수분과 무의 수용성 성분이 방출되어 국물이 생기는데, 톡 쏘는 맛이 겨울철 별미로 으뜸이다.

고려시대 때 이규보李奎報가 쓴 《동국이상국집東國李相國集》에 "순무를 장에 넣으면 여름철에 먹기 좋고, 청염淸鹽에 절이면 겨울 내내 먹을 수 있다."라고 했다. 청염은 맑은 소금물이라는 의미로 동치미를 뜻한다. 이는 동치미가 우리나라에서 오래 전부터 겨울철 음식으로 즐겼음을 쉽게 짐작할 수 있다.

참고로 동치미는 순수한 우리말처럼 보이지만 사실은 한자어가 변형돼 우리말로 바뀐 것이다. 동치미의 원래 어원은 동침冬沈으로 여기에 접미사 '이'가 붙어 만들어진 말이다. 김치의 어원이 침채沈菜인데, 겨울 동冬 자에 김치를 나타내는 침沈 자를 써서 겨울에 먹는 김치라는 뜻이다.

동치미와 함께 '겨울에 먹는 무'로 빼놓을 수 없는 것이 '깍두기'다. 김장 김치와 함께 예전에는 필수적인 겨울철 저장식품이었다. 깍두기의 역사는 그리 오래돼 보이지 않는다. 1940년에 발간된 홍선표의 《조선요리학朝鮮料理學》에 조선 제22대 임금인 정조正祖의 둘째 딸 숙선옹주淑善翁主가 개발한 음식으로 소개돼 있다.

강원도 관찰사와 병조참판까지 지낸 홍현주洪顯周에게 시집을 간 숙선옹주는 무를 썰어 깍두기를 담가 아버지인 임금에게 올렸는데, 정조가 크게 기뻐하며 칭찬했다고 한다. 정조 시대에는 이미 우리나라에 고춧가루가 들어왔을 시점이라 오늘날의 깍두기와 크게 다르지 않았을 것으로 짐작된다.

총각김치

겨울에 먹는 무로 만든 또 다른 음식으로 총각김치가 있다. 옛날 처녀들은 총각김치가 남자들의 성기를 닮은 데다 이름 자체도 결혼을 하지 않은 남자를 뜻해 총각김치라는 단어를 입에 올리지 않거나 아예 먹지 않는 경우도 있었다. 그런데 총각김치를 만드는 총각무는 생긴 모양이 남성의 성기를 닮아서 붙은 이름이 아니다. 미혼 남자를 뜻하는 총각은 순수 우리말이 아니라 한자어다.

거느릴 '총(總)' 자와 뿔 '각(角)' 자를 써서 '총각(總角)'이라고 하는데, 여기서 '총(總)'은 실을 모두 모아 하나로 합쳤다는 뜻으로 머리카락을 '모두' 모아 하나로 합쳤다는 것이며, '뿔(角)'은 그렇게 합쳐놓은 머리가 뿔처럼 머리에 달려 있다는 의미다. 정리하면 머리카락을 모아 땋은 후 뿔처럼 머리에 매달아놓았다는 의미가 되는데, 조선시대 미혼 남자가 상투 대신 머리를 땋은 모습을 연상하면 된다. 중국에서도 결혼하지 않은 아이들은 머리를 두 갈래로 묶고 다녔는데, 머리를 모아 뿔처럼 달아맸다고 해서 총각이 어린 남자를 지칭하는 용어가 됐다.

총각은 원래 중국의 고전인 《시경(詩經)》에 나오는 단어다. "총각지연(總角之宴) 언소언언(言笑彦彦) 신서단단(信誓旦旦) 불사기반(不思其反)"이라는 구절이 있다. 해석하면 "총각 때는 서로 즐거워 웃음꽃이 피었지. 다짐한 맹세 진실이었지만 지금 와 뒤집어질 줄 몰랐네."라는 뜻이다. 배신한 연인을 원망하는 노래다.

어쨌든 총각김치의 총각은 무의 모양이 결혼하지 않은 남자의 머리 모습과 비슷해서 붙여진 이름이다. 남성의 성기를 닮았다고 해서 붙은 이름이 아니니 괜한 오해하지 말기를.

두부
豆腐

뼈 없는
식물성 고기

무골육 無骨肉. 문자 그대로 '뼈 없는 고기'다. 단백질이 풍부해 '식물성 고기'로 불리는 '두부豆腐'를 일컫는 말이다. 사실 두부라는 단어가 생긴 것은 중국의 송·원나라 무렵이고, 그 이전에는 무골육 혹은 콩에서 나오는 우유라는 뜻에서 숙유菽乳 등으로 불렸다.

누구나 즐겨 먹는 두부는 기원전에 발명된 인류 최고의 식품이다. 그 유래에는 여러 설이 있지만 한나라 때 만들어졌다는 설이 유력하다.

《본초강목》에는 두부제조법이 자세하게 나와 있다. 두부를 발명한 사람은 회남왕 유안으로, 그는 한고조漢高祖 유방劉邦의 손자다. 유안은 그는 도교사상의 대가로 《회남자》라는 책을 썼는데, 많은 수련자들이 그를 따랐으며 팔공산八公山이라는 곳에 머물면서 도를 논하고 기를 수련했다고 한다. 이들은 수련을 하면서 영양 보충을 위해 종종 콩 국물을 먹었는데, 국물 맛이 담백해 소금을 넣어 간을 맞추곤 했다. 어느 날다 먹지 못한 콩 국물을 보관했더니 국물이 굳어 고체가 되어있었다. 이것이 두부가 만들어진 유래로, 팔공산에서 비법으로 전수되어 오다가 나중에 민간에 전래되면서 현재의 두부가 되었다.

또 다른 유래도 있다. 옛날에 고부 갈등이 심한 시어머니와 며느리가 살았는데, 시어머니로부터 갖은 구박을 받던 며느리는 콩 국물조차도 마음대로 마실 수 없었다. 어느 날 시어머니가 외출을 하자 며느리는 콩을 갈아 국물을 만들어 마시려고 했다. 그런데 갑자기 밖에서 발자국 소리가 들렸다. 시어머니가 돌아왔다고 생각한 며느리는 콩 국물을 부엌의 항아리에 숨겨놓고 밖으로 나갔다.

하지만 발자국 소리의 주인공은 시어머니가 아니라 남편이었다. 놀란 가슴을 쓸어내린 며느리는 남편과 함께 부엌으로 돌아와 콩 국물을 마시려고 항아리를 열었는데, 콩 국물 대신에 응고된 하얀 고체가 있었다. 할 수 없이 고체 덩어리라도 먹으려고 맛을 보았는데 콩 국물과는 또 다른 별미였다. 그래서 이름을 머무를 두逗 자와 지아비 부夫 자를 써서 두부逗夫라고 지었는데, 나중에 두부豆腐로 변형이 되었다고 한다.

두부의 시초가 언제인지는 정확하지 않지만, 처음 만들어진 시기는 역사적으로 한나라 이전인 것은 틀림없다. 1960년 중국의 하남성河南省 밀현密縣이라는 곳에서 동한東漢 말기의 묘비가 발견됐는데, 이 묘비에 두부의 모양과 만드는 과정이 조각돼 있다고 한다.

두부가 중국에서 한국과 일본, 그리고 동남아로 퍼져나간 시기는 송나라 혹은 원나라 무렵인 것으로 보인다. 고려시대 말기 성리학자인 이색李穡이 쓴 《목은집牧隱集》에 "나물죽도 오래 먹으니 맛이 없는데 두부가 새로운 맛을 돋우어주어 늙은 몸 양생하기에 좋다."라는 구절이 있다. 따라서 고려와 교류가 많았던 송·원나라 무렵에 전래됐을 것으로 짐작된다. 조선시대 때는 우리나라의 두부 만드는 솜씨가 뛰어나 오히려 중국과 일본에 기술을 전수했다고 한다.

두부가 중국에서 아시아 각국으로 퍼져나간 데는 불교와 관련이 있다. 불교에서는 육식을 금하기 때문에 불심이 깊은 신자들은 영양 보충을 위해 고기를 대신할 음식이 필요했다.

그래서 단백질이 풍부한 두부의 수요가 크게 늘어났다.

영양학적으로는 나무랄 것이 없는 음식이 두부지만 속담이나 말에서는 썩 좋은 뜻으로 쓰이지 않는다. 우리 속담에 "두부 먹다 이 빠진다."라는 말이 있는데 '마음 놓고 있다가 실수한다'는 뜻이고, "두부에도 뼈라."라는 말은 '운 없는 사람은 아무 것도 아닌 일에도 안 좋은 일이 생긴다'라는 의미다.

또한 중국어로 "두부를 먹다(吃豆腐)."라는 말은 '여자를 희롱한다'라는 뜻이다. 여기에는 유래가 있다. 옛날 중국에 부부가 운영하는 두부 가게가 있었다. 남편이 밤새 콩을 갈면 아내가 낮에 두부를 만들어 팔았는데, 매일 두부를 먹는 두부 가게 아내는 피부가 고왔다. 그래서 남자 손님들이 피부가 곱고 예쁜 여주인을 한 번 더 보려고 두부를 사러 자주 드나들었다. 이를 부인들이 질투하면서 두부 사러 가는 남편을 보고 "또 두부 먹으러 가냐?"라며 바가지를 긁었던 것에서 유래해 "두부를 먹다."라는 말이 여자를 희롱한다는 의미가 됐다고 전해진다.

위스키
whisky

이집트에서 개발한 생명의 물

위스키whisky는 '생명수生命水'다. 술은 잘 마시면 약이고 잘못 마시면 독이라고 하지만, 위스키는 누가 뭐래도 '생명의 물'이다. 썰렁한 농담으로 들릴지 모르겠지만 위스키라는 뜻이 원래 그렇다.

위스키라는 단어는 아일랜드의 고대 언어인 켈트어에서 나온 말이다. 어원사전을 찾아보면 켈트어로 '우스게 바아

Usquebaugh or Uisge Beatha'라는 말에서 변형됐다고 하는데, 이 말은 생명수, 즉 Water of Life라는 뜻이다. 켈트어 역시 원래는 생명수라는 라틴어 Aqua Vitae에서 뜻을 빌려온 것으로 추정된다.

유럽에서 증류주인 위스키를 본격적으로 만들기 시작한 시기는 12세기 무렵으로 거슬러 올라간다. 이 무렵에 만든 위스키는 지금처럼 술로 사용된 것이 아니라 각종 질병을 치료하는 데 쓰였다. 아픈 사람이 마시면 병이 쉽게 낫는다 해서 '기적의 약'으로 불렸으니 당시에는 만병통치약이었던 셈이다.

위스키의 기원은 기원전 3000년 전 고대 이집트까지 거슬러 올라간다. 이집트에서 처음으로 증류법을 개발했기 때문에 증류주인 위스키의 기원을 이 무렵으로 보는 것이다.

엄격하게 말하면 이집트 사람들은 증류기술을 향수를 제조하는 데 처음 사용했다. 술을 알코올이라고 부르게 된 유래도 여기서 비롯된다. 영어로 술을 뜻하는 알코올alcohol의 어원은 아랍어 'Al-Kohl'이다. Al은 정관사이고 Kohl은 검은 금속분말(안티몬)이라는 뜻이다. 이 검은 금속분말은 주로 눈화장에 쓰였다.

대부분의 증류주는 종류만 다를 뿐 뿌리는 같다. 이를테면 맥아를 원료로 만든 위스키, 포도가 원료인 브랜디, 고량이 원료인 중국의 배갈, 쌀과 고구마가 원료인 한국의 소주는 모두 그 기술이 비슷하다고 할 수 있다.

위스키는 종류에 따라 몰트malt, 그레인grain, 블렌디드 blended 위스키로 구분한다. 간단히 구분하면 몰트위스키는 맥아를 원료로 증류한 것이고, 그레인위스키는 옥수수와 같은 일반 곡물에 소량의 맥아를 첨가한 것, 그리고 블렌디드 위스키는 문자 그대로 몰트위스키와 그레인위스키를 혼합한 것이다.

지역별로는 스코틀랜드에서 양조한 스카치Scotch 위스키를 비롯해 아일랜드산인 아이리시Irish 위스키, 미국 위스키인 버번bourbon 위스키 등이 유명하다. 버번위스키는 미국에서 최초로 위스키를 생산한 지역이 켄터키 주의 버번이기 때문에 붙여진 이름이다.

한편 로열 살루트Royal Salute는 스코틀랜드의 에든버러에 소재한 글렌리벳사에서 만드는 위스키로, 현재 영국 여왕인 엘리자베스 2세의 즉위를 기념하기 위해 만들었다고 한다. 엘리자베스 여왕의 대관식은 1952년에 있었는데, 글렌리벳사에서는 엘리자베스 여왕이 다섯 살 때(1931년) 미래의 여왕 대관식을 위해 특별한 위스키 원액을 제조하기로 결정했다.

로열 살루트는 오크통 속에서 21년 동안 숙성시킨 21년 산이 일반적이다. 이유는 대관식 때 21발의 예포를 쏘기 때문에 여기에 맞춰 21년 동안 숙성시킨 위스키를 개발한 것이다. '로열 살루트'라는 브랜드 이름 역시 우리말로 풀어보면 '왕의 대관식을 기념하는 예포'라는 뜻이다.

시바스 리갈Chivas Regal도 브랜드에 '제왕다운regal'이라는 단어가 들어간다. 이 위스키는 스코틀랜드 북동부 에버딘에서 1801년 시바스Chivas 형제가 설립한 회사가 내놓은 제품이다. 시바스 리갈이라는 이름은 이 회사가 1843년 당시 빅토리아 여왕을 위해 최고급 위스키를 왕실에 납품하면서 '제왕의 시바스'라는 뜻에서 생긴 것이다. 우리나라에서는 과거 박정희 대통령이 즐겨 마셨던 위스키인 만큼 이래저래 제왕과 관련 있는 술이다.

위스키의 연도 표시

위스키의 연도 표시는 그 술에는 그 이하의 숙성 원액은 한 방울도 섞이지 않았다는 것을 의미한다. '발렌타인 17'이라면 가장 이상적인 맛을 내기 위해 여러 통 속의 원액을 섞지만, 최소 17년 이하의 원액은 한 방울도 섞지 않았다는 뜻이다.

음식이 상식이다

파인애플
pineapple

**최선의 대접을
약속하는
환영의 상징**

유럽이나 미국, 동남아 등의 고급 레스토랑에서 식사를 할 때면 간혹 테이블 중앙에 예쁘게 조각한 파인애플 pineapple이 놓여 있는 것을 볼 때가 있다. 물론 장식으로 만들어놓은 것이다. 그리고 식사가 끝나면 주방장이 조각한 파인애플을 가져가 디저트로 다시 내온다. 그런데 예술적 수준인 파인애플 조각품이 단지 식탁을 예쁘게 꾸미기 위한 장식용에 지나지 않을까? 아니다. 파인애플 조각품에는 그 이상의 의미가 있다.

파인애플에는 손님이 찾아왔을 때 '최선을 다해 대접하겠다'는 뜻이 숨어 있다. '환영의 상징'인 것이다. 여기에는 유래가 있다.

파인애플의 원산지는 중남미 카리브해 연안 지역이다. 미국이 영국의 식민지였던 시절, 뉴잉글랜드에 카리브해를 정기적으로 항해하는 무역선 선장이 살고 있었다. 이 선장은 항해를 마치고 돌아오면 집 담장에 파인애플을 꽂아놓고 자신이 무사히 귀환했음을 이웃들에게 알렸다. 사람들은 파인애플이 보이면 친구인 선장이 돌아온 것을 알고 그의 집을 방문해 저녁을 함께하며 항해 중에 있었던 재미있는 이야기를 들었다. 이후 손님을 초대한 만찬 때 파인애플을 식탁의 중앙에 놓아두고 환영과 환대의 의미로 사용했다고 한다.

이처럼 레스토랑 테이블에 파인애플이 놓여 있는 것은 장식의 의미도 있지만 원래는 '손님을 환영한다'는 뜻이 숨겨져 있다.

앞에서 파인애플의 원산지가 카리브해 연안 지역이라고 했는데, 원주민 이외에 파인애플을 처음 본 유럽인은 미대륙을 발견한 크리스토퍼 콜럼버스Christopher Columbus였다. 1493년 두 번째로 미국 대륙 탐험여행을 떠난 콜럼버스는 카리브해 항해 중 과달루페 섬에 도착한다. 이때 원주민들이 겉은 솔방울처럼 생겼고 안은 사과처럼 생긴 이상한 열대 과일을 대접했다. 콜럼버스는 모양은 신기하지만 달콤한 파인애플

을 들고 스페인으로 돌아와 후원자였던 이사벨라 여왕에게
바쳤다.

당시 유럽은 사탕수수를 중동과 아시아에서 수입했기 때
문에 설탕이 부족한 시대였다. 설탕 없이도 달콤한 파인애플
은 선풍적인 인기를 끌었다. 하지만 카리브해에서 갖고 온 진
귀한 열대 과일이었기 때문에 왕족과 귀족들만 맛볼 수 있는
최고급 과일이었다. 그런 만큼 영국의 찰스 2세는 왕권을 과
시하기 위해 자신의 초상화에 파인애플을 선물로 받는 장면
을 넣을 정도였고, 프랑스의 루이 14세는 베르사유 궁전에
파인애플을 재배했다고 한다.

유럽에서 최초로 파인애플의 온실 재배에 성공한 사람은
1642년 영국의 클리블랜드 공작이었는데, 파인애플은 이후
증기선이 개발되기 전까지 귀한 과일로 대접받았다.

콜럼버스가 처음 파인애플을 스페인에 가져왔을 때 이를
본 스페인 사람들은 겉모습이 마치 솔방울 같아 '피냐pinea'라
고 불렀다. 스페인어로 피냐는 '솔방울pine cone'이라는 뜻으
로, '서인도 제도에서 들여온 솔방울pine of Indies'을 뜻한다. 영
국인들도 처음에는 파인애플이 아닌 '파인콘pine cone'으로 부
르다가 1965년부터 파인애플로 불렀다.

한편 파인애플의 학명은 '아나나스 코모수스ananas como-sus'다. 원산지인 카리브해에서는 현지어로 파인애플을 '나나nana'라고 불렀는데 이 말은 '향기'라는 뜻이다. '나나'가 스페인을 거치면서 '아나나스ananas'로 바뀌었다. 코모수스는 '긴 머리'라는 뜻으로 파인애플 잎의 모양을 의미하는 것이다.

파인애플의 활용
파인애플에는 단백질을 분해하는 효소가 들어 있기 때문에 돼지고기를 연하고 부드럽게 해준다. 파인애플을 적당한 크기로 잘라 돼지고기 위에 몇 시간 동안 얹어 놓기만 하면 된다. 파인애플 외에 키위나 청주도 좋다.

음식이 상식이다

교자만두
餃子饅頭

동상 방지용
귀 모양 음식 우리가 알고 있는 상식으로 만두
의 유래는 《삼국지》의 제갈공명에서
비롯됐다. 사람의 목을 베어 하늘에 제사를 지내는 대신 머리
모양을 본 따 만두를 빚어 제를 올린 것이 그 기원이다.

그런데 납득이 가지 않는 점은 둥근 모양의 고기만두를 보
면 애써 사람 머리와 닮았다고 상상할 수 있어도 슈퍼마켓에
서 흔히 보는 만두, 즉 교자만두餃子饅頭는 아무리 봐도 머리
모습과는 거리가 멀다. 굳이 따지자면 사람 머리 모양이 아니
라 사람의 귀와 비슷한 형태다. 넓게 보면 같은 만두지만 이
렇게 형태가 다른 것은 교자만두와 포자만두包子饅頭의 유래가
각각 다르기 때문이다. 포자만두가 제갈공명에서 비롯된 반
면, 교자만두는 중국의 히포크라테스라고 하는 장중경張仲景

이 그 원조다.

한의학에서는 죽은 사람도 살려낸다는 명의 편작扁鵲이나 독화살을 맞은 관우關羽를 치료한 화타華陀보다 더 알아주는 이가 장중경이다. 임상 경험과 이론을 결합시킨 의학서《상한잡병론傷寒雜病論》을 써 중국 한의학 발전에 크게 기여했으니 우리나라로 치면《동의보감東醫寶鑑》을 쓴 허준許浚에 비유할 수 있다.

장중경은 동한시대 사람이다. 고향은 지금의 허난성河南省 덩저우鄧州인 남양군南陽郡으로, 한나라 영제(서기 168~189년) 시절 호남성 장사 태수를 지냈다. 잦은 전쟁으로 천하가 시끄러운 시기에 벼슬을 살던 장중경은 정치는 부패하고 전염병까지 유행해 자신의 친척들이 병으로 죽는 것을 보고, 벼슬을 버리고 고향인 남양군으로 돌아와 의학 연구를 시작한다.

어느 해 겨울, 헐벗고 못 먹은데다 추위로 귀에 동상이 걸려 고생하는 백성들의 비참한 모습을 지켜보던 장중경과 제자들은 남양의 동쪽 대문에 가마솥을 걸어놓고 의료봉사 활동을 시작했다. 장중경은 그동안의 임상 경험을 살려 현지에서 구할 수 있는 양고기와 후추, 그리고 추위를 이기는 데 도움이 되는 각종 약재를 가마솥에 넣고 끓였다.

이렇게 만든 탕에 귀 모양으로 반죽한 만두 두 개씩을 넣어 동상이 걸린 백성들에게 나눠주고, 동짓날부터 설날까지 계속해서 마시게 했다. 그러자 몸속의 피가 따뜻해지고 양쪽 귀에 열이 오르면서 얼린 귀가 자연스럽게 치료됐다.

이때 만든 국 이름이 '거한교이탕祛寒嬌耳湯'으로 문자 그대로 풀어보면 추위를 물리쳐 연약한 귀를 보호하는 국물이라는 뜻이다. 교자만두는 '연약한 귀'라는 교이嬌耳에서 '귀 모양으로 경단을 빚었다'라는 교이餃餌로 바뀌었다가 나중에 교자餃子로 이름이 바뀌게 된다. 우리말로도 '아리땁다', '연약하다'라는 뜻의 교嬌 자와 '경단을 빚다'라는 뜻의 교餃 자는 발음이 같은데 중국어로도 역시 '쟈오'로 같은 발음이다.

중국에서는 "동짓날에 교자만두를 먹지 않으면 겨울에 귀가 얼어 떨어진다."라는 속담이 있다. 또 해가 바뀌기 전, 섣달 그믐날에는 모든 가족들이 모여 앉아 교자만두를 먹는다. 장중경이 백성들을 위해 교자만두를 만들었다는 전설을 기리기 위한 관습이라고 한다.

만두의 원조는 중국이라고 하지만 중국뿐만 아니라 한국, 일본은 물론 이탈리아, 독일, 영국 등의 서유럽과 러시아, 체코, 슬로바키아 등의 동유럽, 그리고 베트남, 인도, 태국 등의 동남아시아에도 널리 퍼져 있는 식품이다.

1968년 실크로드 길목에 있는 중국의 신강新疆, 투르판의 당나라 무덤에서 나무 그릇 하나가 발굴됐는데, 거기에는 완전하게 보관된 교자만두가 담겨 있었다. 실크로드를 통해 교자만두가 여러 나라로 퍼져나갔음을 짐작할 수 있는 대목이다.

밀가루 피로 해산물, 닭고기, 쇠고기, 돼지고기, 야채 등 각종 소를 싸서 먹는 음식은 거의 모든 나라에서 찾아볼 수 있다. 영국과 미국의 덤플링dumpling, 이탈리아의 라비올리ravioli, 인도의 사모사스samosas, 터키의 만티, 우크라이나의 부시카, 베트남의 차죠, 태국의 뽀삐아 사보이Pho pia savuey, 아르헨티나의 엠파나다스empanadas 등이 모두 만두의 일종이다.

라비올리

이탈리아식 네모 또는 반달 모양으로 익힌 만두다. 밀가루를 반죽하여 얇게 편 다음 잘게 썬 고기와 야채 따위를 싸서 익힌 다음 따뜻한 스파게티 소스나 토마토소스를 얹고 치즈가루를 뿌려 먹는다.

덴푸라
tenpura

과식으로
목숨을 앗아간
별미

일본에서 에도막부시대를 연 도쿠가
와 이에야스德川家康가 도미 튀김을 한
입 물었다. "이거 굉장히 맛있군." 그
는 평소 검소한 음식만을 먹었는데, 처음으로 생선튀김을 먹
고는 평소와 달리 과식을 했다. 기름진 음식을 먹은 탓인지
도쿠가와 이에야스는 복통을 일으키며 중태에 빠졌다. 주치
의의 빠른 조치로 일단 건강은 회복됐지만 3개월 후에 결국

사망했다. 도요토미 가문을 멸망시킨 일 년 후인 1616년으로 그때 나이 75세였다. 사망 원인은 고령에다 도미 튀김을 너무 많이 먹은 것이 위장 장애를 일으켰다는 분석이었다.

일본의 역사 소설 《대망大望》에도 이런 이야기가 나오고, 오와다 데쓰오小和田哲男가 쓴 《사건과 에피소드로 본 도쿠가와 3대》라는 책에도 언급돼 있는 내용이다.

덴푸라てんぷら가 일본에 소개된 시기는 16세기 말이었으니 당시 일본 최고 권력자의 입에도 꽤나 낯설고 진기한 음식으로 입맛을 끌었던 모양이다. 당시로서는 상당히 고령이었을 75세의 노인이 평소와 달리 과식을 할 정도였다니 말이다.

각종 해산물이나 야채를 밀가루에 묻힌 후 계란으로 옷을 입혀 고온의 식용유에 튀겨낸 일본 음식이 '덴푸라'다. 영어로는 'Tenpura', 한자로는 '天婦羅'로 쓴다. 우리말로는 튀김이다. 그런데 생선회인 '사시미'와 함께 일본을 대표하는 음식인 '덴푸라'의 유래를 찾아 거슬러 올라가보면 상식을 넘어서는 의외의 사실이 많이 발견된다.

먼저 덴푸라는 종교와 관련이 있다. 그것도 불교나 일본 종교가 아니라 천주교와 깊은 인연이 있다. 또 덴푸라의 어원은 일본말이 아니라 라틴어다. 그것도 튀김이라는 말과는 전혀 상관이 없는 '사계절'이라는 의미다.

일본은 1570년 나가사키항을 서양에 개방했는데, 제일 먼저 일본에 들어온 사람들은 포르투갈인과 네덜란드인이었다. 특히 선교사들이 일본에 거주하면서 선교 활동을 벌였는데, 이 무렵 일본에 들어온 '예수회' 소속 포르투갈 선교사들이 덴푸라를 전파시켰다는 것이 일반적인 정설이다.

가톨릭에는 '사계재일四季齋日'이 있다. 사계절이 시작될 때 각각 3일씩 고기를 먹는 대신 생선을 먹으며 천주의 은혜에 감사하고 음식의 강복을 기원하는 날이다. 포르투갈 선교사들은 일본에서도 '사계재일'을 지켰다. 그래서 그들은 고기 대신 일본에서 흔히 잡히는 새우를 기름에 튀겨 먹었다.

《일본 음식의 역사와 문화The History and Culture of Japanese Food》에 의하면 에도시대 이전까지만 해도 일본에서는 튀김 요리가 흔하지 않았다고 한다. 튀김 음식을 먹을 수 있는 곳은 사원 근처에 불과했고, 여기서 먹은 튀김 음식도 두부나 곡물류 정도였다.

음식을 기름에 튀기는 기술도 뒤떨어졌고, 무엇보다 튀김 요리에 쓰는 기름이 비싼 참기름이었기 때문에 극히 소수의 상류층만 튀김 음식을 먹을 수 있었다. 참기름보다 저렴한 유채 기름은 등잔불을 밝히는 데 썼고, 아직 값싼 동물성 기름은 튀김용으로 개발되지 않았던 때였다. 그런데 포르투갈 선교사들이 기름으로 새우와 같은 어류를 튀겨 먹는 것을 보고 일본 사람들이 신기해서 무슨 음식이냐고 물었다.

일본말을 제대로 알아듣지 못한 탓인지 혹은 선교를 위한 목적이었는지 포르투갈 선교사들은 '사계재일', 즉 'Quatuor Tempora'에 대해 설명하면서 이 기간 동안에는 고기 대신 새우를 튀겨 먹는다고 했다. 일본 사람들은 포르투갈 선교사가 말하는 '콰투오르 템포라' 중에서 핵심 단어가 '템포라Tempora'라고 생각했고, 이 말을 새우나 야채를 튀길 때 사용하기 시작했다. 이것이 오늘날 덴푸라의 유래다. '콰투오르Quatuor'는 라틴어로 4를 뜻하는 말이고, '템포라Tempora'는 계절seasons을 의미한다. 따라서 덴푸라의 어원을 거슬러 올라가면 '사계절'이라는 뜻이다.

또 다른 유래로 절을 뜻하는 Temple에서 덴푸라가 생겼다는 설이다. 포르투갈 선교사들이 일본에서 선교 활동을 하려고 보니 사람들이 많이 모이는 장소가 절이었다. 그래서 비교적 저렴한 새우 등 각종 해산물을 기름에 튀겨 절 앞에서 나눠주었다. 그러자 일본인들 사이에서 절에 가면 서양인들이 튀김 음식을 나눠준다는 소문이 났고, 템플과 발음이 비슷한 덴푸라라는 이름이 생겼다는 것이다.

이밖에도 덴푸라는 타이완에서 건너왔다는 설도 있다. 타이완에는 지금도 튀김 음식 가운데 '첨불랄甛不辣'이라는 것이 있다. 일본의 덴푸라와 한자는 다르지만 발음은 비슷하다. 중국어로 '첨불랄'은 '텐푸라'로 발음된다. 발음도 비슷하고 요리 내용도 튀김이라는 점에서 일본의 덴푸라와 같은 뿌리를 갖고 있다고 보는 견해도 있다.

1770년대부터 일본에서 튀김 기름의 사용이 보편화되면서 덴푸라는 길거리에서도 먹을 수 있는 음식으로 유행했다. 이전에는 상류층만 먹을 수 있는 고급 음식이었지만, 이 무렵부터 생선, 가재, 야채 등에 밀가루를 입혀 대나무 꼬챙이에 꽂은 후 기름에 튀겨 팔면서 서민층도 쉽게 먹을 수 있는 음식으로 발전하게 된 것이다.

기독교에
박해받은
축제 음식

소시지는 인류 역사상 가장 오래된
음식 중 하나다. 역사학자들은 소시
지를 처음 만들어 먹은 사람을 기원
전 5000~3000년경 현재의 이라크 지역에 살고 있던 수메르
인으로 보고 있다. 그들이 부패하기 쉬운 고기를 동물 창자에
채워 넣고 소금과 피, 야채, 향료 등을 섞어 훈제 또는 건조시
켜 보관하는 방법을 개발했기 때문이다. 수메르는 티그리스
와 유프라테스 강 연안에 형성된 인류 최고의 문명 지역으로
소시지의 역사는 인류 문명사와 함께한다고 볼 수 있다.

문헌에는 기원전 8~9세기경 호머가 쓴 《오디세이》에 "창
자에 고기와 피를 채운 후 사람들이 큰 불 앞에 서서 열심히
굽고 있다."라는 대목이 나온다. 아시아에서는 기원전 589년

중국에서 소시지를 만들었다는 기록이 있다. 양과 염소 고기를 동물 창자에 채워 만든 '라창臘腸'이 그것이다. 현대 중국어에서는 소시지를 일컫는 용어로 '샹창香腸'을 쓰지만 '라창' 역시 소시지를 의미한다.

인류 문명의 기원인 수메르 문명과 함께 시작돼 세계로 퍼진 소시지는 그리스와 바빌론 등 고대 문명에서는 주로 궁정 음식으로 축제 때 사용됐다고 한다. 그러다 일반 서민들도 먹는 식품으로 발전한 것은 로마시대부터라고 한다.

소시지sausage의 어원은 라틴어 'salsus'라는 말에서 나왔다. 라틴어 사전에서 'salsus'라는 단어를 찾아보면 '소금기가 있는salty', '재치 있는witty'이라고 설명하는데, '소금에 절여 보관하다salty and preserved'라는 의미다.

로마제국에서 기독교를 인정하기 전이었던 네로 황제 시절, 소시지는 로마인들이 축제 때 즐겨 먹는 음식이었다. 당시 로마에는 2월 14일과 15일 이틀 동안 열리는 루퍼칼리아Lupercalia라는 축제가 있었다. 원래 늑대 젖을 먹고 자란 로물루스와 레무스가 로마를 세웠다는 로마 건국 신화와 관련이 있는 축제로 이 축제 기간 동안 여자들은 다산을 빌었다.

당시 로마에서는 우리나라의 '남녀 7세 부동석'과 마찬가지로 젊은 남녀의 접촉을 엄격하게 금했다. 다만 루퍼칼리아 축제 기간 동안은 남녀가 서로 만나는 것을 허용했다. 젊은 여자가 자기의 이름을 적은 쪽지를 항아리에 넣으면 남자들이 이름표를 골라 짝짓기를 할 수 있었고, 2월 14일과 15일 이틀 동안 서로 교제를 허용했다. 이때 만난 청춘 남녀가 사랑에 빠져 결혼으로 골인하는 경우도 많았다.

그런데 해를 거듭할수록 루퍼칼리아 축제가 문란해지면서 초기 기독교 교회는 신자들에게 루퍼칼리아 축제에 참여하는 것을 금지시켰다. 동시에 소시지도 먹지 말라고 했는데, 나중에는 아예 소시지 먹는 것을 죄악시했다. 결국에 가서는 교황 젤라시우스Gelasius가 비기독교적이라는 이유로 루퍼칼리아 축제를 폐지하고, 대신 발렌타인Valentine 축제로 승화시켰다. 발렌타인 데이의 여러 유래 중 하나다.

기록에 따르면 기독교에서 소시지를 먹지 말라고 한 이유는 소시지가 음식뿐만 아니라 섹스를 암시하는 상징물로 사용됐기 때문이다. 단순히 남성의 성기를 상징하는 용어로 쓰인 것인지 혹은 성적 도구로 쓰였는지는 분명하지 않다.

서기 303년 콘스탄티누스Constantinus 대제가 로마 황제로 즉위했다. 그는 로마제국에서 박해받던 기독교를 공인한 '밀라노칙령'을 선포한 최초의 크리스천 로마 황제다. 콘스탄티누스 대제는 초기 기독교 교회의 전통을 이어받아 '소시지 금지령'을 내렸다. 기독교가 박해에서 벗어난 대신 소시지가 박해를 받기 시작한 셈이다. 그러다 로마 시민들이 반발하면서 소시지 금지령은 흐지부지됐다. 하지만 소시지에 대한 박해는 그 후에도 계속된다.

10세기 초반 비잔틴제국에서 불량 소시지 사건이 터졌다. 우리나라의 불량 만두가 연상되는 사건이다. 그러자 비잔틴제국의 황제였던 레오Leo 4세가 아예 소시지 생산을 금지시켰다. 소시지를 만드는 데 개고기를 사용했다는 소문이 돌면서 핫도그가 유래했다는 설도 있는 것처럼 인류 최고의 식품이면서 이래저래 말이 많았던 것이 소시지의 역사다.

햄

본래는 돼지고기의 넓적다리 살과 그 가공품을 일컫는 말이었는데, 현재는 다리살 이외의 고기를 사용한 제품도 햄이라고 한다. 기원전 1000년경에 이미 고기를 훈연하거나 소금에 절인 고기가 만들어진 것으로 보인다. 로마시대에는 연회나 원정군의 휴대식량으로 사용되었다.

토란
土卵

한중일 삼국의
공통 명절 음식
추석 별미인 토란土卵은 땅에서 나오는 알이라는 뜻이다. 생김새도 그렇지만 영양이 풍부해서 지은 이름이다. 추석에 토란국을 끓이는 것은 우리 전통으로 다산 정약용의 둘째 아들 정학유가 지은 〈농가월령가〉에도 "북어쾌 젓조기로 추석명절 쉬어보세/신도주 올벼 송편 박나물 토란국을/산사에 제물하고 이웃집과 나누어 먹세"라고 나온다.

토란국은 송편과 함께 추석 상에서 빠지면 서운한 우리의 전통 음식이다. 양지머리나 사태 넣고 끓인 곰국에 토란 넣어 끓인 토란국은 사실 추석 때가 아니면 맛보기 힘든 별미다. 아주 좋아하는 사람이 아니면 평소에는 자주 먹지 않는 음식이기 때문이다. 반대로 특유의 미끈미끈한 식감에다 별다른 맛조차 없어 토란국을 그다지 좋아하지 않는다는 사람도 적지 않다.

그러고 보니 이상한 부분이 있다. 평소에는 잘 먹지도 않고 호불호가 엇갈릴 만큼 모두가 즐겨 먹는 것도 아니며 특별히 건강에 좋다거나 값비싸고 귀한 작물도 아니다. 그런데 보통 때는 잘 보이지도 않다가 추석만 되면 빠지지 않고 차례상에 오르는 이유가 무엇일까?

특이한 부분이 또 있다. 우리나라뿐만 아니라 중국이나 일본에서도 추석에는 빠지지 않고 토란을 먹는다. 추석은 한중일 공통의 명절이지만 음식은 나라마다 다르다. 우리는 송편松餠, 중국은 월병月餠, 일본은 츠키미당고月見団子라는 경단을 먹는다. 하지만 토란만큼은 세 나라에서 모두 빼놓지 않는 공통된 명절 음식이다. 물론 요리법은 나라에 따라 다르다. 토란이 어떻게 한중일 삼국의 공동 추석 음식이 된 것일까?

정확한 이유는 알 수 없지만 역사에 등장하는 토란을 보면 짐작은 할 수 있다. 중국에서는 추석인 중추절이면 찌거나 구운 토란을 먹는다. 베이징을 포함한 화북지방이 아닌 상하이와 항저우의 화동지방, 그리고 광저우를 비롯한 화남지방의 풍속이다. 추운 화북지방에서 추석 때 토란을 먹지 않는 이유는 토란이 따뜻한 곳에서 자라는 작물이기 때문이다.

중국인들은 전통적으로 추석에 토란 껍질을 까먹어야 나쁜 기운을 피하고 재난을 물리칠 수 있다고 믿었다. 또 토란을 먹어야 복을 받는데 토란의 중국어 위나이芋奶가 운이 트인다는 윈라이運來와 발음이 비슷하기 때문이라는 것이다. 설날 떡국과 만두를 먹으며 장수와 부를 비는 것과 닮았는데 단순한 말장난 같지만 토란이 그만큼 특별한 음식이기에 명절 때 먹으며 의미를 부여했을 것이다.

사마천의《사기》〈화식열전〉에는 촉나라 평야에는 토란이 자라고 있어 그곳 사람들은 어떤 재난이 닥쳐도 굶주리지 않는다고 적혀 있다. 토란이 백성들의 식량난을 해결해주는 주요 작물이었다는 의미다. 하지만 왜 명절에 토란을 먹는지에 대한 설명으로는 충분치 못하다.

일본의 경우를 보면 토란이 왜 명절 음식이 됐는지 보다 분명해진다. 일본은 음력 8월 15일인 중추의 명월中秋の名月에 토란으로 제를 올리고 보름달을 보며 토란을 먹는다. 이날을 특별히 우명월芋名月, 토란 먹는 보름날이라고도 부른다.

옛날 일본의 추석인 중추의 명월은 보름달 감상과 함께 추수감사의 의미가 깊었다고 한다. 그러니 특별히 토란으로 추수 감사를 드렸던 것인데 이유는 일본에 벼농사가 전해지기 전까지는 토란이 주식이었기 때문이다. 이후에도 쌀과 함께 토란이 주요 작물이었기 때문에 그해 농사지은 토란을 수확해 하늘에 바치고 음복한 것이 지금까지도 일본에서 중추의 명월에 토란을 먹는 이유라고 것이다.

그렇다면 우리나라는 토란이 중요 작물도 아닌데 왜 추석에 토란국을 끓이는 것일까? 지금은 토란을 많이 먹지 않지만 우리 역시 예전에는 토란이 중요한 식품이었기 때문이다. 쌀이나 보리를 대신하는 작물로 감자와 고구마를 먹었을 것 같지만 감자는 1824년 무렵에 처음 전해져 20세기에 들어서야 널리 보급된 작물이다. 고구마는 감자보다 조금 앞선 1763년 전해졌지만 초기에는 남해안 일부 지역에서만 재배했다. 그러니 고구마와 감자가 보급되기 이전에는 주로 토란을 대규모로 심어 주요 작물로 삼았다. 실례로 정약용은 시골에서는 토란을 많이 심는다는 기록을 남겼고, 조선 전기인 중종 때 《용재총화》에도 한양 근처 청파와 노원은 토란 밭이었다고 적혀 있다.

옛날에는 토란이 이렇게 쌀 다음으로 중요한 식량이었기에 추석이 되면 쌀로 송편을 빚고 토란으로 국을 끓여 차례를 지내고 수확을 감사한 것이 아닌가 싶다. 추석 차례 상에 괜히 토란국이 올라온 것이 아니다.